구성 및 특징

핵심이론

시험에 출제되는 핵심 내용만을 모아 효율적인 학습이 가능하도록 구성하였습니다. 반드시 알아야 할 내용에 대한 충실한 이해와 체계적 정리가 가능합니다.

빈출개념

시험에서 자주 출제되는 개념들을 표시하여 중요한 부분을 한눈에 들어올 수 있도록 하였습니다. 합격에 필요한 핵심이론을 깔끔하게 학습하시기 바랍니다.

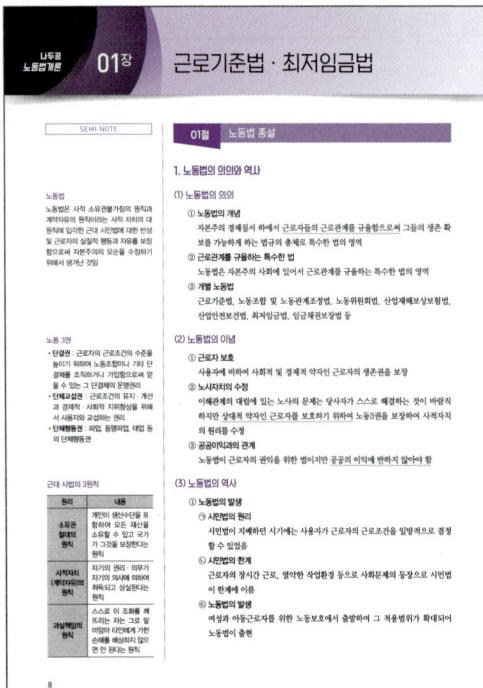

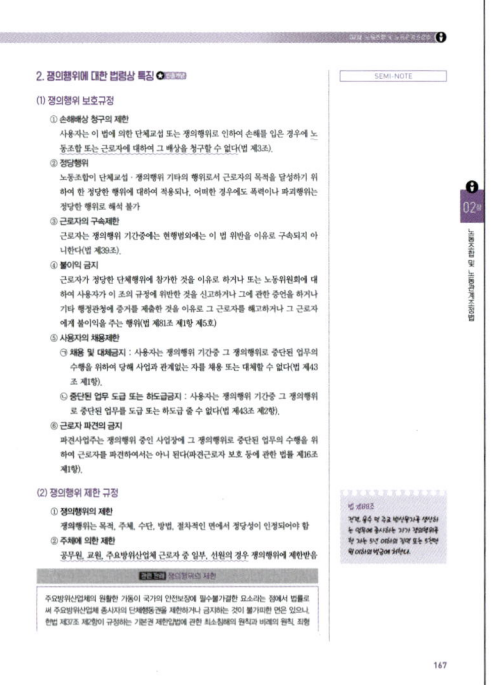

한눈에 쏙~

흐름이나 중요 개념들이 한눈에 쏙 들어올 수 있도록 도표로 정리하여 수록하였습니다. 한눈에 키워드와 흐름을 파악하여 수험에 도움이 되도록 하였습니다.

실력 up

더 알아두면 좋을 내용을 실력 up에 배치하고, 보조단에는 SEMI-NOTE를 배치하여 본문에 관련된 내용이나 중요한 개념들을 수록하였습니다.

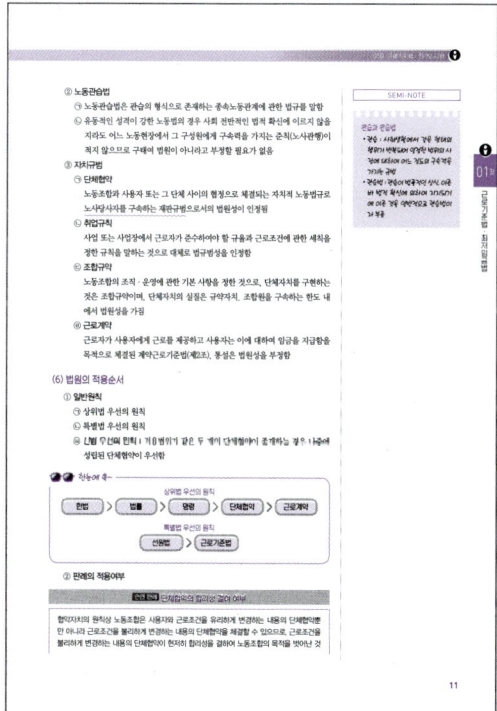

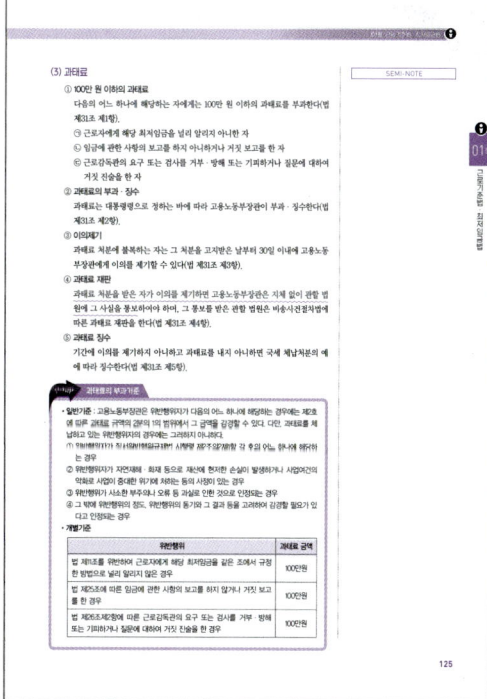

목 차

01장

근로기준법·최저임금법

- 01절 노동법 총설 …………………………………………………… 8
- 02절 총칙 ……………………………………………………………… 12
- 03절 근로계약 ………………………………………………………… 34
- 04절 임금 ……………………………………………………………… 42
- 05절 근로시간과 휴식 ………………………………………………… 61
- 06절 여성과 소년 ……………………………………………………… 77
- 07절 직장 내 괴롭힘의 금지 · 기능습득 · 재해보상 ………………… 85
- 08절 취업규칙 및 기숙사 등 ………………………………………… 89
- 09절 근로관계의 전개 및 변경 ……………………………………… 93
- 10절 근로관계의 종료 ………………………………………………… 100
- 11절 최저임금법 ……………………………………………………… 111

02장

노동조합 및 노동관계조정법

01절	총칙 ·· 128
02절	노동조합 ··· 131
03절	단체교섭 및 단체협약 ···················· 148
04절	쟁의행위 ··· 165
05절	노동쟁의의 조정 ····························· 178
06절	부당노동행위 ·································· 187

9급공무원
노동법개론

나두공

# 01장 근로기준법 · 최저임금법

- 01절 노동법 총설
- 02절 총칙
- 03절 근로계약
- 04절 임금
- 05절 근로시간과 휴식
- 06절 여성과 소년
- 07절 직장 내 괴롭힘의 금지 · 기능습득 · 재해보상
- 08절 취업규칙 및 기숙사 등
- 09절 근로관계의 전개 및 변경
- 10절 근로관계의 종료
- 11절 최저임금법

01장 근로기준법 · 최저임금법

SEMI-NOTE

노동법
노동법은 사적 소유권불가침의 원칙과 계약자유의 원칙이라는 사적 자치의 대원칙에 입각한 근대 시민법에 대한 반성 및 근로자의 실질적 평등과 자유를 보장함으로써 자본주의의 모순을 수정하기 위해서 생겨난 것임

노동 3권
- 단결권 : 근로자의 근로조건의 수준을 높이기 위하여 노동조합이나 기타 단결체를 조직하거나 가입함으로써 얻을 수 있는 그 단결체의 운영권리
- 단체교섭권 : 근로조건의 유지 · 개선과 경제적 · 사회적 지위향상을 위해서 사용자와 교섭하는 권리
- 단체행동권 : 파업, 동맹파업, 태업 등의 단체행동권

근대 사법의 3원칙

원리	내용
소유권 절대의 원칙	개인이 생산수단을 포함하여 모든 재산을 소유할 수 있고 국가가 그것을 보장한다는 원칙
사적자치 (계약자유)의 원칙	자기의 권리 · 의무가 자기의 의사에 의하여 취득되고 상실된다는 원칙
과실책임의 원칙	스스로 이 조화를 깨뜨리는 자는 그로 말미암아 타인에게 가한 손해를 배상하지 않으면 안 된다는 원칙

01절 노동법 총설

1. 노동법의 의의와 역사

(1) 노동법의 의의
① 노동법의 개념
    자본주의 경제질서 하에서 근로자들의 근로관계를 규율함으로써 그들의 생존 확보를 가능하게 하는 법규의 총체로 특수한 법의 영역
② 근로관계를 규율하는 특수한 법
    노동법은 자본주의 사회에 있어서 근로관계를 규율하는 특수한 법의 영역
③ 개별 노동법
    근로기준법, 노동조합 및 노동관계조정법, 노동위원회법, 산업재해보상보험법, 산업안전보건법, 최저임금법, 임금채권보장법 등

(2) 노동법의 이념
① 근로자 보호
    사용자에 비하여 사회적 및 경제적 약자인 근로자의 생존권을 보장
② 노사자치의 수정
    이해관계의 대립에 있는 노사의 문제는 당사자가 스스로 해결하는 것이 바람직하지만 상대적 약자인 근로자를 보호하기 위하여 노동3권을 보장하여 사적자치의 원리를 수정
③ 공공이익과의 관계
    노동법이 근로자의 권익을 위한 법이지만 공공의 이익에 반하지 않아야 함

(3) 노동법의 역사
① 노동법의 발생
  ㉠ 시민법의 원리
    시민법이 지배하던 시기에는 사용자가 근로자의 근로조건을 일방적으로 결정할 수 있었음
  ㉡ 시민법의 한계
    근로자의 장시간 근로, 열악한 작업환경 등으로 사회문제의 등장으로 시민법이 한계에 이름
  ㉢ 노동법의 발생
    여성과 아동근로자를 위한 노동보호에서 출발하여 그 적용범위가 확대되어 노동법이 출현

(4) 근대 사법의 수정원리

① 근대 사법의 3원칙인 소유권절대의 원칙, 사적자치(계약자유)의 원칙, 과실책임의 원칙이 갖는 한계성을 수정하여 실질적인 자유와 평등을 도모하기 위하여 수정원리가 대두됨
② 구체적 내용
  ㉠ 최저 근로조건 기준 설정과 사용자에 대한 벌칙, 감독 강화
  ㉡ 산업재해에 대한 과실의 입증이 없어도 보상받을 수 있는 산업재해보상제도
  ㉢ 해고의 제한과 실업보험제도
  ㉣ 소유권에 대한 권리남용 금지, 공공복리에 의한 제한

(5) 노동법의 특수성

① **공법과 사법의 교차**
노동법은 사법 체계의 모순을 극복하기 위하여 공법의 요소를 가미시킨 법으로 시민법의 원리를 수정함

원리	내용
소유권절대의 원칙 → 소유권 공공복리 부합의 원칙	재산권의 행사는 공공복리에 적합하도록 하여야 한다는 원칙
사적자치(계약자유)의 원칙 → 계약공정의 원칙	우월한 측의 횡포를 억제하고 약자를 보호하기 위해 국가가 필요한 경우 일정 부분 관여할 수 있다는 원칙
과실책임의 원칙 → 무과실 책임의 인정	피해자 보호를 위해 일정한 경우에는 가해자에게 과실이 없더라도 배상책임을 지게 하는 특별 규정을 두는 경우

② **노동의 특수성**
노동은 상품으로서의 성질을 가지나 근로자의 인격과 연관되어 있으므로 다른 상품과 다르므로 상품으로 취급되어서는 안 된다는 것
③ **집단자치의 존중**
노동법은 사용자와 근로자의 근로관계에 개입하지만 노사대등의 원칙에 따른 단체협약인 자율입법을 존중하고 노사관계를 규율함

2. 노동법의 경향과 법원

(1) 노동법의 경향

① 노동관습에 기인하는 경향
② 발전적이고 진보적인 경향
③ **통일적인 경향** : 국제노동기구를 통한 노동법의 국제적 통일
④ **협력적 경향** : 노사간의 갈등에서 노사협의에 의한 협력

SEMI-NOTE

각국의 노동법 입법
- **미국** : 1935년 와그너법(사용자의 부당노동행위만 인정, closed shop 인정, 노동3권 명문화), 1947년 태프트 하틀리법(노동조합의 부당노동행위 인정, open shop 인정), 1959년 그램 그리핀법(조합민주주의 확립을 위하여 노조 내부운영 규제)
- **독일** : 1919년 바이마르 헌법(단결의 자유 보장 단체협약 효력 인정
- **영국** : 1871년 노동조합법(단결권에 대한 형사면책), 1875년 공모죄 및 노동조합법(쟁의행위에 의한 형사면책), 1906년 노동쟁의법(쟁의행위에 의한 민사면책)

공법과 사법
- 공법 : 개인과 국가 간 또는 국가기관 간의 공적인 생활 관계를 규율하는 법
- 사법 : 개인적, 사익적, 경제적, 자율적, 비권력적, 대등적 관계를 규율하는 법

SEMI-NOTE

(2) 국제노동기구(ILO)
① 성립
제29차 총회에서 국제노동기구 헌장과 부속서로 구성되어 있는 노동자의 노동조건 개선 및 지위 향상을 위해 설치된 국제연합의 전문기구
② 목적(필라델피아 선언)
㉠ 노동은 상품이 아니다.
㉡ 표현과 결사(結社)의 자유는 진보를 위해 불가결한 요건이다.
㉢ 일부의 빈곤은 사회 전체의 번영에 있어 위험하다.
㉣ 어려움을 해결하기 위해서는 정부·노동자·사용자 대표들이 계속적이고 협조적인 국제적 노력을 기울여야 한다.
③ 구성
상설기관으로는 총회, 이사회, 사무국이 있으며, 보조기관으로는 각 지역별 회의와 여러 노조위원회가 있음
④ 주요활동
각국의 노동입법 수준을 발전시켜 노동조건을 개선하고 사회정책과 행정·인력자원을 훈련시키며 기술을 지원 (ILO 회원국은 조약의 비준 여부에 관계없이 감시 대상에 해당)
⑤ 우리나라가 비준 및 공표하지 않은 ILO협약
강제노동의 금지

(3) 노동법의 규율방식
① 근로조건, 임금 등 최저조건을 법으로 강제하는 방식
② 근로자에게 법적 권리, 즉 단결권, 단체교섭권, 단체행동권 등을 법적으로 권리를 보장하는 방식

(4) 법원의 의의
① 법원의 의의는 법의 존재형식
② 노동법의 법원에는 실정노동법, 노동관습법, 자치규범 등으로 구성되며 자치규범은 법원의 개념을 주관적 재판규범으로 파악할 때에만 법원성이 인정됨

(5) 법원의 종류
① 실정노동법
㉠ 국내법
헌법, 법률, 시행령 등이 있으며 노동법의 법원으로 가장 중요함
㉡ 국제법
헌법에 의하여 체결·공포된 조약과 일반적으로 승인된 국제법규는 국내법과 같은 효력을 가진다고 하여 ILO 협약 등은 국내법과 동일한 효력 가짐

노동법의 분류
- **개별적 근로관계법** : 근로기준법, 최저임금법, 파견근로자 보호 등에 관한 법률, 기간제 및 단시간 근로자 보호 등에 관한 법률, 산업안전보건법, 임금채권보장법 등
- **집단적 노사관계법** : 노동조합 및 노동관계조정법, 노동위원회법, 공무원의 노동조합설립 및 운영 등에 관한 법률, 교원의 노동조합설립 및 운영 등에 관한 법률 등
- **노동시장법** : 고용정책기본법, 고용노동법

② 노동관습법
  ㉠ 노동관습법은 관습의 형식으로 존재하는 종속노동관계에 관한 법규를 말함
  ㉡ 유동적인 성격이 강한 노동법의 경우 사회 전반적인 법적 확신에 이르지 않을 지라도 어느 노동현장에서 그 구성원에게 구속력을 가지는 준칙(노사관행)이 적지 않으므로 구태여 법원이 아니라고 부정할 필요가 없음
③ 자치규범
  ㉠ 단체협약
    노동조합과 사용자 또는 그 단체 사이의 협정으로 체결되는 자치적 노동법규로 노사당사자를 구속하는 재판규범으로서의 법원성이 인정됨
  ㉡ 취업규칙
    사업 또는 사업장에서 근로자가 준수하여야 할 규율과 근로조건에 관한 세칙을 정한 규칙을 말하는 것으로 대체로 법규범성을 인정함
  ㉢ 조합규약
    노동조합의 조직·운영에 관한 기본 사항을 정한 것으로, 단체자치를 구현하는 것은 조합규약이며, 단체자치의 실질은 규약자치. 조합원을 구속하는 한도 내에서 법원성을 가짐
  ㉣ 근로계약
    근로자가 사용자에게 근로를 제공하고 사용자는 이에 대하여 임금을 지급함을 목적으로 체결된 계약근로기준법(제2조), 통설은 법원성을 부정함

(6) 법원의 적용순서

① 일반원칙
  ㉠ 상위법 우선의 원칙
  ㉡ 특별법 우선의 원칙
  ㉢ 신법 우선의 원칙 : 적용범위가 같은 두 개의 단체협약이 존재하는 경우 나중에 성립된 단체협약이 우선함

👓 한눈에 쏙~

상위법 우선의 원칙
헌법 > 법률 > 명령 > 단체협약 > 근로계약

특별법 우선의 원칙
선원법 > 근로기준법

② 판례의 적용여부

관련 판례 단체협약의 합리성 결여 여부

협약자치의 원칙상 노동조합은 사용자와 근로조건을 유리하게 변경하는 내용의 단체협약뿐만 아니라 근로조건을 불리하게 변경하는 내용의 단체협약을 체결할 수 있으므로, 근로조건을 불리하게 변경하는 내용의 단체협약이 현저히 합리성을 결하여 노동조합의 목적을 벗어난 것

SEMI-NOTE

관습과 관습법
• 관습 : 사회생활에서 같은 형태의 행위가 반복되어 일정한 범위의 사람에 대하여 어느 정도의 구속력을 가지는 규범
• 관습법 : 관습이 법률적인 상식, 이른바 법적 확신에 의하여 지지되기에 이른 것을 일반적으로 관습법이라 부름

으로 볼 수 있는 경우와 같은 특별한 사정이 없는 한 그러한 노사 간의 합의를 무효라고 볼 수는 없고, 노동조합으로서는 그러한 합의를 위하여 사전에 근로자들로부터 개별적인 동의나 수권을 받을 필요가 없으며, 단체협약이 현저히 합리성을 결하였는지 여부는 단체협약의 내용과 그 체결경위, 당시 사용자측의 경영상태 등 여러 사정에 비추어 판단해야 할 것인바, 위와 같은 법리는 근로조건의 유지·개선 기타 근로자의 경제적·사회적 지위의 향상을 도모한다는 노동조합의 목적에 비추어 근로조건을 불리하게 변경하는 내용의 단체협약이 무효인지 여부를 판단하는 데 적용될 것이지 그에 해당하지 아니함이 명백한 합의에는 적용될 수 없다(대판 2007다18584).

관련 판례 취업규칙상의 면직기준에 관한 규정적용

협약자치의 원칙상 노동조합은 사용자와 사이에 근로조건을 유리하게 변경하는 내용의 단체협약뿐만 아니라 근로조건을 불리하게 변경하는 내용의 단체협약도 체결할 수 있으므로, 근로조건을 불리하게 변경하는 내용의 단체협약이 현저히 합리성을 결하여 노동조합의 목적을 벗어난 것으로 볼 수 있는 것과 같은 특별한 사정이 없는 한 그러한 노사간의 합의를 무효라고 볼 수는 없고, 단체협약의 개정에도 불구하고 종전의 단체협약과 동일한 내용의 취업규칙이 그대로 적용된다면 단체협약의 개정은 그 목적을 달성할 수 없으므로 개정된 단체협약에는 당연히 취업규칙상의 유리한 조건의 적용을 배제하고 개정된 단체협약이 우선적으로 적용된다는 내용의 합의가 포함된 것이라고 봄이 당사자의 의사에 합치한다고 할 것이고, 따라서 개정된 후의 단체협약에 의하여 취업규칙상의 면직기준에 관한 규정의 적용은 배제된다고 보아야 한다(대판 2002두9063).

02절 총칙

1. 노동기본권

(1) 노동기본권의 의의

근로자의 생존권 확보를 위하여 헌법이 보장하고 있는 근로권(헌법 제32조 제1항) 및 단결권·단체교섭권(헌법 제33조 제1항)을 포함하는 일체의 권리를 말함

(2) 근로의 권리와 노동기본권

헌법상 근로의 권리는 국민이 근로의 권리를 갖는다고 하는 취지의 선언적 규정에 불과한 것이며, 법률적으로는 정치적 강령을 표시한 것에 불과한 것이지만, 다른 3권은 노동조합 및 노동관계조정법·근로기준법 등의 구체적 입법에 의하여 적극적으로 보장되어 있는 것이 특징

2. 근로의 권리

(1) 개념

① 의의
국가에 대하여 근로의 기회를 요구할 수 있는 권리를 말하며, 헌법 제32조 제1항에서 모든 국민은 근로의 권리를 가진다고 규정하고 있음

② 자유권적 권리
외부의 간섭 없이 근로관계를 자유롭게 형성하고 근로관계를 유지할 권리를 말함

③ 생존권적 권리
국가에 대하여 근로의 기회를 제공하여 줄 것을 요구할 수 있는 권리로 국가가 근로기회를 제공하지 못할 경우 생계비를 지급할 것을 청구할 수 있는 권리

법령 │ 헌법

제34조 ① 모든 국민은 인간다운 생활을 할 권리를 가진다.
② 국가는 사회보장·사회복지의 증진에 노력할 의무를 진다.
③ 국가는 여자의 복지와 권익의 향상을 위하여 노력하여야 한다.
④ 국가는 노인과 청소년의 복지향상을 위한 정책을 실시할 의무를 진다.
⑤ 신체장애자 및 질병·노령 기타의 사유로 생활능력이 없는 국민은 법률이 정하는 바에 의하여 국가의 보호를 받는다.
⑥ 국가는 재해를 예방하고 그 위험으로부터 국민을 보호하기 위하여 노력하여야 한다.

(2) 법적 성질

① 자유권설
개인이 근로의 기회를 얻음에 있어 국가 또는 타인이 이를 침해하지 못하며 개인이 근로의 종류, 내용, 장소 등을 선택할 수 있는 권리

② 생존권설(사회권설)
국가의 책임하에 근로기회의 보장을 요구할 수 있는 권리. 헌법재판소는 근로의 권리는 사회적 기본권으로 국가에 대하여 직접 일자리를 청구하거나 일자리에 갈음하는 생계비의 지급청구권을 의미하는 것이 아니라 고용증진을 위한 사회적·경제적 정책을 요구할 수 있는 권리에 그친다고 판시함

(3) 권리의 주체

① 모든 국민
헌법 제32조에서 모든 국민은 근로의 권리를 가진다고 규정

② 외국인과 법인
근로의 권리는 국민의 권리이고 자연인의 권리이므로 원칙적으로 외국인과 법인은 주체가 될 수 없음

SEMI-NOTE

자유권적 기본권
- 개인의 자유로운 생활에 대하여 국가 권력의 간섭 또는 침해를 받지 않을 권리로, 기본권 중에서 가장 핵심적이고 본질적인 권리임
- 국가 권력으로부터 부당한 침해를 받지 않는다는 점에서 소극적 성격을 띠고 있지만, 헌법에 규정되지 않은 이유로 경시될 수 없는 포괄적인 권리
- 신체의 자유, 직업 선택의 자유, 주거의 자유, 사생활의 비밀, 자유의 불가침, 통신의 자유, 양심의 자유, 종교의 자유, 언론·출판·집회·결사의 자유, 학문과 예술의 자유, 재산권 보장 등

사회권
- 인간다운 생활을 하기 위하여 국가에 대하여 일정한 보호나 생활 수단의 제공을 요구할 수 있는 권리로, 생존권적 기본권
- 인간다운 생활을 국가에 요구할 수 있다는 점에서 적극적 성격을 띠고 있지만, 헌법에 규정된 권리만을 인정한다는 점에서 개별적 권리
- 인간다운 생활을 할 권리, 교육을 받을 권리, 근로의 권리, 근로자의 단결·단체교섭·단체행동권, 환경권, 혼인·가족생활·보건에 대한 권리 등이 있음

SEMI-NOTE

관련 판례 | 외국인의 근로의 권리

근로의 권리 역시 자본주의 경제질서하에서 근로자가 기본적 생활수단을 확보하고 인간의 존엄성을 보장받기 위하여 최소한의 근로조건을 요구할 수 있는 권리는 자유권적 기본권의 성격도 아울러 가지므로 이러한 경우 외국인 근로자에게도 그 기본권 주체성을 인정함이 타당하다고 판시하였다(헌재 2004헌마670).

(4) 권리의 내용

① 헌법 조문(제32조)
  ㉠ 모든 국민은 근로의 권리를 가진다. 국가는 사회적·경제적 방법으로 근로자의 고용의 증진과 적정임금의 보장에 노력하여야 하며, 법률이 정하는 바에 의하여 최저임금제를 시행하여야 한다.
  ㉡ 모든 국민은 근로의 의무를 진다. 국가는 근로의 의무의 내용과 조건을 민주주의원칙에 따라 법률로 정한다.
  ㉢ 근로조건의 기준은 인간의 존엄성을 보장하도록 법률로 정한다.
  ㉣ 여자의 근로는 특별한 보호를 받으며, 고용·임금 및 근로조건에 있어서 부당한 차별을 받지 아니한다.
  ㉤ 연소자의 근로는 특별한 보호를 받는다.
  ㉥ 국가유공자·상이군경 및 전몰군경의 유가족은 법률이 정하는 바에 의하여 우선적으로 근로의 기회를 부여받는다.

② 구체적 내용
  ㉠ 국가의 고용증진 의무
  ㉡ 적정 및 최저임금의 보장
  ㉢ 근로조건의 법정주의
  ㉣ 여성과 연소근로자 보호
  ㉤ 차별대우의 금지
  ㉥ 국가유공자 등의 우선적 근로기회 보장

권리의 효력
- **대국가적 효력** : 국가는 소극적으로 근로자의 취업을 방해하거나 강요해서는 아니 되며, 적극적으로 취업의 기회를 확대하도록 노력하여야 함
- **대사인적 효력** : 근로의 권리는 다른 개인이 근로의 기회를 침해해서는 아니 된다는 것으로 사용자의 해고 제한의 근거가 될 수 있는지에 관해 논의되고 있으며, 근로의 권리는 사인 간의 개별적 근로관계에도 적용되므로 사용자의 해고 제한의 근거로 봄

3. 노동 3권

(1) 노동3권의 의의 및 상호관계

① 의의
헌법 제33조 제1항에서 근로자는 근로조건의 향상을 위하여 자주적인 단결권·단체교섭권 및 단체행동권을 가진다고 하여 경제적 약자인 근로자로 하여금 단결을 통하여 사용자와 집단적으로 교섭하고, 단체행동이라는 실력행사를 통하여 사용자와 대등성을 확보하여 노사 자치주의의 실현을 도모하기 위함

노동3권의 법적 성질
노동3권의 법적 성질에 관해서 대법원과 헌법재판소는 사회적 보호기능을 담당하는 자유권 또는 사회권적 성격을 띤 자유권이라 판시하여 자유권적 성격을 강조하지만 혼합권설의 입장에 있음

② 상호관계

노동3권은 다 같이 존중, 보호되어야 하고 그 사이에 비중의 차등을 둘 수 없는 권리들임에는 틀림없지만 근로조건의 향상을 위한다는 생존권의 존재목적에 비추어볼 때 위 노동3권 가운데에서도 단체교섭권이 가장 중핵적 권리이다(대판 90도357).

> **법령** 헌법
>
> 제33조 ① 근로자는 근로조건의 향상을 위하여 자주적인 단결권·단체교섭권 및 단체행동권을 가진다.
> ② 공무원인 근로자는 법률이 정하는 자에 한하여 단결권·단체교섭권 및 단체행동권을 가진다.
> ③ 법률이 정하는 주요방위산업체에 종사하는 근로자의 단체행동권은 법률이 정하는 바에 의하여 이를 제한하거나 인정하지 아니할 수 있다.

(2) 노동3권의 내용

① 단결권
  ㉠ 개념
    근로조건의 향상을 도모하기 위하여 근로자와 그 단체에게 부여된 단결의 조직 및 활동을 위시하여 단결체에 가입 및 단결체의 존립 보호를 위한 헌법상의 권리
  ㉡ 단결권의 내용
    개별적 단결권과 집단적 단결권, 적극적 단결권과 소극적 단결권

② 단체교섭권
  ㉠ 개념
    경제적 약자인 근로자가 노동조합을 통하여 경제적 강자인 사용자와 근로조건의 유지·개선에 관하여 교섭하는 권리
  ㉡ 단체교섭권의 주체
    노동조합법상의 노조만 아니라 실질적 요건을 갖추고 있는 근로자단체도 단체교섭권을 인정함

③ 단체행동권
  ㉠ 개념
    근로자가 근로조건의 유지·개선을 위하여 사용자에 대항하여 단체적인 행동을 할 수 있는 권리를 말함
  ㉡ 단체행동권의 주체
    노동조합법상의 노조만 아니라 실질적 요건을 갖추고 있는 근로자단체도 단체행동권을 인정함
  ㉢ 단체행동권의 효과
    정당한 단체행동의 민·형사상 책임이 면제되고, 단체행동을 이유로 해고나 기타 불이익 처분은 부당노동행위가 됨

관련 판례

모든 청원경찰의 노동3권을 전면적으로 제한하는 것은 과잉금지원칙을 위반하여 청구인들의 근로3권을 침해하는 것이다(헌재 2015헌마653).

(3) 노동3권의 제한

① 노동3권의 제한 근거
  ㉠ 국가안전보장 · 질서유지 또는 공공복리
    국민의 모든 자유와 권리는 국가안전보장 · 질서유지 또는 공공복리를 위하여 필요한 경우에 한하여 법률로써 제한할 수 있으며, 제한하는 경우에도 자유와 권리의 본질적인 내용을 침해할 수 없다(헌법 제37조 제2항).
  ㉡ 근로조건 향상
    근로자는 근로조건의 향상을 위하여 자주적인 단결권 · 단체교섭권 및 단체행동권을 가진다(헌법 제33조 제1항).
② 근로의 성질에 의한 제한
  ㉠ 공무원의 노동3권 제한
    공무원인 근로자는 법률이 정하는 자에 한하여 단결권 · 단체교섭권 및 단체행동권을 가진다(헌법 제33조 제2항).
  ㉡ 교원의 노동3권 제한
    - 교원의 노동조합은 어떠한 정치활동도 하여서는 아니 된다(교원노조법 제3조).
    - 노동조합과 그 조합원은 파업, 태업 또는 그 밖에 업무의 정상적인 운영을 방해하는 어떠한 쟁의행위도 하여서는 아니 된다(교원노조법 제8조).
③ 사업의 성질에 의한 제한
  법률이 정하는 주요방위산업체에 종사하는 근로자의 단체행동권은 법률이 정하는 바에 의하여 이를 제한하거나 인정하지 아니할 수 있다(헌법 제33조 제3항).

> **관련 판례** 노동3권
>
> 노동3권은 국가공권력에 대하여 근로자의 단결권의 방어를 일차적인 목표로 하지만, 노동3권의 보다 큰 헌법적 의미는 근로자단체라는 사회적 반대세력의 창출을 가능하게 함으로써 노사관계의 형성에 있어서 사회적 균형을 이루어 근로조건에 관한 노사간의 실질적인 자치를 보장하려는 데 있다. 근로자는 노동조합과 같은 근로자단체의 결성을 통하여 집단으로 사용자에 대항함으로써 사용자와 대등한 세력을 이루어 근로조건의 형성에 영향을 미칠 수 있는 기회를 가지게 되므로 이러한 의미에서 노동3권은 '사회적 보호기능을 담당하는 자유권' 또는 '사회권적 성격을 띤 자유권'이라고 말할 수 있다.
> 이러한 노동3권의 성격은 국가가 단지 근로자의 단결권을 존중하고 부당한 침해를 하지 아니함으로써 보장되는 자유권적 측면인 국가로부터의 자유 뿐이 아니라, 근로자의 권리행사의 실질적 조건을 형성하고 유지해야 할 국가의 적극적인 활동을 필요로 한다. 이는 곧, 입법자가 근로자단체의 조직, 단체교섭, 단체협약, 노동쟁의 등에 관한 노동조합관련법의 제정을 통하여 노사간의 세력균형이 이루어지고 근로자의 노동3권이 실질적으로 기능할 수 있도록 하기 위하여 필요한 법적 제도와 법규범을 마련하여야 할 의무가 있다는 것을 의미한다(헌재 94헌바3 등).

4. 근로기준법과 개별적 근로관계법

(1) 근로기준법

① 의의

근로기준법은 '헌법에 따라 근로조건의 기준을 정함으로써 근로자의 기본적 생활을 보장, 향상시키며 균형 있는 국민경제의 발전을 꾀하는 것을 목적으로 한다 (법 제1조).' 따라서 근로관계의 성립, 내용, 변경, 종료 등 근로관계 전반에 관한 내용을 규정하고 있는 일반법이고, 개별 근로자에게 적용되는 노동보호법임

> **관련 판례** 근로기준법의 적용
>
> 사립학교법에 의하여 설립된 학교법인 또는 사립학교에 근무하는 사무직원의 임면, 보수, 복무 및 신분보장에 관하여는 사립학교법에서 학교법인의 정관으로 정하도록 하였을 뿐이고 그 내용을 규정한 바가 없으며 그 근무관계는 본질적으로 사법상의 고용계약관계라고 할 것이므로, 위 학교법인 또는 사립학교 사무직원의 보수, 복무 등 근로조건에 관한 사항 중 사립학교교원연금법에서 정하고 있는 퇴직시의 급여 등을 제외한 사항은 근로기준법의 적용을 받는다 (대판 2006다48229).

② 법적 성질

근로기준법은 강행법이므로 근로자는 근로기준법상의 권리를 포기할 수 없음

(2) 개별적 근로관계법

근로기준법, 직업안정법, 선원법, 산업재해보상보험법, 산업안전보건법, 최저임금법 등이 있음

5. 근로기준법의 적용범위

(1) 기본원칙

SEMI-NOTE

법 령 근로기준법

제11조(적용 범위) ① 이 법은 상시 5명 이상의 근로자를 사용하는 모든 사업 또는 사업장에 적용한다. 다만, 동거하는 친족만을 사용하는 사업 또는 사업장과 가사(家事) 사용인에 대하여는 적용하지 아니한다.
② 상시 4명 이하의 근로자를 사용하는 사업 또는 사업장에 대하여는 대통령령으로 정하는 바에 따라 이 법의 일부 규정을 적용할 수 있다.
③ 이 법을 적용하는 경우에 상시 사용하는 근로자 수를 산정하는 방법은 대통령령으로 정한다.

법 령 근로기준법 시행령

제7조의2(상시 사용하는 근로자 수의 산정 방법) ① 법 제11조 제3항에 따른 "상시 사용하는 근로자 수"는 해당 사업 또는 사업장에서 법 적용 사유(휴업수당 지급, 근로시간 적용 등 법 또는 이 영의 적용 여부를 판단하여야 하는 사유를 말한다. 이하 이 조에서 같다) 발생일 전 1개월(사업이 성립한 날부터 1개월 미만인 경우에는 그 사업이 성립한 날 이후의 기간을 말한다. 이하 "산정기간"이라 한다) 동안 사용한 근로자의 연인원을 같은 기간 중의 가동 일수로 나누어 산정한다.
② 제1항에도 불구하고 다음 각 호의 구분에 따라 그 사업 또는 사업장에 대하여 5명(법 제93조의 적용 여부를 판단하는 경우에는 10명을 말한다. 이하 이 조에서 "법 적용 기준"이라 한다) 이상의 근로자를 사용하는 사업 또는 사업장(이하 이 조에서 "법 적용 사업 또는 사업장"이라 한다)으로 보거나 법 적용 사업 또는 사업장으로 보지 않는다.
  1. 법 적용 사업 또는 사업장으로 보는 경우 : 제1항에 따라 해당 사업 또는 사업장의 근로자 수를 산정한 결과 법 적용 사업 또는 사업장에 해당하지 않는 경우에도 산정기간에 속하는 일(日)별로 근로자 수를 파악하였을 때 법 적용 기준에 미달한 일수(日數)가 2분의 1 미만인 경우
  2. 법 적용 사업 또는 사업장으로 보지 않는 경우 : 제1항에 따라 해당 사업 또는 사업장의 근로자 수를 산정한 결과 법 적용 사업 또는 사업장에 해당하는 경우에도 산정기간에 속하는 일별로 근로자 수를 파악하였을 때 법 적용 기준에 미달한 일수가 2분의 1 이상인 경우
③ 법 제60조부터 제62조까지의 규정(제60조 제2항에 따른 연차유급휴가에 관한 부분은 제외한다)의 적용 여부를 판단하는 경우에 해당 사업 또는 사업장에 대하여 제1항 및 제2항에 따라 월 단위로 근로자 수를 산정한 결과 법 적용 사유 발생일 전 1년 동안 계속하여 5명 이상의 근로자를 사용하는 사업 또는 사업장은 법 적용 사업 또는 사업장으로 본다.
④ 제1항의 연인원에는 파견근로자보호 등에 관한 법률 제2조 제5호에 따른 파견근로자를 제외한 다음 각 호의 근로자 모두를 포함한다.
  1. 해당 사업 또는 사업장에서 사용하는 통상 근로자, 기간제 및 단시간근로자 보호 등에 관한 법률 제2조 제1호에 따른 기간제근로자, 단시간근로자 등 고용형태를 불문하고 하나의 사업 또는 사업장에서 근로하는 모든 근로자
  2. 해당 사업 또는 사업장에 동거하는 친족과 함께 제1호에 해당하는 근로자가 1명이라도 있으면 동거하는 친족인 근로자

① 상시 5인 이상의 근로자 사용
  ㉠ 이 법은 상시 5명 이상의 근로자를 사용하는 모든 사업 또는 사업장에 적용한다(법 제11조 제1항).

> **관련 판례** 상시 5명 이상의 근로자 중 일용근로자1
>
> 근로기준법의 적용 범위를 정한 '상시 5인 이상의 근로자를 사용하는 사업 또는 사업장'이라 함은 '상시 근무하는 근로자의 수가 5인 이상인 사업 또는 사업장'이 아니라 '사용하는 근로자의 수가 상시 5인 이상인 사업 또는 사업장'을 뜻하는 것이고, 이 경우 상시라 함은 상태라고 하는 의미로서 근로자의 수가 때때로 5인 미만이 되는 경우가 있어도 사회통념에 의하여 객관적으로 판단하여 상태적으로 5인 이상이 되는 경우에는 이에 해당하며, 여기의 근로자에는 당해 사업장에 계속 근무하는 근로자뿐만 아니라 그때 그때의 필요에 의하여 사용하는 일용근로자를 포함한다(대판 99도1243).

> **관련 판례** 상시 5명 이상의 근로자 중 일용근로자2
>
> 근로자퇴직급여 보장법에 따른 퇴직금 지급의무 유무를 판단하기 위한 상시 근로자의 수는 해당 근로자의 전체 근무기간을 기준으로 산정하여야 하고, 여기에서 상시라 함은 상태(常態)라고 하는 의미로서 근로자의 수가 때때로 5인 미만이 되는 경우가 있어도 사회통념에 의하여 객관적으로 판단하여 상태적으로 5인 이상이 되는 경우에는 이에 해당하며, 여기의 근로자에는 당해 사업장에 계속 근무하는 근로자뿐만 아니라 그때그때의 필요에 의하여 사용하는 일용근로자를 포함한다고 해석하여야 한다(대판 2012도5875).

  ㉡ 연 인원에는 해당 사업 또는 사업장에서 사용하는 통상 근로자, 기간제근로자, 단시간근로자 등 고용형태를 불문하고 하나의 사업 또는 사업장에서 근로하는 모든 근로자, 해당 사업 또는 사업장에 동거하는 친족과 함께 근로자가 1명이라도 있으면 동거하는 친족인 근로자는 포함된다. 다만 파견근로자는 제외한다(영 제7조의2 제4항).

② 사업 또는 사업장
  사업은 물적 시설과 노동력을 유기적으로 결합하여 일정한 목적을 추구하는 조직체로 영리의 추구 여부나 계속성, 사업의 종류 등은 불문하며, 사업장은 사업의 목적을 달성하기 위한 장소적 시설로 일시적이거나 일회적인 것도 적용됨

③ 하나의 사업장 기준
  여러 개의 사업장이 동일한 장소에 있는 경우 하나의 사업장으로 보고, 다른 장소에 있는 경우 별개의 사업장으로 봄

SEMI-NOTE

관련 판례

'상시 사용 근로자수 5인'이라는 기준을 분수령으로 하여 근로기준법의 전면적용 여부를 달리한 것은, 근로기준법의 확대적용을 위한 지속적인 노력을 기울이는 과정에서, 한편으로 영세사업장의 열악한 현실을 고려하고, 다른 한편으로 국가의 근로감독능력의 한계를 아울러 고려하면서 근로기준법의 법규범성을 실질적으로 관철하기 위한 입법정책적 결정으로서 거기에는 나름대로의 합리적 이유가 있다고 할 것이므로 평등원칙에 위배된다고 할 수 없다(헌재 98마310).

관련 판례

갱생보호회와 같은 비영리적 공익목적을 추구하는 공법인의 사업 또는 사업장도 구 근로기준법 제10조 소정의 사업 또는 사업장으로 보아야 할 것이다(대판 78다591).

(2) 예외

① 동거하는 친족만을 사용하는 사업장
  ㉠ 동거는 세대를 같이하는 생활을 공동으로 하는 것
  ㉡ 친족은 8촌 이내의 혈족, 4촌 이내의 인척 및 배우자를 말함
② 가사사용인
  가사사용인은 국가의 감독이 미치기 어렵고, 사생활의 자유를 침해할 우려가 있기 때문에 제외함. 가사사용인은 파출부, 가정부, 운전기사, 주택관리인 등 가정의 사생활에 관한 업무를 담당하는 사람을 말함
③ 상시 4명 이하의 근로자를 사용하는 사업 또는 사업장 ★ 빈출개념

구분	적용 법규정
제1장 총칙	제1조부터 제13조까지의 규정
제2장 근로계약	제15조, 제17조, 제18조, 제19조 제1항, 제20조부터 제22조까지의 규정, 제23조 제2항, 제26조, 제35조부터 제42조까지의 규정
제3장 임금	제43조부터 제45조까지의 규정, 제47조부터 제49조까지의 규정
제4장 근로시간과 휴식	제54조, 제55조 제1항, 제63조
제5장 여성과 소년	제64조, 제65조 제1항·제3항(임산부와 18세 미만인 자로 한정한다), 제66조부터 제69조까지의 규정, 제70조 제2항·제3항, 제71조, 제72조, 제74조
제6장 안전과 보건	제76조
제8장 재해보상	제78조부터 제92조까지의 규정
제11장 근로감독관 등	제101조부터 제106조까지의 규정
제12장 벌칙	제107조부터 제116조까지의 규정(제1장부터 제6장까지, 제8장, 제11장의 규정 중 상시 4명 이하 근로자를 사용하는 사업 또는 사업장에 적용되는 규정을 위반한 경우로 한정한다)

④ 부분적 적용 제외 ★ 빈출개념
  ㉠ 1주간 근로시간이 현저히 짧은 단시간 근로자(4주 평균 1주 근로시간 15시간 미만) : 주휴일, 연차유급휴가, 사용기간, 퇴직급여제도 적용 제외
  ㉡ 특별법상의 제외
    • 국가공무원법의 적용을 받는 공무원
    • 선원
    • 사립학교 교원
    • 청원경찰

관련 판례

주방직원이 3명, 홀에서 서빙하는 직원이 적어도 2명으로 보통 3~4명이고, 폐업일 직전 등 일시적으로 직원 수가 4인이었던 기간이 3~4개월인 식당이 근로기준법 적용대상인 '상시 5인 이상의 근로자를 사용하는 사업 또는 사업장'에 해당한다고 본 사례(대판 2008도364)

관련 판례

국가 또는 지방공무원도 임금을 목적으로 근로를 제공하는 근로기준법 제14조 소정의 근로자라 할 것이므로 그들에 대하여서도 원칙적으로 근로자의 퇴직금에 관한 규정인 위 법 제28조가 적용된다고 해석되나, 국가 및 지방공무원의 퇴직금지급에 관하여는 공무원연금법이 제정되어 이를 규정하고 있으므로 그들의 퇴직금 지급에 관하여는 특별한 사정이 없는 한 위 법의 규정에 따라야 하고 근로기준법의 적용은 배제된다(대판 86다카1355).

(3) 장소적 적용범위

① 속지주의 원칙
근로기준법과 근로기준법에 따른 대통령령은 국가, 특별시·광역시·도, 시·군·구, 읍·면·동, 그 밖에 이에 준하는 것에 대하여도 적용됨

② 국내사업 및 국외사업 적용 여부
 ㉠ 국내사업
  국내의 외국기업에 고용된 한국인 근로자와 주한 미군부대에 근무하는 한국인은 적용되나, 외국정부나 외교특권을 가지는 기관에 근무하는 근로자는 적용되지 않음
 ㉡ 국외사업
  속지주의에 의하여 원칙적으로 인정되지 않으며, 다만 국내에 본사가 있고 사업의 동질성이 인정되는 경우에는 적용됨

6. 근로자와 사용자

(1) 근로자

① 의의
직업의 종류와 관계없이 임금을 목적으로 사업이나 사업장에 근로를 제공하는 사람을 말한다(법 제2조 제1항 제1호).

> **관련 판례** 근로자로서의 지위 인정1
>
> 근로기준법상 근로자에 해당하는지는 계약의 형식이 고용계약인지 도급계약인지보다 그 실질에 있어 근로자가 사업 또는 사업장에 임금을 목적으로 종속적인 관계에서 사용자에게 근로를 제공하였는지에 따라 판단하여야 하고, 위에서 말하는 종속적인 관계가 있는지는 업무내용을 사용자가 정하고 취업규칙 또는 복무(인사)규정 등의 적용을 받으며 업무수행과정에서 사용자가 상당한 지휘·감독을 하는지, 사용자가 근무시간과 근무장소를 지정하고 근로자가 이에 구속을 받는지, 노무제공자가 스스로 비품·원자재나 작업도구 등을 소유하거나 제3자를 고용하여 업무를 대행케 하는 등 독립하여 자신의 계산으로 사업을 영위할 수 있는지, 노무제공을 통한 이윤의 창출과 손실의 초래 등 위험을 스스로 안고 있는지와 보수의 성격이 근로 자체의 대상적 성격인지, 기본급이나 고정급이 정하여졌는지 및 근로소득세의 원천징수 여부 등 보수에 관한 사항, 근로제공관계의 계속성과 사용자에 대한 전속성의 유무와 정도, 사회보장제도에 관한 법령에서 근로자로서 지위를 인정받는지 등의 경제적·사회적 여러 조건을 종합하여 판단하여야 한다(대판 2020다207864).

② 근로자의 범위
 ㉠ 직업의 종류와 관계없이 : 정신노동과 육체노동을 불문하고 사용, 일용, 임시, 직급, 직종 등을 불문함
 ㉡ 임금을 목적으로 : 자신의 노무를 제공하고 그 대가로 임금을 받을 것을 목적으로 하며 휴직 및 정직 중인 자, 파업참가근로자 등도 포함

SEMI-NOTE

관련 판례
근로기준법 제11조에 의하면 근로기준법이 국가에도 적용된다고 규정하고 있으므로 근로자와 국가 사이에 고용관계가 인정된다면 국가소속 역의 일용잡부로 근무하는 사람이 그 근로자 한사람뿐이라고 하더라도 근로기준법의 적용이 배제되는 것은 아니다(대판 85다카2473).

근로
정신노동과 육체노동을 말한다(법 제2조 제1항 제3호).

임금
사용자가 근로의 대가로 근로자에게 임금, 봉급, 그 밖에 어떠한 명칭으로든지 지급하는 모든 금품

SEMI-NOTE

관련 판례 근로자로서의 지위 인정2

근로기준법상 근로자에 해당하는지는 계약의 형식이 고용계약인지 위임계약인지보다 근로제공관계의 실질이 근로제공자가 사업장에서 임금을 목적으로 종속적인 관계에서 사용자에게 근로를 제공하였는지에 따라 판단하여야 한다. 여기에서 종속적인 관계가 있는지는 업무 내용을 사용자가 정하고 취업규칙 또는 복무규정 등의 적용을 받으며 업무수행 과정에서 사용자가 상당한 지휘·감독을 하는지, 사용자가 근무시간과 근무장소를 지정하고 근로제공자가 이에 구속을 받는지, 근로제공자가 스스로 비품·원자재나 작업도구 등을 소유하거나 제3자를 고용하여 업무를 대행하게 하는 등 독립하여 자신의 계산으로 사업을 영위할 수 있는지, 근로제공을 통한 이윤의 창출과 손실의 초래 등 위험을 스스로 안고 있는지, 보수의 성격이 근로 자체의 대상적 성격인지, 기본급이나 고정급이 정하여졌고 근로소득세를 원천징수하였는지, 그리고 근로제공관계의 계속성과 사용자에 대한 전속성의 유무와 정도, 사회보장제도에 관한 법령에서 근로자로서 지위를 인정받는지 등의 경제적·사회적 여러 조건을 종합하여 판단하여야 한다. 다만 기본급이나 고정급이 정하여졌는지, 근로소득세를 원천징수하였는지, 사회보장제도에 관하여 근로자로 인정받는지 등의 사정은 사용자가 경제적으로 우월한 지위를 이용하여 임의로 정할 여지가 크다는 점에서, 그러한 점들이 인정되지 않는다는 것만으로 근로자성을 쉽게 부정해서는 안 된다(대판 2018다229120).

관련 판례 시간강사의 근로자성 인정

시간강사의 경우, 다른 교원들과 같이 정해진 기본급이나 고정급 또는 제반 수당 등을 지급받지 아니하고, 근로제공관계가 단속적인 경우가 많으며, 특정 사용자에게 전속되어 있지도 않는 등의 특징을 가지고 있더라도 이는 시간강사뿐만 아니라 시간제 근로자에게 일반적으로 나타나는 현상으로, 이러한 사정을 들어 근로자성을 부정할 수 없다는 것이다(대판 2015두46321).

ⓒ 사업이나 사업장에 근로를 제공하는 사람 : 사업이나 사업장에서 근로를 제공하여야 한다. <u>사용자에게 현실적으로 고용되어 있는 근로자만 해당하여 실업자와 해고자는 해당하지 않음</u>

관련 판례 근로자로서의 지위 인정3

근로기준법상의 근로자에 해당하는지 여부는 계약의 형식이 고용계약인지 도급계약인지보다 그 실질에 있어 근로자가 사업 또는 사업장에 임금을 목적으로 종속적인 관계에서 사용자에게 근로를 제공하였는지 여부에 따라 판단하여야 하고, 여기에서 종속적인 관계가 있는지 여부는 업무 내용을 사용자가 정하고 취업규칙 또는 복무(인사)규정 등의 적용을 받으며 업무 수행 과정에서 사용자가 상당한 지휘·감독을 하는지, 사용자가 근무시간과 근무장소를 지정하고 근로자가 이에 구속을 받는지, 노무제공자가 스스로 비품·원자재나 작업도구 등을 소유하거나 제3자를 고용하여 업무를 대행케 하는 등 독립하여 자신의 계산으로 사업을 영위할 수 있는지, 노무 제공을 통한 이윤의 창출과 손실의 초래 등 위험을 스스로 안고 있는지, 보수의 성격이 근로 자체의 대상적 성격인지, 기본급이나 고정급이 정하여졌는지 및 근로소득세의 원천징수 여부 등 보수에 관한 사항, 근로 제공 관계의 계속성과 사용자에 대한 전속성의 유무와 그 정도, 사회보장제도에 관한 법령에서 근로자로서 지위를 인정받는지 등의 경제적·사회적 여러 조건을 종합하여 판단하여야 한다. 다만, 기본급이나 고정급이 정하여졌는지, 근로소득세를 원천징수하였는지, 사회보장제도에 관하여 근로자로 인정받는지 등의 사정은 사용자가 경제적으로 우월한 지위를 이용하여 임의로 정할 여지가 크기 때문에, 그러한 점들이 인정되지 않는다는 것만으로 근로자성을 쉽게 부정하여서는 안 된다(대판 2004다29736).

관련판례 근로자로서의 지위 인정4

근로기준법상 근로자란 타인과의 사용종속관계 하에서 노무에 종사하고 그 대가로 임금 등을 받아 생활하는 자를 말하고, 그 사용종속관계는 당해 노무공급계약의 형태가 고용, 도급, 위임, 무명계약 등 어느 형태이든 상관없이 사용자와 노무제공자 사이에 지휘·감독관계의 여부, 보수의 노무대가성 여부, 노무의 성질과 내용 등 그 노무의 실질관계에 의하여 결정되는 것이다(대판 2005다64385).

③ 근로자의 인정 여부
  ㉠ 근로자의 인정 : 수련의, 불법체류 외국인 근로자, 직장예비군중대장, 맹인 안마사, 신문광고 외근사원 등
  ㉡ 근로자를 부정한 경우 : 보험모집인, 지입차주, 드라마 외부제작요원, 해고의 효력을 다투는 자 등

(2) 사용자

① 개념
  사업주 또는 사업 경영 담당자, 그 밖에 근로자에 관한 사항에 대하여 사업주를 위하여 행위하는 자를 말한다(법 제2조 제1항 제2호).
② 사용자의 범위
  ㉠ **사업주** : 경영의 주체로 근로계약의 당사자를 말함. 개인 기업의 경우 경영주, 법인인 경우 법인이나 단체가 사업주가 됨
  ㉡ 사업 경영 담당자
  ㉢ 근로자에 관한 사항에 대하여 사업주를 위하여 행위하는 자

관련판례 사용자의 지위 인정1

'사용자'란 사업주 또는 사업경영담당자 기타 근로자에 관한 사항에 대하여 사업주를 위하여 행위하는 자를 말하고, 여기에서 '사업경영담당자'란 사업경영 일반에 관하여 책임을 지는 자로서 사업주로부터 사업경영의 전부 또는 일부에 대하여 포괄적인 위임을 받고 대외적으로 사업을 대표하거나 대리하는 자를 말하는바, 구 근로기준법이 같은 법 각 조항에 대한 준수의무자로서의 사용자를 사업주에 한정하지 아니하고 사업경영담당자 등으로 확대한 이유가 노동현장에 있어서 근로기준법의 각 조항에 대한 실효성을 확보하기 위한 정책적 배려에 있는 만큼, 사업경영담당자는 원칙적으로 사업경영 일반에 관하여 권한을 가지고 책임을 부담하는 자로서 관계 법규에 의하여 제도적으로 근로기준법의 각 조항을 이행할 권한과 책임이 부여되었다면 이에 해당한다(대판 2007도1199).

관련판례 사용자의 지위 인정2

사용자라 함은 사업주 또는 사업경영담당자 기타 근로자에 관한 사항에 대하여 사업주를 위하여 행위하는 자를 말하는 것으로 규정되어 있는바, 형식상으로는 대표이사직에서 사임하였으나 실질적으로는 사주로서 회사를 사실상 경영하여 온 자는 임금 지불에 관한 실질적 권한과 책임을 가지는 자로서 근로기준법 소정의 사용자에 해당한다(대판 2001도3889).

SEMI-NOTE

노동조합법상 근로자

직업의 종류를 불문하고 임금·급료 기타 이에 준하는 수입에 의하여 생활하는 자를 말한다(노동조합 및 노동관계조정법 제2조 제1호).

SEMI-NOTE

대등결정의 원칙
근로조건은 근로자와 사용자가 동등한 지위에서 자유의사에 따라 결정하여야 한다(법 제4조).

관련 판례 사용자의 지위 인정3

"사용자"라 함은 사업주 또는 사업경영담당자 기타 근로자에 대한 사항에 대하여 사업주를 위하여 행위하는 자를 말한다고 규정하고 있는데, 여기에서 사업경영담당자라 함은 사업경영 일반에 관하여 책임을 지는 자로서 사업주로부터 사업경영의 전부 또는 일부에 대하여 포괄적인 위임을 받고 대외적으로 사업을 대표하거나 대리하는 자를 말하고, '기타 근로자에 대한 사항에 대하여 사업주를 위하여 행위하는 자'라 함은 근로자의 인사, 급여, 후생, 노무관리 등 근로조건의 결정 또는 업무상의 명령이나 지휘감독을 하는 등의 사항에 대하여 사업주로부터 일정한 권한과 책임을 부여받은 자를 말한다(대판 2005도8364).

③ 근로자 및 사용자 개념의 상대성
부장, 과장 등 중간관리자의 경우 재해보상, 퇴직금, 해고 등에서는 근로자에 해당하고 근로기준법의 준수와 책임 등에 관해서는 사용자에 해당함

④ 사용자 개념의 확대
㉠ 묵시적 근로계약관계
㉡ 법인격 부인의 법리

관련 판례 묵시적 근로계약관계1

원고용주에게 고용되어 제3자의 사업장에서 제3자의 업무에 종사하는 자를 제3자의 근로자라고 할 수 있으려면, 원고용주는 사업주로서의 독자성이 없거나 독립성을 결하여 제3자의 노무대행기관과 동일시 할 수 있는 등 그 존재가 형식적, 명목적인 것에 지나지 아니하고, 사실상 당해 피고용인은 제3자와 종속적인 관계에 있으며, 실질적으로 임금을 지급하는 자도 제3자이고, 또 근로제공의 상대방도 제3자이어서 당해 피고용인과 제3자 간에 묵시적 근로계약관계가 성립되어 있다고 평가될 수 있어야 한다(대판 2005다75088, 2008두4367).

관련 판례 묵시적 근로계약관계2

아파트 입주자 대표회의와 사이에 위수탁관리계약을 체결한 아파트 관리업자의 대리인인 관리소장이 관리사무소에서 근무하게 된 직원들과 근로계약을 체결하였다면 그 직원들은 아파트 관리업자의 피용인이라고 할 것이므로, 아파트 관리업자와 위수탁관리계약을 체결하였을 뿐인 아파트 입주자 대표회의가 직원들에 대하여 임금지급의무가 있는 사용자로 인정되기 위하여는 그 직원들이 관리사무소장을 상대방으로 하여 체결한 근로계약이 형식적이고 명목적인 것에 지나지 않고, 직원들이 사실상 입주자 대표회의와 종속적인 관계에서 그에게 근로를 제공하며, 입주자 대표회의는 그 대가로 임금을 지급하는 사정 등이 존재하여 관리사무소 직원들과 입주자 대표회의와 사이에 적어도 묵시적인 근로계약관계가 성립되어 있다고 평가되어야 한다(대판 99마628).

관련 판례 법인격 부인의 법리

모회사인 사업주가 업무도급의 형식으로 자회사의 근로자들을 사용하였으나, 실질적으로는 위장도급으로서 사업주와 근로자들 사이에 직접 근로계약관계가 존재한다고 판단한 사례(대판 2003두3420).

7. 근로기준법상 근로조건결정규범

(1) 근로조건결정규범의 의의

근로계약, 단체협약, 취업규칙, 노사관행, 관계법령 등 근로기준을 결정하는 규범을 말함

> **관련 판례** **근로조건**
>
> 근로조건이라 함은 사용자와 근로자 사이의 근로관계에서 임금·근로시간·후생·해고 기타 근로자의 대우에 관하여 정한 조건을 말한다(대판 91다19210).

> **관련 판례** **근로계약**
>
> 근로자가 정기상여금을 통상임금에서 제외하기로 하는 노사합의를 무효라고 주장하는 것에 대하여 '신의칙을 적용하기 위한 일반적인 요건'이 갖추어졌다고 볼 수 없다. 정기상여금을 통상임금에서 제외하기로 하는 노사합의의 관행이 있다고 볼 근거가 없음은 물론이고, 만에 하나 그런 관행이 있다고 한들 그것이 근로자에 의하여 유발되었거나 그 주된 원인이 근로자에게 있다고 볼 근거는 어디에도 없다. 근로자가 이를 무효라고 주장하지 않을 것이라고 사용자가 신뢰하였다는 전제 자체가 증명된 바 없지만, 그 '신뢰'가 존재한다고 하더라도 이를 정당한 것이라고 말할 수 없다(대판 2012다89399).

(2) 근로조건결정규범 상호간의 관계

① **법령과 단체협약과의 관계**
  헌법과 강행법규에 위반한 경우는 무효이고, 단체협약 중 위법한 내용이 있는 경우 행정관청은 시정명령을 내릴 수 있음

② **법령과 근로계약과의 관계**
  근로기준법에서 정하는 기준에 미치지 못하는 근로조건을 정한 근로계약은 그 부분에 한정하여 무효로 한다(법 제15조).

③ **법령과 취업규칙과의 관계**
  취업규칙에서 정한 기준에 미달하는 근로조건을 정한 근로계약은 그 부분에 관하여는 무효로 한다. 이 경우 무효로 된 부분은 취업규칙에 정한 기준에 따른다(법 제97조).

④ **단체협약과 근로계약과의 관계**
  ㉠ 단체협약에 정한 근로조건 기타 근로자의 대우에 관한 기준에 위반하는 취업규칙 또는 근로계약의 부분은 무효로 한다(노동조합 및 노동관계조정법 제33조 제1항).
  ㉡ 근로계약에 규정되지 아니한 사항 또는 무효로 된 부분은 단체협약에 정한 기준에 의한다(노동조합 및 노동관계조정법 제33조 제2항).

⑤ 단체협약과 취업규칙과의 관계
  ㉠ 취업규칙은 법령이나 해당 사업 또는 사업장에 대하여 적용되는 단체협약과 어긋나서는 아니 된다(법 제96조 제1항).
  ㉡ 고용노동부장관은 법령이나 단체협약에 어긋나는 취업규칙의 변경을 명할 수 있다(법 제96조 제2항).
⑥ 근로계약과 취업규칙과의 관계
  취업규칙에서 정한 기준에 미달하는 근로조건을 정한 근로계약은 그 부분에 관하여는 무효로 한다. 이 경우 무효로 된 부분은 취업규칙에 정한 기준에 따른다(법 제97조).

8. 근로기준법의 기본원리

(1) 근로조건 최저보장의 원칙
이 법에서 정하는 근로조건은 최저기준이므로 근로 관계 당사자는 이 기준을 이유로 근로조건을 낮출 수 없다(법 제3조).

(2) 근로조건 대등결정의 원칙
근로조건은 근로자와 사용자가 동등한 지위에서 자유의사에 따라 결정하여야 한다(법 제4조).

(3) 근로조건 준수의 원칙
근로자와 사용자는 각자가 단체협약, 취업규칙과 근로계약을 지키고 성실하게 이행할 의무가 있다(법 제5조).

(4) 균등한 처우의 원칙
① 의의
  사용자는 근로자에 대하여 남녀의 성(性)을 이유로 차별적 대우를 하지 못하고, 국적·신앙 또는 사회적 신분을 이유로 근로조건에 대한 차별적 처우를 하지 못한다(법 제6조).

> **법령 | 헌법**
> 제11조 제1항 모든 국민은 법 앞에 평등하다. 누구든지 성별·종교 또는 사회적 신분에 의하여 정치적·경제적·사회적·문화적 생활의 모든 영역에 있어서 차별을 받지 아니한다.

> **법령 | 헌법**
> 제32조 제4항 여자의 근로는 특별한 보호를 받으며, 고용·임금 및 근로조건에 있어서 부당한 차별을 받지 아니한다.

관련 판례

직종에 따른 정원과 신규채용의 자격, 호봉 산정 등에 관한 규정은 당해 사업장에서 근로자가 제공하는 근로의 성질·내용·근무형태·인력수급상황 등 제반 여건을 고려하여 합리적인 기준을 둔다면 같은 사업장 내에서도 직종과 직급 등에 따라 서로 차이가 있을 수 있는 것이고 이러한 기준에 따라 사용자가 정한 인사규정이 공무원이나 동종회사 근로자에 관한 것과 다르다거나 그보다 다소 불리하다고 하여 이를 법률상 무효라고 할 수 없으며, 국가유공자 등에 대한 채용의무에 따라 채용을 한 근로자라고 하여 그러한 규정의 적용이 배제된다고 할 수도 없다(대판 2000다39063).

관련 판례

소정의 '동일가치의 노동'이라 함은 당해 사업장 내의 서로 비교되는 남녀 간의 노동이 동일하거나 실질적으로 거의 같은 성질의 노동 또는 그 직무가 다소 다르더라도 객관적인 직무평가 등에 의하여 본질적으로 동일한 가치가 있다고 인정되는 노동에 해당하는 것을 말하고, 동일가치의 노동인지 여부는 소정의, 직무 수행에서 요구되는 기술, 노력, 책임 및 작업조건을 비롯하여 근로자의 학력·경력·근속연수 등의 기준을 종합적으로 고려하여 판단하여야 한다(대판 2002도3883).

② 차별금지의 사유
  ㉠ 남녀의 성별
    • 의의 : 남녀의 성별은 특정 성과 연관된 특성을 말하고 차별적 처우는 여성이라는 이유로 다른 합리적인 이유없이 불리한 대우를 하는 것
    • 모성특별보호 : 국가는 여자의 복지와 권익의 향상을 위하여 노력하여야 하고(헌법 제34조 제3항), 국가는 모성의 보호를 위하여 노력하여야 한다(헌법 제36조 제2항)는 규정은 여성의 신체적·생리적 특성을 감안한 것으로 차별대우에 해당하지 않음
    • 정년차별 : 사업주는 근로자의 정년·퇴직 및 해고에서 남녀를 차별하여서는 아니 된다(남녀고용평등과 일·가정 양립 지원에 관한 법률 제11조 제1항).
    • 혼인, 임신 및 출산퇴직 : 사업주는 여성 근로자의 혼인, 임신 또는 출산을 퇴직 사유로 예정하는 근로계약을 체결하여서는 아니 된다(남녀고용평등과 일·가정 양립 지원에 관한 법률 제11조 제2항).
  ㉡ 임금 : 사업주는 동일한 사업 내의 동일 가치 노동에 대하여는 동일한 임금을 지급하여야 한다(남녀고용평등과 일·가정 양립 지원에 관한 법률 제8조 제1항).
  ㉢ 국적 : 외국의 국적을 가진 자나 이중국적자, 무국적자인 근로자에 대하여 국적을 이유로 차별하는 것은 허용되지 않음
  ㉣ 신앙 : 신앙은 종교적 신앙뿐만 아니라 정치적 신조까지 포함하는 것으로 특정 신앙에 따라 차별하지 못하나 외부적 종교행위가 경영질서를 문란하게 하여 직장질서에 반할 경우 규제가 가능

> **관련 판례** 근로자에 대한 징계
>
> 사용자가 근로자에 대하여 징계권을 행사할 수 있는 것은 사업활동을 원활하게 수행하는데 필요한 범위 내에서 규율과 질서를 유지하기 위한 데에 그 근거가 있으므로, 근로자의 사생활에서의 비행은 사업활동에 직접 관련이 있거나 기업의 사회적 평가를 훼손할 염려가 있는 것에 한하여 정당한 징계사유가 될 수 있다(대판 93누23275).

  ㉤ 사회적 신분 : 사회적 신분은 사람이 사회생활을 하면서 장기적으로 가지게 되는 계속적 지위로 선천적 지위뿐만 아니라 후천적 지위도 포함
  ㉥ 근로계약상 근로내용과 무관한 내용으로 인한 차별 : 근로계약상 근로내용과 무관한 내용으로 인하여 근로자에게 불합리한 차별을 하는 것은 부당한 차별

> **관련 판례** 근로계약상 근로내용과 무관한 내용으로 인한 차별
>
> 갑이 국립대학인 을 대학과 시간강사를 전업과 비전업으로 구분하여 시간당 강의료를 차등지급하는 내용의 근로계약을 체결하고 자신이 전업강사에 해당한다고 고지함에 따라 전업 시간강사 단가를 기준으로 3월분 강의료를 지급받았는데, 국민연금공단으로부터 '갑이 부동산임대사업자로서 별도의 수입이 있는 사람에 해당한다'는 사실을 통보받은 을 대학 총장이 이미

지급한 3월분 강사료 중 비전업 시간강사료와의 차액 반환을 통보하고, 4월분과 5월분의 비전업 시간강사료를 지급한 사안에서, 을 대학 총장이 시간강사를 전업과 비전업으로 구분하여 시간당 강의료를 차등지급하는 것이 부당한 차별적 대우에 해당하지 않는다고 본 원심판단에 법리를 오해한 잘못이 있다고 한 사례(대판 2015두46321)

(5) 강제근로금지의 원칙

① 강제근로의 금지

사용자는 폭행, 협박, 감금, 그 밖에 정신상 또는 신체상의 자유를 부당하게 구속하는 수단으로써 근로자의 자유의사에 어긋나는 근로를 강요하지 못한다(법 제7조).

② 강제근로의 수단
  ㉠ 폭행, 협박, 감금 : 사용자가 폭행, 협박, 감금 등을 통하여 신체의 자유를 부당하게 구속하는 수단으로 근로를 강제하지 못함
  ㉡ 정신상 또는 신체상의 자유를 부당하게 구속하는 수단 : 사표수리의 거부, 기숙사 강제수용, 주민등록증 등을 뺏거나 숨기는 행위 등으로 자율적인 근로를 방해하는 행위를 하지 못함

관련 판례 근로관계의 승계

헌법이 직업선택의 자유를 보장하고 있고 근로기준법이 근로자의 보호를 위하여 근로조건에 관한 근로자의 자기결정권(제4조), 강제근로의 금지(제7조), 사용자의 근로조건 명시의무(제17조), 부당해고 등의 금지(제23조) 또는 경영상 이유에 의한 해고의 제한(제24조) 등을 규정한 취지에 비추어 볼 때, 회사 분할에 따른 근로관계의 승계는 근로자의 이해와 협력을 구하는 절차를 거치는 등 절차적 정당성을 갖춘 경우에 한하여 허용되고, 해고의 제한 등 근로자 보호를 위한 법령 규정을 잠탈하기 위한 방편으로 이용되는 경우라면 그 승계가 거부될 수 있다고 보아야 한다(대판 2012다102124).

(6) 폭행금지의 원칙

① 폭행의 금지

사용자는 사고의 발생이나 그 밖의 어떠한 이유로도 근로자에게 폭행을 하지 못한다(법 제8조).

② 내용

폭행이 업무와 관련되어 발생할 것을 요하고, 사업장 밖이나 업무시간 이외에도 업무와 관련한 폭행이면 이에 해당

③ 형법과의 관계

형법의 폭행죄는 피해자의 의사에 반하여 처벌할 수 없으나 근로기준법에서는 피해자가 처벌을 원하지 않아도 처벌됨

④ 근로기준법 제7조와의 관계

제7조의 폭행은 강제근로의 수단으로서의 폭행이고, 강제노동에 목적이 있지만 제8조의 폭행은 구타행위 자체를 금지시키려는 목적이 있어 양자는 차이가 있음

SEMI-NOTE

강제근로의 금지
제7조(강제근로의 금지), 제8조(폭행의 금지), 제9조(중간착취의 배제), 제23조 제2항(해고의 제한) 또는 제40조(취업방해의 금지)를 위반한 자는 5년 이하의 징역 또는 5천만원 이하의 벌금에 처한다(법 제107조).

(7) 중간착취배제의 원칙

① **중간착취의 배제**

누구든지 법률에 따르지 아니하고는 영리로 다른 사람의 취업에 개입하거나 중간인으로서 이익을 취득하지 못한다(법 제9조). 이는 다른 사람의 취업과 관련하여 소개비, 중개료 등의 명목으로 이익을 얻거나 작업반장, 중개인, 감독자 등의 지위를 이용하여 임금의 일부를 착취하려는 것을 방지하기 위함

> **관련 판례** 중간착취의 배제
>
> "누구든지 법률에 의하지 아니하고는 영리로 타인의 취업에 개입하거나 중간인으로서 이익을 취득하지 못한다"고 규정하고 있는바, 여기서 금지하는 행위는 '영리로 타인의 취업에 개입'하는 행위와 '중간인으로서 이익을 취득'하는 행위인데, '영리로 타인의 취업에 개입'하는 행위는 제3자가 영리로 타인의 취업을 소개·알선하는 등 노동관계의 성립 또는 갱신에 영향을 주는 행위를 말하고, '중간인으로서 이익을 취득'하는 행위는 근로계약관계의 존속 중에 사용자와 근로자 사이의 중간에서 근로자의 노무제공과 관련하여 사용자 또는 근로자로부터 법률에 의하지 아니하는 이익을 취득하는 것을 말한다(대판 2007도3192).

> **관련 판례** 중간착취 판단의 범위1
>
> 타인의 취업에 개입하여 그와 관련하여 금품을 수수하였다고 하더라도 그 모든 경우를 처벌하는 것이 아니라 '영리'의 의사로 개입한 경우에 한하여 처벌하는 것으로 보아야 할 것이며, 또한 위와 같은 영리성을 판단함에 있어서는 그에 대하여는 적극적 의욕이나 확정적 인식임을 요하지 아니하고 미필적 인식이 있으면 족하다고 할 것이나, 그러한 영리성이 있었는지 여부는 피고인의 사회적 지위, 피고인과 그 행위의 상대방과의 인적관계, 타인의 취업에 개입한 행위의 동기 및 경위와 수단이나 방법, 행위의 내용과 태양, 행위 상대방의 성격과 범위, 행위 당시의 사회상황, 관련 규정의 취지 등 여러 사정을 종합하여 사회통념에 비추어 합리적으로 판단할 수밖에 없다(대판 2005노818).

② **내용**
  ㉠ **누구든지**: 사용자, 사업주는 물론이고 사인, 단체, 공무원 등을 묻지 않고 누구든지 포함될 수 있음

> **관련 판례** 중간착취 판단의 범위2
>
> 구 근로기준법 제8조(현행 제9조)의 입법 취지와 직업안정법 등의 관련 법률 조항들을 종합적으로 고려해 볼 때, 위 조항의 '영리로 타인의 취업에 개입'하는 행위, 즉 제3자가 영리로 타인의 취업을 소개 또는 알선하는 등 근로관계의 성립 또는 갱신에 영향을 주는 행위에는 취업을 원하는 사람에게 취업을 알선해 주기로 하면서 그 대가로 금품을 수령하는 정도의 행위도 포함되고, 반드시 근로관계 성립 또는 갱신에 직접적인 영향을 미칠 정도로 구체적인 소개 또는 알선행위에까지 나아가야만 하는 것은 아니다(대판 2006도7660).

  ㉡ **법률에 따르지 아니하고**: 직업안정법이나 근로자파견 등에 관한 법률에 의하지 아니함
  ㉢ **영리의 목적**: 영리의 목적은 단 1회라도 성립함
  ㉣ **타인의 취업에 개입**: 근로관계의 개시 및 존속에 개입하는 것을 말함

SEMI-NOTE

중간착취의 배제
제9조(중간착취의 배제)를 위반한 자는 5년 이하의 징역 또는 5천만원 이하의 벌금에 처한다(법 제107조).

| SEMI-NOTE |

ⓗ 중간인으로서 이익의 취득 : 사용자와 근로자 사이의 중간에서 근로자의 노무제공과 관련하여 법률에 의하지 아니하고 이익을 얻는 것

> **관련 판례** 중간착취배제의 원칙
>
> "누구든지 법률에 의하지 아니하고는 영리로 타인의 취업에 개입하거나 중간인으로서 이익을 취득하지 못한다"고 규정하고 있는바, 여기서 금지하는 행위는 '영리로 타인의 취업에 개입'하는 행위와 '중간인으로서 이익을 취득'하는 행위인데, '영리로 타인의 취업에 개입'하는 행위는 제3자가 영리로 타인의 취업을 소개·알선하는 등 노동관계의 성립 또는 갱신에 영향을 주는 행위를 말하고, '중간인으로서 이익을 취득'하는 행위는 근로계약관계의 존속 중에 사용자와 근로자 사이의 중간에서 근로자의 노무제공과 관련하여 사용자 또는 근로자로부터 법률에 의하지 아니하는 이익을 취득하는 것을 말한다(대판 2007도3192).

공민권 행사의 보장
제10조(공민권 행사의 보장)를 위반한 자는 2년 이하의 징역 또는 2천만원 이하의 벌금에 처한다(법 제110조).

(8) 공민권 행사 보장의 원칙

① 공민권 행사의 보장
  사용자는 근로자가 근로시간 중에 선거권, 그 밖의 공민권 행사 또는 공(公)의 직무를 집행하기 위하여 필요한 시간을 청구하면 거부하지 못한다. 다만, 그 권리 행사나 공(公)의 직무를 수행하는 데에 지장이 없으면 청구한 시간을 변경할 수 있다(법 제10조).

② 내용
  ㉠ 선거권 그 밖의 공민권
    • 각종 법령에서 정한 국민투표권, 공직선거권 및 피선거권의 행사할 수 있는 권리
    • 선거권 그 밖의 공민권에 포함되는 경우 : 대통령, 국회의원, 지방자치단체의 장 및 의원 선거권과 피선거권, 입후보등록이나 선거운동도 포함
    • 선거권 그 밖의 공민권에 포함되지 않는 경우 : 타인의 선거운동, 사법상의 채권·채무에 관한 소송 등은 포함되지 않음
  ㉡ 공의 직무
    • 공의 직무는 법령에 근거가 있고, 직무 자체가 공적 성격을 띠는 것
    • 공의 직무에 포함되는 것 : 대통령·국회의원·지방의회 의원 등으로 직무를 수행하는 경우, 법령에 의한 증인·감정인의 직무, 예비군 및 민방위대원의 소집훈련, 공직선거법상 입회인의 직무, 군입대를 위한 신체검사 등
    • 공의 직무에 포함되지 않는 것 : 노동조합의 활동, 정당활동, 노동위원회의 출석 등
  ㉢ 근로자의 청구 : 공민권 행사 및 공의 직무에 해당하여도 근로자가 사용자에게 시간을 청구하여야 함

③ 공민권 행사의 효과
  ㉠ 사용자는 필요한 시간을 청구하면 거부하지 못함
  ㉡ 사용자는 권리 행사나 공(公)의 직무를 수행하는 데에 지장이 없으면 청구한 시간을 변경 가능

④ 공민권 행사와 근로관계
  ㉠ 다른 법률 규정이 있는 경우 : 급여 지급의 의무가 있음
  ㉡ 다른 법률 규정이 없는 경우 : 무급으로 할 수 있고, 취업규칙이나 단체협약에 정함이 있으면 그에 따름
  ㉢ 병역법, 예비군법 또는 민방위기본법에 따른 의무를 이행하기 위하여 휴직하거나 근로하지 못한 기간은 평균임금의 계산에서 제외된다(영 제2조 제1항 제7호).
⑤ 위반의 효과
  사용자의 거부 자체로 성립하고 근로자가 권리를 행사하는지의 여부는 불문

(9) 취업방해금지

① **원칙** : 누구든지 근로자의 취업을 방해할 목적으로 비밀 기호 또는 명부를 작성·사용하거나 통신을 하여서는 아니 된다(법 제40조).
② **대상** : 사용자뿐만 아니라 모든 사람에 대한 금지
③ **취업을 방해할 목적** : 비밀 기호, 명부 작성 등으로 취업을 방해할 목적으로 행사하는 것
④ **비밀 기호의 작성** : 기피 대상자 등을 미리 약속한 사람만 알 수 있게 기호를 기재한 것
⑤ **명부의 작성** : 기피 대상자의 성명 등을 누구나 알 수 있게 기재하는 것

(10) 기능습득자에 대한 폐단금지

사용자는 양성공, 수습, 그 밖의 명칭을 불문하고 기능의 습득을 목적으로 하는 근로자를 혹사하거나 가사, 그 밖의 기능 습득과 관계없는 업무에 종사시키지 못한다(법 제77조).

(11) 직장 내 괴롭힘의 금지원칙

① **직장 내 괴롭힘의 금지**
  사용자 또는 근로자는 직장에서의 지위 또는 관계 등의 우위를 이용하여 업무상 적정범위를 넘어 다른 근로자에게 신체적·정신적 고통을 주거나 근무환경을 악화시키는 행위를 하여서는 아니 된다(법 제76조의2).
② **직장 내 괴롭힘 발생 시 조치(법 제76조의3)**
  ㉠ 누구든지 직장 내 괴롭힘 발생 사실을 알게 된 경우 그 사실을 사용자에게 신고할 수 있음
  ㉡ 사용자는 신고를 접수하거나 직장 내 괴롭힘 발생 사실을 인지한 경우에는 지체 없이 그 사실 확인을 위한 조사를 실시하여야 함
  ㉢ 사용자는 조사 기간 동안 직장 내 괴롭힘과 관련하여 피해를 입은 근로자 또는 피해를 입었다고 주장하는 근로자를 보호하기 위하여 필요한 경우 해당 피해근로자등에 대하여 근무장소의 변경, 유급휴가 명령 등 적절한 조치를 하여야 한다. 이 경우 사용자는 피해근로자등의 의사에 반하는 조치를 하여서는 아니 됨

관련 판례

• 근로자가 뚜렷한 자료도 없이 소속 직장의 대표자를 수사기관에 고소, 고발하거나 그에 대한 인격을 비난하는 내용까지 담은 진정서 등을 타 기관에 제출하는 것은 징계사유에 해당한다(대판 95다51403).

• 사용자의 근로자에 대한 불리한 처우가 근로기준법 제104조 제2항에 위반된다는 이유로 처벌하기 위하여는 그 불리한 처우가 근로자의 감독기관에 대한 근로기준법 위반사실 통보를 이유로 한 것이어야 하고, 불리한 처우를 하게 된 다른 실질적인 이유가 있는 경우에는 근로기준법 제104조 제2항 위반으로 처벌할 수 없다고 보아야 한다. 사용자의 불리한 처우가 감독기관에 대한 근로기준법 위반사실의 통보를 이유로 한 것인지는 불리한 처우를 하게 된 경위와 그 시기, 사용자가 내세우는 불리한 처우의 사유가 명목에 불과한지, 불리한 처우가 주로 근로자의 통보에 대한 보복적 조치로 이루어진 것인지 등을 종합적으로 고려하여 판단하여야 할 것이다(대판 2012도8694).

SEMI-NOTE

　　ⓔ 사용자는 조사 결과 직장 내 괴롭힘 발생 사실이 확인된 때에는 피해근로자가 요청하면 근무장소의 변경, 배치전환, 유급휴가 명령 등 적절한 조치를 하여야 함
　　ⓜ 사용자는 조사 결과 직장 내 괴롭힘 발생 사실이 확인된 때에는 지체 없이 행위자에 대하여 징계, 근무장소의 변경 등 필요한 조치를 하여야 하며 이 경우 사용자는 징계 등의 조치를 하기 전에 그 조치에 대하여 피해근로자의 의견을 들어야 함
　　ⓗ 사용자는 직장 내 괴롭힘 발생 사실을 신고한 근로자 및 피해근로자등에게 해고나 그 밖의 불리한 처우를 하여서는 아니 됨
　　ⓢ 직장 내 괴롭힘 발생 사실을 조사한 사람, 조사 내용을 보고받은 사람 및 그 밖에 조사 과정에 참여한 사람은 해당 조사 과정에서 알게 된 비밀을 피해근로자등의 의사에 반하여 다른 사람에게 누설하여서는 아니 되나, 조사와 관련된 내용을 사용자에게 보고하거나 관계 기관의 요청에 따라 필요한 정보를 제공하는 경우는 제외
　③ 위반 시의 효과
　　사용자가 직장 내 괴롭힘 발생 사실을 신고한 근로자 및 피해근로자등에게 해고나 그 밖의 불리한 처우를 하는 경우 3년 이하의 징역 또는 3천만 원 이하의 벌금에 처한다(법 제109조 제1항).

9. 근로기준법의 실효성 확보

(1) 실효성 확보
　① 민사상 실효성 확보
　　근로계약의 내용이 근로기준법상의 기준에 미치지 못하는 근로조건을 정한 근로계약은 그 부분에 한정하여 무효로 하고, 무효가 된 부분은 근로기준법에서 정한 기준에 따른다(법 제15조 참조).

> **관련 판례** 근로계약의 무효1
>
> 근로기준법에 정한 기준에 달하지 못하는 근로조건을 정한 근로계약은 그 부분에 한하여 무효로 되는 것으로서, 그와 같이 근로기준법 소정의 기준에 미달하는 근로조건이 단체협약에 의한 것이라거나 근로자들의 승인을 받은 것이라 하여 유효로 볼 수 없다(대판 92다24509).

> **관련 판례** 근로계약의 무효2
>
> 통상임금이란 정기적, 일률적으로 소정 근로의 양 또는 질에 대하여 지급하기로 된 임금으로서 실제 근무일이나 실제 수령한 임금에 구애됨이 없이 고정적이고 평균적으로 지급되는 일반임금이고, 또한 이는 실제 근로시간이나 실적에 따라 증감될 수 있는 평균임금의 최저한을 보장하고, 같은 법 제46조 소정의 시간외, 야간 및 휴일근로에 대한 가산수당, 제27조의2 소정의 해고예고수당 등의 산정근거가 되는 것인바, 위 각 조항에는 가산율 또는 지급일수 외의

관련 판례

외국인 근로자에 대하여도 국내의 근로자들과 마찬가지로 근로기준법상의 퇴직금 지급에 관한 규정이나 최저임금법상의 최저임금의 보장에 관한 규정이 그대로 적용된다(대판 2006다53627).

별도의 최저기준이 규정된 바 없으므로 노사간의 합의에 따라 성질상 통상임금에 산입되어야 할 각종 수당을 통상임금에서 제외하기로 하는 합의의 효력을 인정한다면 위 각 조항이 시간외, 야간 및 휴일근로에 대하여 가산수당을 지급하고, 해고 근로자에게 일정기간 통상적으로 지급받을 급료를 지급하도록 규정한 취지는 몰각될 것이므로 성질상 같은 법 소정의 통상임금에 산입될 수당을 통상임금에서 제외하기로 하는 노사간의 합의는 같은 법 제20조 제1항 소정의 같은 법이 정한 기준에 달하지 못하는 근로조건을 정한 계약으로서 무효라고 보아야 할 것이다(대판 93다4816).

② 형사상 실효성 확보
사용자가 근로기준법을 위반하는 경우 법 제 107조 이하 벌칙이 적용

(2) 근로감독관 제도 ★빈출개념

① 감독 기관
근로조건의 기준을 확보하기 위하여 고용노동부와 그 소속 기관에 근로감독관을 둔다(법 제 101조 제1항).

② 근로감독관의 권한(법 제102조)
㉠ 근로감독관은 사업장, 기숙사, 그 밖의 부속 건물을 현장조사하고 장부와 서류의 제출을 요구할 수 있으며 사용자와 근로자에 대하여 심문(尋問)할 수 있다.
㉡ 의사인 근로감독관이나 근로감독관의 위촉을 받은 의사는 취업을 금지하여야 할 질병에 걸릴 의심이 있는 근로자에 대하여 검진할 수 있다.
㉢ 근로감독관이나 그 위촉을 받은 의사는 그 신분증명서와 고용노동부장관의 현장조사 또는 검진지령서(檢診指令書)를 제시하여야 한다.
㉣ 현장조사 또는 검진지령서에는 그 일시, 장소 및 범위를 분명하게 적어야 한다.
㉤ 근로감독관은 이 법이나 그 밖의 노동 관계 법령 위반의 죄에 관하여 사법경찰관리의 직무를 행할 자와 그 직무범위에 관한 법률에서 정하는 바에 따라 사법경찰관의 직무를 수행한다.

③ 근로감독관의 의무
근로감독관은 직무상 알게 된 비밀을 엄수하여야 한다. 근로감독관을 그만 둔 경우에도 또한 같다(법 제103조).

④ 감독 기관에 대한 신고(법 제104조)
㉠ 사업 또는 사업장에서 이 법 또는 이 법에 따른 대통령령을 위반한 사실이 있으면 근로자는 그 사실을 고용노동부장관이나 근로감독관에게 통보할 수 있다.
㉡ 사용자는 통보를 이유로 근로자에게 해고나 그 밖에 불리한 처우를 하지 못한다.

⑤ 사법경찰권 행사자의 제한
이 법이나 그 밖의 노동 관계 법령에 따른 현장조사, 서류의 제출, 심문 등의 수사는 검사와 근로감독관이 전담하여 수행한다. 다만, 근로감독관의 직무에 관한 범죄의 수사는 그러하지 아니하다(법 제105조). 근로감독관이 이 법을 위반한 사실을 고의로 묵과하면 3년 이하의 징역 또는 5년 이하의 자격정지에 처한다(법 제108조).

(3) 기타 실효성 확보방안

① 보고, 출석의 의무

사용자 또는 근로자는 이 법의 시행에 관하여 고용노동부장관·노동위원회법에 따른 노동위원회 또는 근로감독관의 요구가 있으면 지체 없이 필요한 사항에 대하여 보고하거나 출석하여야 한다(법 제13조).

> **관련 판례** 보고, 출석의 의무
>
> 피고인이 이미 당해 회사의 이사직을 사임하고 그 사임등기까지 경료한 후에는 위 회사와 아무런 관계가 없으므로 설사 위 회사 재직중에 발생한 사항에 관한 것이라 할지라도 출석요구 당시에 있어서는 피고인은 사용자의 지위에 있다고 할 수 없으니 고소, 고발사건을 조사하는 근로감독관의 요구에 응하여 위 회사장부를 휴대, 출석할 의무가 없다(대판 83도2272).

② 법령 주요 내용 등의 게시(법 제14조)
  ㉠ 사용자는 이 법과 이 법에 따른 대통령령의 주요 내용과 취업규칙을 근로자가 자유롭게 열람할 수 있는 장소에 항상 게시하거나 갖추어 두어 근로자에게 널리 알려야 함
  ㉡ 사용자는 대통령령 중 기숙사에 관한 규정과 기숙사규칙을 기숙사에 게시하거나 갖추어 두어 기숙(寄宿)하는 근로자에게 널리 알려야 함

03절 근로계약

1. 근로계약 및 법적성질

(1) 근로계약의 의의

근로자가 사용자에게 근로를 제공하고 사용자는 이에 대하여 임금을 지급하는 것을 목적으로 체결된 계약을 말한다(법 제2조 제1항 제4호).

> **관련 판례**
> 근로계약이라 함은 근로자가 사용자에게 근로를 제공하고 사용자는 이에 대하여 임금을 지급함을 목적으로 체결된 계약을 말하며 이는 민법상의 노무도급계약과는 달리 근로자와 사용자 사이에 부종적으로 체결된 근로조건하에서 근로자가 사용자의 지휘·명령에 따라 근로를 제공하는 관계가 유지되어야 한다(대판 86다카1949).

(2) 근로계약의 법적성질

① 채권계약설
  사용자와 근로자간 근로제공과 임금지급에 관한 쌍무적 계약관계로 보는 입장
② 신분계약설
  근로자가 종업원 지위의 취득이라는 신분적 측면도 지닌다고 보는 입장

(3) 근로계약체결의 자유와 법적 제한

사용자와 근로자는 자유로이 근로계약을 체결할 수 있으며 사용자와 근로자가 근로계약을 체결하기로 하면 체결의 방법, 형식, 기간, 내용 등 여러 가지에 관하여 근로기준법 및 관련 법령에서 정한 제한이 부과됨

(4) 근로기준법, 취업규칙, 단체협약과의 관계

① 근로기준법과의 관계 ★ 빈출개념

근로기준법의 강행적 효력은 법 제15조 제1항에 의하여 인정되고, 제2항에서 보충적 효력이 인정됨

② 취업규칙과의 관계

취업규칙의 강행적 효력은 법 제97조에 의하여 인정되지만 근로계약의 유리한 조건이 우선 적용됨

③ 단체협약과의 관계

단체협약은 노동조합법에 의하여 강행법규적 효력이 인정되고 보충적 효력도 인정됨

(5) 근로계약의 취소

근로계약도 법적 성질이 사법상의 계약에 해당하므로 당사자의 의사표시에 의하여 취소시킬 수 있음

> **관련 판례** 근로계약의 취소
>
> 근로계약은 근로자가 사용자에게 근로를 제공하고 사용자는 이에 대하여 임금을 지급하는 것을 목적으로 체결된 계약으로서(근로기준법 제2조 제1항 제4호) 기본적으로 그 법적 성질이 사법상 계약이므로 계약 체결에 관한 당사자들의 의사표시에 무효 또는 취소의 사유가 있으면 상대방은 이를 이유로 근로계약의 무효 또는 취소를 주장하여 그에 따른 법률효과의 발생을 부정하거나 소멸시킬 수 있다(대판 2013다25194, 25200).

2. 근로계약의 체결

(1) 근로계약의 당사자

① 근로자

㉠ 의의 : 직업의 종류와 관계없이 임금을 목적으로 사업이나 사업상에 근로를 제공하는 사람을 말한다(법 제2조 제1항 제1호). 근로계약체결의 당사자로서의 근로자는 근로의 능력과 의사가 있어야 함

㉡ 미성년자 근로계약(법 제67조)
- 친권자나 후견인은 미성년자의 근로계약을 대리할 수 없음
- 친권자, 후견인 또는 고용노동부장관은 근로계약이 미성년자에게 불리하다고 인정하는 경우에는 이를 해지할 수 있음
- 사용자는 18세 미만인 사람과 근로계약을 체결하는 경우에는 근로조건을 서면(전자문서를 포함한다)으로 명시하여 교부하여야 함

㉢ 근로계약 체결시 근로자의 의무 : 협력의무, 착오와 사기의 경우 손해배상의무, 경력사칭의 금지

SEMI-NOTE

> **관련 판례**
>
> 근로계약은 낙성계약으로 청약에 따른 승낙으로 성립하므로 그 계약의 내용은 사용자와 근로자가 개별적인 교섭에 의하여 확정하는 것이 원칙이지만, 오늘날 다수의 근로자를 고용하고 있는 기업은 개개의 근로자들과 일일이 계약 내용을 약정하기보다는 근로계약의 내용이 되는 근로조건 등을 단체협약, 취업규칙에 정하여 근로관계를 정형화하고 집단적으로 규율하는 것이 보통이므로, 근로계약 체결시 계약의 내용을 취업규칙의 내용과 달리 약정하는 등 특별한 사정이 없는 한 근로계약을 체결한 근로자와 사용자 사이에는 취업규칙에 정하는 바에 따라 근로관계가 성립한다(대판 97다53496).

② 근로자의 의무
- 주된 의무 : 근로제공의무
- 부수적 의무 : 경업금지의무, 경업비밀유지의무, 진실고지의무

> **관련 판례** 경업금지약정의 유효성
>
> 사용자와 근로자 사이에 경업금지약정이 존재한다고 하더라도, 그와 같은 약정이 헌법상 보장된 근로자의 직업선택의 자유와 근로권 등을 과도하게 제한하거나 자유로운 경쟁을 지나치게 제한하는 경우에는 민법 제103조에 정한 선량한 풍속 기타 사회질서에 반하는 법률행위로서 무효라고 보아야 하며, 이와 같은 경업금지약정의 유효성에 관한 판단은 보호할 가치 있는 사용자의 이익, 근로자의 퇴직 전 지위, 경업 제한의 기간·지역 및 대상 직종, 근로자에 대한 대가의 제공 유무, 근로자의 퇴직 경위, 공공의 이익 및 기타 사정 등을 종합적으로 고려하여야 하고, 여기에서 말하는 '보호할 가치 있는 사용자의 이익'이라 함은 부정경쟁방지 및 영업비밀 보호에 관한 법률 제2조 제2호에 정한 '영업비밀'뿐만 아니라 그 정도에 이르지 아니하였더라도 당해 사용자만이 가지고 있는 지식 또는 정보로서 근로자와 이를 제3자에게 누설하지 않기로 약정한 것이거나 고객관계나 영업상의 신용의 유지도 이에 해당한다(대판 2009다82244).

② 사용자
- ㉠ 근로계약체결의 당사자로서의 사용자는 사업주에 한하며 사업주로부터 근로계약체결의 위임을 받은 경영담당자는 당사자가 될 수 있음
- ㉡ 사용자의 의무
  - 주된 의무 : 임금지급의무
  - 부수적 의무 : 안전배려의무, 균등대우의무, 공법상의 의무, 서류보존의 의무

(2) 근로계약의 형식

근로계약은 특별한 형식을 요구하지 않고 문서는 물론 구두로도 할 수 있으며 서면으로 계약되어 있지 않더라도 구두계약, 관행, 관습에 의해 근로계약이 체결되어 있는 것으로 보아야 함

(3) 근로계약의 내용

① 근로조건의 명시
- ㉠ 사용자는 근로계약을 체결할 때에 근로자에게 임금, 소정근로시간, 휴일, 연차 유급휴가, 그 밖에 대통령령으로 정하는 근로조건의 사항을 명시하여야 한다. 근로계약 체결 후 변경하는 경우에도 또한 같다(법 제17조 제1항).

> **관련 판례** 근로조건의 명시
>
> 근로계약기간을 정한 근로계약서를 작성한 경우 처분문서인 근로계약서의 문언에 따라 특별한 사정이 없는 한 근로자와 사용자 사이에는 기간의 정함이 있는 근로계약을 맺었다고 보아야 하고, 이 경우 근로계약기간이 끝나면 그 근로관계는 사용자의 해고 등 별도의 조치를 기다릴 것 없이 당연히 종료함이 원칙이고, 다만 기간을 정한 근로계약서를 작성한 경우에도

[관련 판례]

사용자가 이력서에 근로자의 학력 등의 기재를 요구하는 것은 근로능력 평가 외에 근로자의 진정성과 정직성, 당해 기업의 근로환경에 대한 적응성 등을 판단하기 위한 자료를 확보하고 나아가 노사간 신뢰관계 형성과 안정적인 경영환경 유지 등을 도모하고자 하는 데에도 목적이 있는 것으로, 이는 고용계약 체결뿐 아니라 고용관계 유지에서도 중요한 고려요소가 된다고 볼 수 있다. 따라서 취업규칙에서 근로자가 고용 당시 제출한 이력서 등에 학력 등을 허위로 기재한 행위를 징계해고사유로 특히 명시하고 있는 경우에 이를 이유로 해고하는 것은, 고용 당시 및 그 이후 제반 사정에 비추어 보더라도 사회통념상 현저히 부당하지 않다면 정당성이 인정된다(대판 2009두16763).

[관련 판례]

사용자는 근로계약에 수반되는 신의칙상의 부수적 의무로서 피용자가 노무를 제공하는 과정에서 생명, 신체, 건강을 해치는 일이 없도록 인적·물적 환경을 정비하는 등 필요한 조치를 강구하여야 할 보호의무를 부담하고, 이러한 보호의무를 위반함으로써 피용자가 손해를 입은 경우 이를 배상할 책임이 있다(대판 99다56734).

예컨대 단기의 근로계약이 장기간에 걸쳐서 반복하여 갱신됨으로써 그 정한 기간이 단지 형식에 불과하게 된 경우 등 계약서의 내용과 근로계약이 이루어지게 된 동기 및 경위, 기간을 정한 목적과 채용 당시 계속근로의사 등 당사자의 진정한 의사, 근무기간의 장단 및 갱신 횟수, 동종의 근로계약 체결방식에 관한 관행 그리고 근로자보호법규 등을 종합적으로 고려하여 그 기간의 정함이 단지 형식에 불과하다는 사정이 인정되는 경우에는 계약서의 문언에도 불구하고 사실상 기간의 정함이 없는 근로계약을 맺었다고 볼 것이며, 이 경우 사용자가 정당한 사유 없이 갱신 계약 체결을 거절하는 것은 해고와 마찬가지로 무효이다(대판 2005두16901).

ⓒ 사용자는 임금의 구성항목·계산방법·지급방법 및 소정근로시간, 휴일, 연차 유급휴가의 사항이 명시된 서면(전자문서를 포함한다)을 근로자에게 교부하여야 한다. 다만, 본문에 따른 사항이 단체협약 또는 취업규칙의 변경 등 대통령령으로 정하는 사유로 인하여 변경되는 경우에는 근로자의 요구가 있으면 그 근로자에게 교부하여야 한다(법 제17조 제2항).

② 명시할 조건

임금의 구성항목·계산방법·지급방법 및 소정근로시간, 휴일, 연차 유급휴가의 사항

관련 판례 근로계약서

근로자와 사용자가 근로계약을 체결하면서 기간을 정한 근로계약서를 작성한 경우라 하더라도, 그 계약서의 내용과 근로계약이 이루어지게 된 동기 및 경위, 기간을 정한 목적과 당사자의 진정한 의사, 동종의 근로계약 체결방식에 관한 관행 그리고 근로자보호법규 등을 종합적으로 고려하여 그 기간의 정함이 단지 형식에 불과하다는 사정이 인정되는 경우에는, 계약서의 문언에도 불구하고 기간의 정함이 없는 근로계약을 맺었다고 볼 것이나, 위와 같은 사정이 인정되지 않는 경우에는 처분문서인 근로계약서의 문언에 따라 근로자와 사용자 사이에는 기간의 정함이 있는 근로계약이 맺어진 것이라고 봄이 원칙이다(대판 2005두2247).

③ 근로조건 명시시기

근로계약의 체결시 해당. 근로계약이 변경되는 경우에도 그 시기를 명시하여야 함

④ 명시의무 위반에 대한 구세

　㉠ 사용자에 대한 제재
- 근로조건을 위반(법 제17조)한 자에게 500만원 이하의 벌금에 처한다(법 제114조 제1호).

　㉡ 근로자에 대한 구제(법 제19조)
- 명시된 근로조건이 사실과 다를 경우에 근로자는 근로조건 위반을 이유로 손해의 배상을 청구할 수 있으며 즉시 근로계약을 해제할 수 있음
- 근로자가 손해배상을 청구할 경우에는 노동위원회에 신청할 수 있으며, 근로계약이 해제되었을 경우에는 사용자는 취업을 목적으로 거주를 변경하는 근로자에게 귀향 여비를 지급하여야 함

SEMI-NOTE

계약 서류의 보존

사용자는 근로자 명부와 대통령령으로 정하는 근로계약에 관한 중요한 서류를 3년간 보존하여야 한다(법 제42조).

SEMI-NOTE

> **관련 판례** 근로자에 대한 대기발령의 정당성
>
> 대기발령은 근로자가 현재의 직위 또는 직무를 장래에 계속 담당하게 되면 업무상 장애 등이 예상되는 경우에 이를 예방하기 위하여 일시적으로 당해 근로자에게 직위를 부여하지 아니함으로써 직무에 종사하지 못하도록 하는 잠정적인 조치를 의미한다. 이는 근로자의 과거 비위행위에 대하여 기업질서 유지를 목적으로 행하여지는 징벌적 제재로서 징계와는 성질이 다르므로, 근로자에 대한 대기발령의 정당성은 근로자에게 당해 대기발령 사유가 존재하는지 여부나 대기발령에 관한 절차규정의 위반 여부 및 그 정도에 의하여 판단하여야 한다(대판 2009다86246).

(4) 금지되는 근로조건

① 의의

어떠한 경우에도 금지되는 근로조건으로 위약예정의 금지, 전차금상계의 금지, 강제저축의 금지 등이 있음

② 위약 예정의 금지

사용자는 <u>근로계약 불이행에 대한 위약금 또는 손해배상액을 예정하는 계약</u>을 체결하지 못한다(법 제20조).

> **관련 판례** 금지되는 근로조건1
>
> 위탁교육훈련 후 의무재직기간 근무 불이행시 교육비용 또는 교육기간 중의 임금을 반환하도록 한 약정의 효력은 무효이다(대판 2001다53875).

> **관련 판례** 금지되는 근로조건2
>
> 근로자가 일정 기간 동안 근무하기로 하면서 이를 위반할 경우 소정 금원을 사용자에게 지급하기로 약정하는 경우, 그 약정의 취지가 약정한 근무기간 이전에 퇴직하면 그로 인하여 사용자에게 어떤 손해가 어느 정도 발생하였는지 묻지 않고 바로 소정 금액을 사용자에게 지급하기로 하는 것이라면 이는 명백히 반하는 것이어서 효력을 인정할 수 없다. 또, 그 약정이 미리 정한 근무기간 이전에 퇴직하였다는 이유로 마땅히 근로자에게 지급되어야 할 임금을 반환하기로 하는 취지일 때에도, 결과적으로 위 조항의 입법 목적에 반하는 것이어서 역시 그 효력을 인정할 수 없다(대판 2006다37274).

③ 전차금 상계의 금지

사용자는 전차금(前借金)이나 그 밖에 근로할 것을 조건으로 하는 전대(前貸)채권과 임금을 상계하지 못한다(법 제21조).

> **관련 판례** 자동채권으로 상계의 허용
>
> 임금은 직접 근로자에게 전액을 지급하여야 하는 것이므로 사용자가 근로자에 대하여 가지는 채권으로써 근로자의 임금채권과 상계를 하지 못하는 것이 원칙이지만, 계산의 착오 등으로 임금이 초과 지급되었을 때 그 행사의 시기가 초과 지급된 시기와 임금의 정산, 조정의 실질을 잃지 않을 만큼 합리적으로 밀접되어 있고 금액과 방법이 미리 예고되는 등 근로자의 경제

관련 판례

근로자와 사용자가 근로계약을 체결하면서 기간을 정한 근로계약서를 작성한 경우라 하더라도, 그 계약서의 내용과 근로계약이 이루어지게 된 동기 및 경위, 기간을 정한 목적과 당사자의 진정한 의사, 동종의 근로계약 체결방식에 관한 관행 그리고 근로자보호법규 등을 종합적으로 고려하여 그 기간의 정함이 단지 형식에 불과하다는 사정이 인정되는 경우에는, 계약서의 문언에도 불구하고 기간의 정함이 없는 근로계약을 맺었다고 볼 것이나, 위와 같은 사정이 인정되지 않는 경우에는 처분문서인 근로계약서의 문언에 따라 근로자와 사용자 사이에는 기간의 정함이 있는 근로계약이 맺어진 것이라고 봄이 원칙이다(대판 2005두2247).

생활의 안정을 해할 염려가 없는 경우나 근로자가 퇴직한 후에 그 재직 중 지급되지 아니한 임금이나 퇴직금을 청구할 경우에는, 사용자가 초과 지급된 임금의 반환청구권을 자동채권으로 하여 상계하는 것은 허용되므로, 근로자가 일정기간 동안의 미지급 시간외수당, 휴일근로수당, 월차휴가수당 등 법정수당을 청구하는 경우에 사용자가 같은 기간 동안 법정수당의 초과 지급 부분이 있음을 이유로 상계나 충당을 주장하는 것도 허용된다(대판 97다14200).

④ 강제 저금의 금지(법 제22조)
  ㉠ 사용자는 근로계약에 덧붙여 강제 저축 또는 저축금의 관리를 규정하는 계약을 체결하지 못함
  ㉡ 사용자가 근로자의 위탁으로 저축을 관리하는 경우에는 다음의 사항을 지켜야 함
    • 저축의 종류·기간 및 금융기관을 근로자가 결정하고, 근로자 본인의 이름으로 저축할 것
    • 근로자가 저축증서 등 관련 자료의 열람 또는 반환을 요구할 때에는 즉시 이에 따를 것

> **관련 판례** 근로시간에 따른 임금지급의 원칙
>
> 감시·단속적 근로 등과 같이 근로시간의 산정이 어려운 경우가 아니라면 달리 근로기준법상의 근로시간에 관한 규정을 그대로 적용할 수 없다고 볼 만한 특별한 사정이 없는 한 근로기준법상의 근로시간에 따른 임금지급의 원칙이 적용되어야 할 것이므로, 이러한 경우에도 근로시간 수에 상관없이 일정액을 법정수당으로 지급하는 내용의 포괄임금제 방식의 임금 지급계약을 체결하는 것은 그것이 근로기준법이 정한 근로시간에 관한 규제를 위반하는 이상 허용될 수 없다(대판 2008다6052).

(5) 근로계약의 기간

① 종래의 규정
  근로계약은 기간을 정하지 아니한 것과 일정한 사업의 완료에 필요한 기간을 정한 것 외에는 그 기간은 1년을 초과하지 못한다(법 제16조). 이 규정은 사문화돼

② 기간제근로자의 사용
  사용자는 2년을 초과하지 아니하는 범위 안에서(기간제 근로계약의 반복갱신 등의 경우에는 그 계속근로한 총기간이 2년을 초과하지 아니하는 범위 안에서) 기간제근로자를 사용할 수 있다. 다만, 다음의 어느 하나에 해당하는 경우에는 2년을 초과하여 기간제근로자로 사용할 수 있다(기간제 및 단시간근로자보호 등에 관한 법률 제4조 제1항).
  ㉠ 사업의 완료 또는 특정한 업무의 완성에 필요한 기간을 정한 경우
  ㉡ 휴직·파견 등으로 결원이 발생하여 해당 근로자가 복귀할 때까지 그 업무를 대신할 필요가 있는 경우
  ㉢ 근로자가 학업, 직업훈련 등을 이수함에 따라 그 이수에 필요한 기간을 정한 경우
  ㉣ 고령자와 근로계약을 체결하는 경우

SEMI-NOTE

위반의 효과
강제저축 금지를 위반한 경우 계약은 당연 무효이고 2년 이하의 징역 또는 2,000만원 이하의 벌금이 부과된다(법 제110조).

◎ 전문적 지식·기술의 활용이 필요한 경우와 정부의 복지정책·실업대책 등에 따라 일자리를 제공하는 경우로서 대통령령으로 정하는 경우
◉ 그 밖에 ㉠부터 ㉤까지에 준하는 합리적인 사유가 있는 경우로서 대통령령으로 정하는 경우

3. 근로계약과 근로관계

(1) 근로관계
근로자가 사용자에게 근로를 제공하고 사용자는 근로자에게 임금을 지급하는 것을 주된 내용으로 하는 근로계약에서 성립하는 법률관계를 말함

(2) 근로계약과 근로관계의 관계
근로관계가 성립하기 위해서는 양 당사자 사이에 명시적이든 묵시적이든 계약이 체결되어 있거나 법적 근거가 있어야 함

(3) 과도기적 근로관계
① 채용내정
  ㉠ 의의 : 정식채용 상당기간 전에 채용할 사람을 미리 결정해 두는 것으로 정식의 근로계약을 체결하지 아니한 경우에 해당
  ㉡ 법적성질 : 다수설과 판례는 근로계약성립설을 취하고 있고, 신규채용의 취소는 실질적으로 해고에 해당한다고 보고 있음
  ㉢ 채용내정과 근로관계 : 현실적으로 근로제공을 하지 않으므로 휴식, 임금지급, 안전배려 등은 적용되지 않으나 균등처우원칙, 근로조건명시의무, 계약기간, 위약예정금지, 해고제한 규정 등은 적용됨
  ㉣ 채용내정의 취소
    • 정식채용의 거부 취소는 사실상 해고에 속함
    • 근로자가 계속 근로한 기간이 3개월 미만인 경우에 속하지 않음
    • 채용내정의 취소와 손해배상
    • 채용내정의 취소와 임금 : 채용내정 취소가 무효인 경우 채용내정자는 취업하여 근로하였더라면 받을 수 있었을 임금의 지급을 청구할 수 있음

> **관련 판례** 채용내정의 취소
>
> 학교법인이 원고를 사무직원 채용시험의 최종합격자로 결정하고 그 통지와 아울러 '1989.5.10. 자로 발령하겠으니 제반 구비서류를 5.8.까지 제출하여 달라.'는 통지를 하여 원고로 하여금 위 통지에 따라 제반 구비서류를 제출하게 한 후, 원고의 발령을 지체하고 여러 번 발령을 미루었으며, 그 때문에 원고는 위 학교법인이 1990.5.28. 원고를 직원으로 채용할 수 없다고 통지

할 때까지 임용만 기다리면서 다른 일에 종사하지 못한 경우 이러한 결과가 발생한 원인이 위 학교법인이 자신이 경영하는 대학의 재정 형편, 적정한 직원의 수, 1990년도 입학정원의 증감 여부 등 여러 사정을 참작하여 채용할 직원의 수를 헤아리고 그에 따라 적정한 수의 합격자 발표와 직원채용통지를 하여야 하는데도 이를 게을리 하였기 때문이라면 위 학교법인은 불법 행위자로서 원고가 위 최종합격자 통지와 계속된 발령 약속을 신뢰하여 직원으로 채용되기를 기대하면서 다른 취직의 기회를 포기함으로써 입은 손해를 배상할 책임이 있다(대판 92다42897).

(4) 시용계약

① 의의

근로계약 체결 후 일정 기간을 두어 근로관계 계속 여부를 최종결정하는 제도로 근로자가 근로계약을 체결하고 입사를 했지만 시용 기간을 두어 근로자의 적성과 업무능력을 판단한 후 정규사원으로 근로관계의 계속 여부를 차후에 최종 결정하는 제도

② 제도의 성격

시용기간 중에 있는 근로자를 해고하거나 시용기간 만료시 본계약의 체결을 거부하는 것은 사용자에게 유보된 해약권의 행사로서, 당해 근로자의 업무능력, 자질, 인품, 성실성 등 업무적격성을 관찰·판단하려는 시용제도의 취지·목적에 비추어 볼 때 보통의 해고보다는 넓게 인정되나, 이 경우에도 객관적으로 합리적인 이유가 존재하여 사회통념상 상당하다고 인정되어야 한다(대판 2002다62432).

③ **시용계약의 적법요건**

㉠ 시용근로자임을 명시할 것
㉡ 시용목적의 명확성
㉢ 시용기간

④ **시용과 근로관계**

㉠ 근로기준법이 적용되고 수습근로자와 유사한 지위에 있음
㉡ **시용기간 종료 후 근로관계** : 정규 근로자로 전환, 근속기간의 산입, 계속 근로에 포함

⑤ **본 채용의 거절**

㉠ **해고제한의 적용여부** : 보통의 해고보다는 넓게 인정되나, 이 경우에도 객관적으로 합리적인 이유가 존재하여 사회통념상 상당하다고 인정되어야 한다(대판 2002다62432).
㉡ **해고의 서면통지규정의 적용여부** : 근로기준법 규정의 내용과 취지, 시용기간 만료 시 본 근로계약 체결 거부의 정당성 요건 등을 종합하면, 시용근로관계에서 사용자가 본 근로계약 체결을 거부하는 경우에는 근로자에게 거부사유를 파악하여 대처할 수 있도록 구체적·실질적인 거부사유를 서면으로 통지하여야 한다(대판 2015두48136).

관련 판례

취업규칙에 신규 채용하는 근로자에 대한 시용기간의 적용을 선택적 사항으로 규정하고 있는 경우에는 그 근로자에 대하여 시용기간을 적용할 것인가의 여부를 근로계약에 명시하여야 하고, 만약 근로계약에 시용기간이 적용된다고 명시하지 아니한 경우에는 시용 근로자가 아닌 정식 사원으로 채용되었다고 보아야 한다(대판 99다30473).

(5) 수습기간

① 의의

수습은 정식채용, 즉 확정적으로 근로계약을 체결한 후에 작업능력이나 적응능력을 키워주기 위한 근로형태

② 수습 중에 있는 근로자에 대한 최저임금액

1년 이상의 기간을 정하여 근로계약을 체결하고 수습 중에 있는 근로자로서 수습을 시작한 날부터 3개월 이내인 사람에 대해서는 시간급 최저임금액에서 100분의 10을 뺀 금액을 그 근로자의 시간급 최저임금액으로 한다(최저임금법 시행령 제3조).

04절 임금

1. 임금의 의의

(1) 개설

임금은 사용자가 근로의 대가로 근로자에게 임금, 봉급, 그 밖에 어떠한 명칭으로든지 지급하는 모든 금품을 말한다(법 제2조 제1항 제5호).

> **관련 판례** 임금
>
> 임금이라 함은 사용자가 근로의 대가로 근로자에게 지급하는 일체의 금원으로서, 근로자에게 계속적·정기적으로 지급되고 그 지급에 관하여 단체협약, 취업규칙 등에 의하여 사용자에게 지급의무가 지워져 있다면, 그 명칭 여하를 불문하고 모두 그에 포함된다(대판 98다34393).

(2) 임금의 내용

① 사용자가 근로자에게 지급하는 금품

㉠ 고객이 주는 봉사료나 팁은 임금이 아님

㉡ 사용자가 근로자에게 지급하는 것으로 제3자가 지급하는 것은 임금이 아님

> **관련 판례** 임금의 범위1
>
> 임금이란 사용자가 근로의 대상으로 근로자에게 임금·봉급 기타 어떠한 명칭으로든지 지급하는 일체의 금품을 말하는 것인바, 카지노 영업장의 고객이 자의에 의하여 직접 카지노 영업직 사원들에게 지급한 봉사료를 근로자들이 자율적으로 분배한 것은 사용자로부터 지급받은 근로의 대상이라고 할 수 없으므로 그 성질상 근로기준법이 정한 임금의 범위에 포함되지 않는다(대판 98다46198).

㉢ 사용자가 지급하는 금품뿐만 아니라 물건이나 이익도 포함

임금의 특징
근로자가 생계를 유지하기 위하여 필수불가결한 수단

㉣ 봉사료 등을 고객으로부터 받은 후 나중에 이를 분배하는 경우 임금이라 볼 수 있음

> **관련 판례** 임금의 범위2
>
> 운송회사가 그 소속 운전사들에게 매월 실제 근로일수에 따른 일정액을 지급하는 이외에 그 근로형태의 특수성과 계산의 편의 등을 고려하여 하루의 운송수입금 중 회사에 납입하는 일정액의 사납금을 공제한 잔액을 그 운전사 개인의 수입으로 하여 자유로운 처분에 맡겨 왔다면 위와 같은 운전사 개인의 수입으로 되는 부분 또한 그 성격으로 보아 근로의 대가인 임금에 해당한다(대판 91다36192).

② 근로의 대가
  ㉠ 근로의 대가는 사용종속관계 하에서 근로에 대하여 그 대가로 지급하는 것
  ㉡ 근로자에게 지급되는 금품이 평균임금 산정의 기초가 되는 임금 총액에 포함될 수 있으려면 그 명칭의 여하를 불문하고, 또 그 금품의 지급이 단체협약, 취업규칙, 근로계약 등이나 사용자의 방침 등에 의하여 이루어진 것이라 하더라도 그 지급의무의 발생이 근로제공과 직접적으로 관련되거나 그것과 밀접하게 관련된 것으로 볼 수 있는 것, 즉 근로의 대상으로 지급된 것으로 볼 수 있어야 한다(대판 97다5015).
  ㉢ 임의적·은혜적으로 지급되는 것, 복리후생을 위해 지급하는 이익이나 비용 등은 임금이 아님
  ㉣ 근로의 대가인 임금인 것
    • 퇴직금, 휴업수당
    • 단체협약, 취업규칙, 근로계약에 의해 지급되는 급식비, 체력단련비, 가족수당
    • 정기적으로 지급되는 상여금
    • 유급휴일, 연차 유급휴가 기간 중에 지급되는 수당 등
  ㉤ 임금이 아닌 것
    • 의례적·호의적인 경조금, 위문금
    • 해고수당
    • 실비 변상적인 성격의 장비구입비, 출장비, 판공비 등

2. 통상임금

> **관련 판례** 통상임금
>
> 본래 통상임금이란 정기적·일률적으로 소정 근로의 양 또는 질에 대하여 지급하기로 된 임금으로서 실제 근무일이나 실제 수령한 임금에 구애됨이 없이 고정적이고 평균적으로 지급되는 일반임금인바, 위의 '일률적'으로 지급되는 것이라 함은 '모든 근로자'에게 지급되는 것뿐만 아니라 '일정한 조건 또는 기준에 달한 모든 근로자'에게 지급되는 것도 포함되고, 여기서 말하는 '일정한 조건'이란 '고정적이고 평균적인 임금'을 산출하려는 통상임금의 개념에 비추어 볼 때 '고정적인 조건'이어야 한다(대판 2004다41217).

SEMI-NOTE

관련 판례

상여금이 계속적·정기적으로 지급되고 그 지급액이 확정되어 있다면 이는 근로의 대가로 지급되는 임금의 성질을 가지나 그 지급사유의 발생이 불확정이고 일시적으로 지급되는 것은 임금이라고 볼 수 없다(대판 2004다41217).

통상임금

통상임금이란 근로자에게 정기적이고 일률적으로 소정(所定)근로 또는 총 근로에 대하여 지급하기로 정한 시간급 금액, 일급 금액, 주급 금액, 월급 금액 또는 도급 금액을 말한다(영 제6조 제1항).

SEMI-NOTE

관련 판례

어떠한 임금이 통상임금에 속하는지 여부는 그 임금이 소정근로의 대가로 근로자에게 지급되는 금품으로서 정기적·일률적·고정적으로 지급되는 것인지를 기준으로 객관적인 성질에 따라 판단하여야 하고, 임금의 명칭이나 지급주기의 장단 등 형식적 기준에 의해 정할 것이 아니다(대판 2012다89399).

(1) 근로의 대가

소정근로의 대가라 함은 근로자가 소정근로시간에 통상적으로 제공하기로 정한 근로에 관하여 사용자와 근로자가 지급하기로 약정한 금품을 말한다(대판 2012다89399). 가족수당, 주택수당 등이 일률적·정기적으로 지급되는 경우 통상임금에 속함

(2) 사전에 지급하기로 한 일반임금

실제 근무일수나 수령액에 상관없이 사전에 지급하기로 한 일반임금이 통상임금

(3) 정기적·일률적·고정적으로 지급

① 어떤 임금이 통상임금에 속하기 위해서 정기성을 갖추어야 한다는 것은 임금이 일정한 간격을 두고 계속적으로 지급되어야 함을 의미한다(대판 2012다89399).
② 어떤 임금이 통상임금에 속하기 위해서는 그것이 일률적으로 지급되는 성질을 갖추어야 한다. '일률적'으로 지급되는 것에는 '모든 근로자'에게 지급되는 것뿐만 아니라 '일정한 조건 또는 기준에 달한 모든 근로자'에게 지급되는 것도 포함된다. 여기서 '일정한 조건'이란 고정적이고 평균적인 임금을 산출하려는 통상임금의 개념에 비추어 볼 때 고정적인 조건이어야 한다(대판 2012다89399).
③ 어떤 임금이 통상임금에 속하기 위해서는 그것이 고정적으로 지급되어야 한다. '고정성'이라 함은 '근로자가 제공한 근로에 대하여 업적, 성과 기타의 추가적인 조건과 관계없이 당연히 지급될 것이 확정되어 있는 성질'을 말하고, '고정적인 임금'은 '임금의 명칭 여하를 불문하고 임의의 날에 소정근로시간을 근무한 근로자가 그 다음 날 퇴직한다 하더라도 그 하루의 근로에 대한 대가로 당연하고도 확정적으로 지급받게 되는 최소한의 임금'이라고 정의할 수 있다(대판 2012다89399).

(4) 통상임금의 산정

① 통상임금을 시간급 금액으로 산정할 경우에는 다음의 방법에 따라 산정된 금액으로 한다(영 제6조 제2항).
  ㉠ 시간급 금액으로 정한 임금은 그 금액
  ㉡ 일급 금액으로 정한 임금은 그 금액을 1일의 소정근로시간 수로 나눈 금액
  ㉢ 주급 금액으로 정한 임금은 그 금액을 1주의 통상임금 산정 기준시간 수(1주의 소정근로시간과 소정근로시간 외에 유급으로 처리되는 시간을 합산한 시간)로 나눈 금액
  ㉣ 월급 금액으로 정한 임금은 그 금액을 월의 통상임금 산정 기준시간 수(1주의 통상임금 산정 기준시간 수에 1년 동안의 평균 주의 수를 곱한 시간을 12로 나눈 시간)로 나눈 금액
  ㉤ 일·주·월 외의 일정한 기간으로 정한 임금은 ㉡부터 ㉣까지의 규정에 준하여 산정된 금액

- ㈅ 도급 금액으로 정한 임금은 그 임금 산정 기간에서 도급제에 따라 계산된 임금의 총액을 해당 임금 산정 기간(임금 마감일이 있는 경우에는 임금 마감 기간을 말한다)의 총 근로 시간 수로 나눈 금액
- ㈆ 근로자가 받는 임금이 ㈀부터 ㈅까지의 규정에서 정한 둘 이상의 임금으로 되어 있는 경우에는 ㈀부터 ㈅까지의 규정에 따라 각각 산정된 금액을 합산한 금액
② 통상임금을 일급 금액으로 산정할 때에는 시간급 금액에 1일의 소정근로시간 수를 곱하여 계산한다(영 제6조 제3항).

(5) 통상임금을 기초로 산정하여야 하는 경우
해고예고수당(법 제26조), 연장·야간·휴일근로수당(법 제56조), 연차휴가수당(법 제60조), 출산전후휴가(법 제74조) 기타 법의 규정에 유급으로 표시되어 있어 경제적 보상인 경우에는 통상임금을 기준으로 함

3. 평균임금

(1) 평균임금의 의의
평균임금이란 이를 산정하여야 할 사유가 발생한 날 이전 3개월 동안에 그 근로자에게 지급된 임금의 총액을 그 기간의 총일수로 나눈 금액. 근로자가 취업한 후 3개월 미만인 경우도 이에 준한다(법 제2조 제1항 제6호).

(2) 평균임금을 기초로 산정하여야 하는 경우
퇴직금(법 제34조), 휴업수당(법 제46조), 재해보상금(법 제79조 내지 제85조), 감급액(법 제95조), 연차휴가수당(법 제60조), 산업재해보상보험법상의 보험급여, 고용보험법상의 구직급여기초일액 산정 등

(3) 평균임금

$$평균임금 = \frac{\text{사유가 발생한 날 이전 3개월 동안의 임금 총액}}{\text{사유가 발생한 날 이전 3개월 동안의 총 일수}}$$

(4) 평균임금의 계산에서 제외되는 기간과 임금
① 평균임금 산정기간 중에 다음의 어느 하나에 해당하는 기간이 있는 경우에는 그 기간과 그 기간 중에 지급된 임금은 평균임금 산정기준이 되는 기간과 임금의 총액에서 각각 뺀다(영 제2조 제1항).
- ㉠ 근로계약을 체결하고 수습 중에 있는 근로자가 수습을 시작한 날부터 3개월 이내의 기간
- ㉡ 사용자의 귀책사유로 휴업한 기간
- ㉢ 출산전후휴가 기간

SEMI-NOTE

평균임금
산출된 금액이 그 근로자의 통상임금보다 적으면 그 통상임금액을 평균임금으로 한다(법 제2조 제2항).

ⓔ 업무상 부상 또는 질병으로 요양하기 위하여 휴업한 기간
ⓜ 육아휴직 기간
ⓗ 쟁의행위기간
ⓢ 병역법, 예비군법 또는 민방위기본법에 따른 의무를 이행하기 위하여 휴직하거나 근로하지 못한 기간. 다만, 그 기간 중 임금을 지급받은 경우에는 그러하지 아니함
ⓞ 업무 외 부상이나 질병, 그 밖의 사유로 사용자의 승인을 받아 휴업한 기간
② 임금의 총액을 계산할 때에는 임시로 지급된 임금 및 수당과 통화 외의 것으로 지급된 임금을 포함하지 아니한다. 다만, 고용노동부장관이 정하는 것은 그러하지 아니하다(영 제2조 제2항).

(5) 예외적인 평균임금

① **일용근로자의 평균임금** : 일용근로자의 평균임금은 고용노동부장관이 사업이나 직업에 따라 정하는 금액으로 한다(영 제3조).
② **특별한 경우의 평균임금** : 평균임금을 산정할 수 없는 경우에는 고용노동부장관이 정하는 바에 따른다(영 제4조).
③ **평균임금의 조정(영 제5조)**
  ㉠ 보상금 등을 산정할 때 적용할 평균임금은 그 근로자가 소속한 사업 또는 사업장에서 같은 직종의 근로자에게 지급된 통상임금의 1명당 1개월 평균액이 그 부상 또는 질병이 발생한 달에 지급된 평균액보다 100분의 5 이상 변동된 경우에는 그 변동비율에 따라 인상되거나 인하된 금액으로 하되, 그 변동 사유가 발생한 달의 다음 달부터 적용하나 제2회 이후의 평균임금을 조정하는 때에는 직전 회의 변동 사유가 발생한 달의 평균액을 산정기준으로 함
  ㉡ 평균임금을 조정하는 경우 그 근로자가 소속한 사업 또는 사업장이 폐지된 때에는 그 근로자가 업무상 부상 또는 질병이 발생한 당시에 그 사업 또는 사업장과 같은 종류, 같은 규모의 사업 또는 사업장을 기준으로 함
  ㉢ 평균임금을 조정하는 경우 그 근로자의 직종과 같은 직종의 근로자가 없는 때에는 그 직종과 유사한 직종의 근로자를 기준으로 함
  ㉣ 업무상 부상을 당하거나 질병에 걸린 근로자에게 지급할 퇴직금을 산정할 때 적용할 평균임금은 조정된 평균임금으로 함

관련 판례 예외적인 평균임금1

노사 간의 합의에 따라 근로기준법에 규정되지 않은 급여를 추가 지급하기로 한 경우 산정기준은 노사 합의에서 정한 바에 의하면 되고, 반드시 근로기준법에 규정된 법정수당 등의 산정기준인 통상임금을 기준으로 하여야 하는 것은 아니다. 따라서 근로기준법상의 통상임금에 포함되는 임금 항목 중 일부만을 위 추가 지급하기로 한 급여의 산정기준으로 정하였다고 하더라도 그러한 합의는 유효하다(대판 2014다232296, 232302).

관련 판례 예외적인 평균임금2

'수습기간과 그 기간 중에 지급된 임금은 평균임금 산정기준이 되는 기간과 임금의 총액에서 공제한다'는 내용의 근로기준법 시행령 제2조 제1항 제호는, 그 기간을 제외하지 않으면 평균임금이 부당하게 낮아짐으로써 결국 통상의 생활임금을 사실대로 반영함을 기본원리로 하는 평균임금 제도에 반하는 결과를 피하고자 하는 데 입법 취지가 있으므로, 적용범위는 평균임금 산정사유 발생일을 기준으로 그 전 3개월 동안 정상적으로 급여를 받은 기간뿐만 아니라 수습기간이 함께 포함되어 있는 경우에 한한다. 따라서 근로자가 수습을 받기로 하고 채용되어 근무하다가 수습기간이 끝나기 전에 평균임금 산정사유가 발생한 경우에는 위 시행령과 무관하게 평균임금 산정사유 발생 당시의 임금, 즉 수습사원으로서 받는 임금을 기준으로 평균임금을 산정하는 것이 평균임금 제도의 취지 등에 비추어 타당하다(대판 2013두1232).

4. 임금수준의 보호

(1) 의의

① 근로기준법은 근로조건의 최저기준을 정하고 있는 것이고, 최저임금은 최저임금법에서 규율하고 있으며 근로기준법은 도급근로자에 대한 임금보호만 규정함
② 사용자는 도급이나 그 밖에 이에 준하는 제도로 사용하는 근로자에게 근로시간에 따라 일정액의 임금을 보장하여야 한다(법 제47조).

(2) 도급근로자의 임금보호 수준

① 규정이 있는 경우 : 단체협약, 취업규칙, 근로계약 등에 의하여 규정이 있는 경우는 그 규정에 따름
② 규정이 없는 경우 : 휴업수당에 상당하는 평균임금의 70% 이상이 임금수준을 보장하여야 한다는 견해가 대부분

5. 임금의 지급방법

(1) 임금지급의 원칙

법 제43조에서 임금은 직접 지급, 전액 지급, 통화로 지급, 매월 1회 이상 지급을 규정하고 있음

법령 근로기준법

제43조(임금 지급) ① 임금은 통화(通貨)로 직접 근로자에게 그 전액을 지급하여야 한다. 다만, 법령 또는 단체협약에 특별한 규정이 있는 경우에는 임금의 일부를 공제하거나 통화 이외의 것으로 지급할 수 있다.
② 임금은 매월 1회 이상 일정한 날짜를 정하여 지급하여야 한다. 다만, 임시로 지급하는 임금, 수당, 그 밖에 이에 준하는 것 또는 대통령령으로 정하는 임금에 대하여는 그러하지 아니하다.

(2) 직접지급의 원칙

① 의의 : 임금은 통화(通貨)로 직접 근로자에게 그 전액을 지급하여야 한다(법 제43조 제1항). 다만 민사집행법, 선원법에 의한 예외는 인정됨

② 임금채권이 양도된 경우
양도된 경우에도 양수인에게 지급할 수 없고 근로자에게 지급하여야 함

> **관련 판례** 직접지급의 원칙
>
> 근로기준법 제43조에서 임금직접지급의 원칙을 규정하는 한편 동법 제109조에서 그에 위반하는 자는 처벌을 하도록 하는 규정을 두어 그 이행을 강제하고 있는 취지가 임금이 확실하게 근로자 본인의 수중에 들어가게 하여 그의 자유로운 처분에 맡기고 나아가 근로자의 생활을 보호하고자 하는데 있는 점에 비추어 보면 근로자가 그 임금채권을 양도한 경우라 할지라도 그 임금의 지급에 관하여는 같은 원칙이 적용되어 사용자는 직접 근로자에게 임금을 지급하지 아니하면 안 되는 것이고 그 결과 비록 양수인이라고 할지라도 스스로 사용자에 대하여 임금의 지급을 청구할 수는 없다(대판 87다카2803).

③ 직접 지급의 원칙 위반이 아닌 경우
  ㉠ 근로자가 희망하는 은행 계좌로 입금하는 경우
  ㉡ 사자(死者)에게 지급하는 경우
  ㉢ 선원의 청구에 의하여 가족 등 제3자에게 지급하는 경우
  ㉣ 급료·연금·봉급·상여금·퇴직연금, 그 밖에 이와 비슷한 성질을 가진 급여채권의 2분의 1에 해당하는 금액을 압류하는 경우

(3) 전액지급의 원칙 ⭐ 빈출개념

① 의의
임금은 통화(通貨)로 직접 근로자에게 그 전액을 지급하여야 한다(법 제43조 제1항).

> **관련 판례** 전액지급의 원칙
>
> 근로기준법 제43조에 의하면, 임금은 통화로 직접 근로자에게 그 전액을 지급하여야 하고(제1항), 매월 1회 이상 일정한 날짜를 정하여 지급하여야 한다(제2항). 그리고 근로기준법 제109조 제1항은 근로기준법 제43조를 위반한 행위를 처벌하도록 정하고 있다. 이는 사용자로 하여금 매월 일정하게 정해진 기일에 근로자에게 근로의 대가 전부를 직접 지급하게 강제함으로써 근로자의 생활안정을 도모하려는 데에 입법 취지가 있으므로, 사용자가 어느 임금의 지급기일에 임금 전액을 지급하지 아니한 경우에는 위 각 규정을 위반한 죄가 성립한다(대판 2013도7896).

> **관련 판례** 지급의무 위반죄 책임조각사유
>
> 기업이 불황이라는 사유만으로 사용자가 근로자에 대한 임금이나 퇴직금을 체불하는 것은 허용되지 아니하지만, 모든 성의와 노력을 다했어도 임금이나 퇴직금의 체불이나 미불을 방지할 수 없었다는 것이 사회통념상 긍정할 정도가 되어 사용자에게 더 이상의 적법행위를 기대할 수 없거나 불가피한 사정이었음이 인정되는 경우에는 그러한 사유는 근로기준법이나 근로자 퇴직급여 보장법에서 정하는 임금 및 퇴직금 등의 기일 내 지급의무 위반죄의 책임조각사유로 된다(대판 2014도12753).

관련 판례

임금은 법령 또는 단체협약에 특별한 규정이 있는 경우를 제외하고는 통화로 직접 근로자에게 전액을 지급하여야 한다(근로기준법 제43조 제1항). 따라서 사용자가 근로자의 임금 지급에 갈음하여 사용자가 제3자에 대하여 가지는 채권을 근로자에게 양도하기로 하는 약정은 전부 무효임이 원칙이다. 다만 당사자 쌍방이 위와 같은 무효를 알았더라면 임금의 지급에 갈음하는 것이 아니라 지급을 위하여 채권을 양도하는 것을 의욕하였으리라고 인정될 때에는 무효행위 전환의 법리(민법 제138조)에 따라 그 채권양도 약정은 '임금의 지급을 위하여 한 것'으로서 효력을 가질 수 있다(대판 2011다101308).

② 예외
  ㉠ 법령에 의한 예외 : 근로소득세, 주민세, 국민연금, 고용보험료 등은 법령에 의하여 인정됨
  ㉡ 단체협약에 의한 예외 : 노동조합비를 단체협약에 의하여 공제하는 경우 인정됨
  ㉢ 임금의 과다 지급에 의한 공제 : 학자금, 주택자금, 대출금 등을 근로자의 자유로운 의사에 따라 임금에서 공제하는 경우 인정됨
③ 불법행위를 원인으로 하는 손해배상채권과 상계하는 경우
  퇴직금도 임금의 성질을 갖는 것인데 형식상으로는 은행원이 퇴직후 퇴직금을 전액수령하여 그 은행의 자기 예금구좌에 입금하였다가 은행원의 은행에 대한 변상판정금의 일부로 임의변제하는 형식을 취하였으나 실제로는 은행이 퇴직금 지급전에 미리 그 은행원으로부터 받아 둔 예금청구서를 이용하여 위 금액을 인출한 것이라면 퇴직금 중 위 인출금액에 해당하는 부분은 근로기준법 제43조에 위배하여 근로자인 은행원에게 직접 지급되지 않았다고 볼 것이다(대판 88다카25038).
④ 임금포기 약정
  근로자들이 미지급 상여금을 포기한다는 동의서에 서명하면서 고용승계를 보장받는 것을 목적으로 특정 회사에 회사가 매각되는 것을 조건으로 한 경우, 그 후 특정 회사에의 회사 매각은 결렬되었으나 다른 회사가 동일한 조건으로 고용승계를 보장하여 회사를 인수한 이상 합목적적으로 해석하여 그 조건이 성취된 것으로 볼 수 있으나, 특정 회사에의 회사 매각이 결렬된 후 다른 회사로 회사가 매각되기 전에 퇴직한 근로자들에게는 그 조건이 성취된 것으로 보아서는 아니되고 그 조건의 문언대로 엄격하게 해석하여야 한다고 본 사례(대판 2002다35867)

(4) 통화지급의 원칙

① 의의
  임금은 강제 통용력이 있는 화폐로 지급하여야 하며 법령이나 단체협약에서 특별한 규정이 있는 경우는 예외로 함
② 금지되는 내용
  현물급여, 주식, 당좌수표, 상품교환권 등은 금지되고 은행 발행의 자기앞수표는 현금과 동일하게 사용되므로 허용됨

(5) 매월 1회 이상 지급의 원칙

① 의의
  임금은 매월 1회 이상 일정한 날짜를 정하여 지급하여야 한다(법 제43조 제2항). 임금은 통화로 직접 근로자에게 그 전액을 지급하여야 하고(제1항), 매월 1회 이상 일정한 날짜를 정하여 지급하여야 한다(제2항). 그리고 근로기준법 제109조 제1항은 근로기준법 제43조를 위반한 행위를 처벌하도록 정하고 있다. 이는 사용자로 하여금 매월 일정하게 정해진 기일에 근로자에게 근로의 대가 전부를 직

SEMI-NOTE

관련 판례

임금은 법령 또는 단체협약에 특별한 규정이 있는 경우를 제외하고는 통화로 직접 근로자에게 전액을 지급하여야 한다(근로기준법 제43조 제1항). 따라서 사용자가 근로자의 임금 지급에 갈음하여 사용자가 제3자에 대하여 가지는 채권을 근로자에게 양도하기로 하는 약정은 전부 무효임이 원칙이다. 다만 당사자 쌍방이 위와 같은 무효를 알았더라면 임금의 지급에 갈음하는 것이 아니라 지급을 위하여 채권을 양도하는 것을 의욕하였으리라고 인정될 때에는 무효행위 전환의 법리(민법 제138조)에 따라 그 채권양도 약정은 '임금의 지급을 위하여 한 것'으로서 효력을 가질 수 있다(대판 2011다101308).

접 지급하게 강제함으로써 근로자의 생활안정을 도모하려는 데에 입법 취지가 있으므로, 사용자가 어느 임금의 지급기일에 임금 전액을 지급하지 아니한 경우에는 위 각 규정을 위반한 죄가 성립한다(대판 2013도7896).
② 매월 1회 이상 지급하여야 할 임금의 예외(영 제23조)
  ㉠ 1개월을 초과하는 기간의 출근 성적에 따라 지급하는 정근수당
  ㉡ 1개월을 초과하는 일정 기간을 계속하여 근무한 경우에 지급되는 근속수당
  ㉢ 1개월을 초과하는 기간에 걸친 사유에 따라 산정되는 장려금, 능률수당 또는 상여금
  ㉣ 그 밖에 부정기적으로 지급되는 모든 수당

(6) 법 위반의 효과
① 벌칙
  임금지급을 위반한 자는 3년 이하의 징역 또는 3천만원 이하의 벌금에 처한다(법 제109조 제1항).
② 반의사불벌
  피해자의 명시적인 의사와 다르게 공소를 제기할 수 없다(법 제109조 제2항).
③ 임금체불과 이자지급
  사용자의 귀책사유로 임금이 체불되는 경우 채무 불이행으로 이자를 부담하여야 하나 불가항력적이거나 기대가능성이 없는 경우 형사책임은 면제되지만 이자지급의 의무는 면제되지 아니함

(7) 임금의 비상시 지급
① 의의
  사용자는 근로자가 출산, 질병, 재해, 그 밖에 대통령령으로 정하는 비상(非常)한 경우의 비용에 충당하기 위하여 임금 지급을 청구하면 지급기일 전이라도 이미 제공한 근로에 대한 임금을 지급하여야 한다(법 제45조). 임금의 비상시 지급(법 제 45조)를 위반한 자는 1천만 원 이하의 벌금에 처한다(법 제113조).
② 요건(영 제 25조)
  ㉠ 출산하거나 질병에 걸리거나 재해를 당한 경우
  ㉡ 혼인 또는 사망한 경우
  ㉢ 부득이한 사유로 1주 이상 귀향하게 되는 경우
  ㉣ 근로자의 청구

6. 도급사업의 임금채권의 보호

(1) 의의
사업이 한 차례 이상의 도급에 따라 행하여지는 경우에 하수급인(下受給人)(도급이 한 차례에 걸쳐 행하여진 경우에는 수급인을 말한다)이 직상(直上) 수급인의 귀책사유로 근로자에게 임금을 지급하지 못한 경우에는 그 직상 수급인은 그 하수급인과

직상수급인
건설산업기본법 또는 다른 법률 등에 의해 등록을 하고 건설관련업을 하는 자

연대하여 책임을 진다. 다만, 직상 수급인의 귀책사유가 그 상위 수급인의 귀책사유에 의하여 발생한 경우에는 그 상위 수급인도 연대하여 책임을 진다(법 제44조 제1항).

> **관련 판례** 포괄임금제 약정 성립
>
> 기본임금을 미리 산정하지 아니한 채 제 수당을 합한 금액을 월급여액이나 일당임금으로 정하거나 매월 일정액을 제 수당으로 지급하는 내용의 포괄임금제에 관한 약정이 성립하였는지는 근로시간, 근로형태와 업무의 성질, 임금 산정의 단위, 단체협약과 취업규칙의 내용, 동종 사업장의 실태 등 여러 사정을 전체적·종합적으로 고려하여 구체적으로 판단하여야 한다(대판 2016도1060).

(2) 건설업에서의 임금 지급 연대책임

① **직상 수급인의 하수급인과 연대**

건설업에서 사업이 2차례 이상 도급이 이루어진 경우에 건설사업자가 아닌 하수급인이 그가 사용한 근로자에게 임금(해당 건설공사에서 발생한 임금으로 한정한다)을 지급하지 못한 경우에는 그 직상 수급인은 하수급인과 연대하여 하수급인이 사용한 근로자의 임금을 지급할 책임을 진다(법 제44조의2 제1항).

② **직상 수급인의 간주**

직상 수급인이 건설사업자가 아닌 때에는 그 상위 수급인 중에서 최하위의 건설사업자를 직상 수급인으로 본다(법 제44조의2 제2항).

> **관련 판례** 직상 수급인의 하수급인과 연대
>
> 건설업에서 2차례 이상 도급이 이루어진 경우 건설산업기본법 규정에 따른 건설업자가 아닌 하수급인이 그가 사용한 근로자에게 임금을 지급하지 못할 경우 하수급인의 직상 수급인은 하수급인과 연대하여 하수급인이 사용한 근로자의 임금을 지급할 책임을 지도록 하면서 이를 위반한 직상 수급인을 처벌하도록 규정하고 있다. 이는 직상 수급인이 건설업 등록이 되어 있지 않아 건설공사를 위한 자금력 등이 확인되지 않는 자에게 건설공사를 하도급하는 위법행위를 함으로써 하수급인의 임금지급의무 불이행에 관한 추상적 위험을 야기한 잘못에 대하여, 실제로 하수급인이 임금지급의무를 이행하지 않아 이러한 위험이 현실화되었을 때 그 책임을 묻는 취지이다(대판 2018도9012).

③ **수급인의 귀책사유(영 제24조)**

㉠ 정당한 사유 없이 도급계약에서 정한 도급 금액 지급일에 도급 금액을 지급하지 아니한 경우

㉡ 정당한 사유 없이 도급계약에서 정한 원자재 공급을 늦게 하거나 공급을 하지 아니한 경우

㉢ 정당한 사유 없이 도급계약의 조건을 이행하지 아니하여 하수급인이 도급사업을 정상적으로 수행하지 못한 경우

SEMI-NOTE

직상 수급인이 임금지급을 위반한 자인 경우
3년 이하의 징역 또는 3천만원 이하의 벌금에 처한다(법 제109조 제1항). 이 규정의 반의사불벌

(3) 건설업의 공사도급에 있어서의 임금에 관한 특례

① 직접 지급

공사도급이 이루어진 경우로서 다음의 어느 하나에 해당하는 때에는 직상 수급인은 하수급인에게 지급하여야 하는 하도급 대금 채무의 부담 범위에서 그 하수급인이 사용한 근로자가 청구하면 하수급인이 지급하여야 하는 임금(해당 건설공사에서 발생한 임금으로 한정한다)에 해당하는 금액을 근로자에게 직접 지급하여야 한다(법 제44조의3 제1항).

㉠ 직상 수급인이 하수급인을 대신하여 하수급인이 사용한 근로자에게 지급하여야 하는 임금을 직접 지급할 수 있다는 뜻과 그 지급방법 및 절차에 관하여 직상 수급인과 하수급인이 합의한 경우

㉡ 민사집행법에 따른 확정된 지급명령, 하수급인의 근로자에게 하수급인에 대하여 임금채권이 있음을 증명하는 집행증서, 소액사건심판법에 따라 확정된 이행권고결정, 그 밖에 이에 준하는 집행권원이 있는 경우

㉢ 하수급인이 그가 사용한 근로자에 대하여 지급하여야 할 임금채무가 있음을 직상 수급인에게 알려주고, 직상 수급인이 파산 등의 사유로 하수급인이 임금을 지급할 수 없는 명백한 사유가 있다고 인정하는 경우

> **관련 판례** 직상 수급인의 직접지급의무 부담
>
> 근로기준법 제44조의3 제1항에 의하여 '하수급인이 그가 사용한 근로자에 대하여 지급하여야 할 임금채무가 있음을 직상 수급인에게 알려주고, 직상 수급인이 파산 등의 사유로 하수급인이 임금을 지급할 수 없는 명백한 사유가 있다고 인정하는 경우'에는 직상 수급인은 하수급인에게 지급하여야 하는 하도급 대금 채무의 부담 범위에서 그 하수급인이 사용한 근로자가 청구하면 하수급인이 지급하여야 하는 임금(해당 건설공사에서 발생한 임금으로 한정한다)에 해당하는 금액을 근로자에게 직접 지급할 의무를 부담하게 되고, 같은 조 제3항에 의하여 직상 수급인이 하수급인이 사용한 근로자에게 임금에 해당하는 금액을 지급한 경우에는 하수급인에 대한 하도급 대금 채무는 그 범위에서 각 소멸한 것으로 보도록 규정하고 있는 점 등에 비추어 볼 때, 근로기준법은 직상 수급인에게 하도급 대금 채무를 넘는 새로운 부담을 지우지 않는 범위 내에서 일정한 경우 하수급인이 사용한 근로자에게 임금에 해당하는 금액에 대한 직접지급의무를 부담하게 함으로써 건설공사에서의 하수급인 근로자를 하수급인 및 그 일반 채권자에 우선하여 보호하고자 함을 알 수 있다(대판 2012다94278).

② 원수급인에게 직접청구

발주자의 수급인으로부터 공사도급이 2차례 이상 이루어진 경우로서 하수급인(도급받은 하수급인으로부터 재하도급 받은 하수급인을 포함한다.)이 사용한 근로자에게 그 하수급인에 대한 집행권원이 있는 경우에는 근로자는 하수급인이 지급하여야 하는 임금(해당 건설공사에서 발생한 임금으로 한정한다)에 해당하는 금액을 원수급인에게 직접 지급할 것을 요구할 수 있다. 원수급인은 근로자가 자신에 대하여 민법에 따른 채권자대위권을 행사할 수 있는 금액의 범위에서 이에 따라야 한다(법 제44조의3 제2항).

③ 하도급 대금 채무 소멸

직상 수급인 또는 원수급인이 하수급인이 사용한 근로자에게 임금에 해당하는 금액을 지급한 경우에는 하수급인에 대한 하도급 대금 채무는 그 범위에서 소멸한 것으로 본다(법 제44조의3 제3항).

7. 휴업수당

(1) 휴업수당의 의의

사용자의 귀책사유로 휴업하는 경우에 사용자는 휴업기간 동안 그 근로자에게 평균임금의 100분의 70 이상의 수당을 지급하여야 한다. 다만, 평균임금의 100분의 70에 해당하는 금액이 통상임금을 초과하는 경우에는 통상임금을 휴업수당으로 지급할 수 있다(법 제46조 제1항).

> **관련 판례** 휴업수당의 범위
>
> '휴업'에는 개개의 근로자가 근로계약에 따라 근로를 제공할 의사가 있는데도 그 의사에 반하여 취업이 거부되거나 불가능하게 된 경우도 포함되므로, 이는 '휴직'을 포함하는 광의의 개념인데, 근로기준법 제23조 제1항에서 정하는 '휴직'은 어떤 근로자를 그 직무에 종사하게 하는 것이 불가능하거나 적당하지 아니한 사유가 발생한 때에 그 근로자의 지위를 그대로 두면서 일정한 기간 그 직무에 종사하는 것을 금지시키는 사용자의 처분을 말하는 것이고, '대기발령'은 근로자가 현재의 직위 또는 직무를 장래에 계속 담당하게 되면 업무상 장애 등이 예상되는 경우에 이를 예방하기 위하여 일시적으로 당해 근로자에게 직위를 부여하지 아니함으로써 직무에 종사하지 못하도록 하는 잠정적인 조치를 의미하므로, 대기발령은 근로기준법 제23조 제1항에서 정한 '휴직'에 해당한다고 볼 수 있다. 따라서 사용자가 자신의 귀책사유에 해당하는 경영상의 필요에 따라 개별 근로자들에 대하여 대기발령을 하였다면 이는 근로기준법 제46조 제1항에서 정한 휴업을 실시한 경우에 해당하므로 사용자는 그 근로자들에게 휴업수당을 지급할 의무가 있다(대판 2012다12870).

> **관련 판례** 휴업수당 제도 악용 방지
>
> 근로자의 최종 3개월분의 임금은 최우선 변제권을 인정하면서 근로자의 최종 3개월분의 휴업수당은 임금에 해당되지 않는다고 보아 최우선 변제권을 인정하지 않을 경우, 사용자는 근로자에게 최우선 변제권이 인정되는 임금을 지급하지 않고 휴업수당을 지급하는 방법을 택함으로써 휴업수당 제도를 악용할 소지가 있다. 한편, 근로자가 사용자의 귀책사유로 근로를 제공하지 못한 경우에 근로자는 휴업수당을 지급받을 수 있을 뿐만 아니라 민법 제538조 제1항에 따라 사용자에 대하여 임금지급을 청구할 수 있다. 적어도 이와 같은 경우에는 휴업수당이 임금의 성격을 가진다고 보아야 하고, 휴업수당을 임금과 동일하게 취급하여야 한대(청주지법 2009가합1761).

SEMI-NOTE

휴업수당의 부득이한 경우

부득이한 사유로 사업을 계속하는 것이 불가능하여 노동위원회의 승인을 받은 경우에는 제1항의 기준에 못 미치는 휴업수당을 지급할 수 있다(법 제46조 제2항).

(2) 성립요건

① 사용자의 귀책사유가 있을 것

> **관련 판례** 휴업수당 지급의 사유
>
> 월남전의 국지적인 전황변경에 따른 작업중단조치는 회사에 대한 관계에서는 주요한 사정변경에 해당되는 것이었다 할지라도 그것이 고용계약을 해지할 부득이한 사유나 정당한 사유는 되지 못하는 것이므로 회사는 위 조치가 있은 후 위 고용계약의 만료일까지 약정된 업무에 취업치 못하고 휴업하게 되었음에 대하여 소정의 휴업수당을 지급하여야 한다(대판 70다523, 524).

② 휴업을 하였을 것

휴업에는 개개의 근로자가 근로계약에 따라 근로를 제공할 의사가 있음에도 불구하고 그 의사에 반하여 취업이 거부되거나 또는 불가능하게 된 경우도 포함되므로 근로자가 사용자의 귀책사유로 인하여 해고된 경우에도 위 휴업수당에 관한 근로기준법이 적용될 수 있다(대판 90다18999).

(3) 휴업수당의 지급

① 원칙

평균임금의 100분의 70 이상의 수당을 지급

② 예외

평균임금의 100분의 70에 해당하는 금액이 통상임금을 초과하는 경우에는 통상임금을 휴업수당으로 지급할 수 있음

③ 휴업수당의 산출

사용자의 귀책사유로 휴업한 기간 중에 근로자가 임금의 일부를 지급받은 경우에는 사용자는 그 근로자에게 평균임금에서 그 지급받은 임금을 뺀 금액을 계산하여 그 금액의 100분의 70 이상에 해당하는 수당을 지급하여야 한다. 다만, 통상임금을 휴업수당으로 지급하는 경우에는 통상임금에서 휴업한 기간 중에 지급받은 임금을 뺀 금액을 지급하여야 한다(영 제26조).

(4) 중간수입이 있을 경우

사용자의 귀책사유로 인하여 해고된 근로자가 해고기간 중에 다른 직장에서 근무하여 지급받은 임금은 민법 제538조 제2항에 규정된 자기의 채무를 면함으로써 얻은 이익에 해당하므로, 사용자는 근로자에게 해고기간 중의 임금을 지급함에 있어 위와 같은 이익(이른바 중간수입)을 공제할 수 있는 것이기는 하지만, 근로자가 지급받을 수 있는 임금액 중 근로기준법 제38조 소정의 휴업수당의 범위 내의 금액은 중간수입으로 공제할 수 없고, 휴업수당을 초과하는 금액만을 중간 수입으로 공제하여야 한다(대판 93다37915).

SEMI-NOTE

채권자귀책사유로 인한 이행불능 (민법 제538조 제2항)

채무자는 자기의 채무를 면함으로써 이익을 얻은 때에는 이를 채권자에게 상환하여야 한다.

> **관련 판례** 중간수입의 공제

휴업이란 개개의 근로자가 근로계약에 따라 근로를 제공할 의사가 있음에도 불구하고 그 의사에 반하여 취업이 거부되거나 또는 불가능하게 된 경우도 포함된다고 할 것이므로, 위 "다"항의 공제에 있어서 근로자가 지급받을 수 있는 임금액 중 휴업수당의 한도에서는 이를 이익공제의 대상으로 삼을 수 없고, 그 휴업수당을 초과하는 금액에서 중간수입을 공제하여야 한다(대판 90다카25277).

(5) 휴업수당의 감액 및 청구

① 감액
부득이한 사유로 사업을 계속하는 것이 불가능하여 노동위원회의 승인을 받은 경우에는 제1항의 기준에 못 미치는 휴업수당을 지급할 수 있다(법 제46조 제2항).

② 민법 제538조 제1항과의 관계
휴업수당은 근로자를 보호하기 위하여 민법의 규정에 추가하여 마련한 규정이므로 사용자의 고의 또는 과실이 인정될 경우에는 경합적으로 인정되는 권리

8. 임금채권의 보호

(1) 임금채권의 우선변제

① 조세·공과금 및 다른 채권에 우선하여 변제
임금, 재해보상금, 그 밖에 근로 관계로 인한 채권은 사용자의 총재산에 대하여 질권(質權)·저당권 또는 동산·채권 등의 담보에 관한 법률에 따른 담보권에 따라 담보된 채권 외에는 조세·공과금 및 다른 채권에 우선하여 변제되어야 한다. 다만, 질권·저당권 또는 동산·채권 등의 담보에 관한 법률에 따른 담보권에 우선하는 조세·공과금에 대하여는 그러하지 아니하다(법 제38조 제1항).

② 최종 3개월분의 임금, 재해보상금의 우선변제
최종 3개월분의 임금, 재해보상금에 해당하는 채권은 사용자의 총재산에 대하여 질권·저당권 또는 동산·채권 등의 담보에 관한 법률에 따른 담보권에 따라 담보된 채권, 조세·공과금 및 다른 채권에 우선하여 변제되어야 한다(법 제38조 제2항).

> **관련 판례** 임금채권의 우선변제권1

근로자의 최저생활을 보장하고자 하는 공익적 요청에서 예외적으로 일반 담보물권의 효력을 일부 제한하고 임금채권의 우선변제권을 규정한 것으로서, 그 입법취지에 비추어 보면 여기서 임금 우선변제권의 적용 대상이 되는 '사용자의 총재산'이라 함은 근로계약의 당사자로서 임금채무를 1차적으로 부담하는 사업주인 사용자의 총재산을 의미하고, 따라서 사용자가 법인인 경우에는 법인 자체의 재산만을 가리키며 법인의 대표자 등 사업경영 담당자의 개인 재산은 이에 포함되지 않는다고 봄이 상당하다(대판 95다719).

SEMI-NOTE

민법 제538조 제1항
쌍무계약의 당사자 일방의 채무가 채권자의 책임 있는 사유로 이행할 수 없게 된 때에는 채무자는 상대방의 이행을 청구할 수 있다. 채권자의 수령지체 중에 당사자 쌍방의 책임 없는 사유로 이행할 수 없게 된 때에도 같다.

임금채권의 우선변제권
임금채권의 조세, 공과금, 다른 일반채권에 대한 우선변제권은 채무자의 재산에 대하여 강제집행을 하였을 경우에 그 강제집행에 의한 환가금에서 일반채권에 우선하여 변제받을 수 있음에 그치는 것이고, 이미 다른 채권자에 의하여 이루어진 압류처분의 효력까지도 배제하여 그보다 우선적으로 직접 지급을 구할 수 있는 권한을 부여한 것으로 볼 수 없다(대판 95누2562).

| SEMI-NOTE |

관련 판례 임금채권의 우선변제권2

최종 3개월분의 임금 채권이 사용자의 총재산에 대하여 질권 또는 저당권에 따라 담보된 채권에 우선하여 변제되어야 한다고 규정하고 있을 뿐, 사용자가 사용자 지위를 취득하기 전에 설정한 질권 또는 저당권에 따라 담보된 채권에는 우선하여 변제받을 수 없는 것으로 규정하고 있지 않으므로, 최종 3개월분의 임금 채권은 사용자의 총재산에 대하여 사용자가 사용자 지위를 취득하기 전에 설정한 질권 또는 저당권에 따라 담보된 채권에도 우선하여 변제되어야 한다(대판 2011다68777).

③ **퇴직금**
최종 3년간의 퇴직급여등은 사용자의 총재산에 대하여 질권 또는 저당권에 의하여 담보된 채권, 조세·공과금 및 다른 채권에 우선하여 변제되어야 한다(근로자퇴직급여보장법 제12조 제2항).

관련 판례 최종 3개월분의 임금

최종 3개월분의 임금은 배당요구 이전에 이미 근로관계가 종료된 근로자의 경우에는 근로관계 종료일부터 소급하여 3개월 사이에 지급사유가 발생한 임금 중 미지급분, 배당요구 당시에도 근로관계가 종료되지 않은 근로자의 경우에는 배당요구 시점부터 소급하여 3개월 사이에 지급사유가 발생한 임금 중 미지급분을 말한다. 그리고 최종 3년간의 퇴직금도 이와 같이 보아야 하므로, 배당요구 종기일 이전에 퇴직금 지급사유가 발생하여야 한다(대판 2015다204762).

관련 판례

우선변제의 특권의 보호를 받는 임금채권의 범위는, 임금채권에 대한 근로자의 배당요구 당시 근로자와 사용자의 근로계약관계가 이미 종료하였다면 그 종료시부터 소급하여 3개월 사이에 지급사유가 발생한 임금 중 미지급분을 말한다(대판 2006다1930).

④ **우선변제의 순위**
㉠ 최종 3개월분 임금, 재해보상금, 최종 3년간 퇴직금
㉡ 질권·저당권에 우선하는 조세, 공과금
㉢ 질권·저당권에 의하여 담보된 채권
㉣ 최종 3개월분 임금, 재해보상금, 최종 3년간 퇴직금을 제외한 임금 기타 근로관계의 채권
㉤ 조세, 공과금, 일반채권

(2) 사망, 퇴직 시 임금지급에 대한 보호

① **금품 청산** ★빈출개념

사용자는 근로자가 사망 또는 퇴직한 경우에는 그 지급 사유가 발생한 때부터 14일 이내에 임금, 보상금, 그 밖의 모든 금품을 지급하여야 한다. 다만, 특별한 사정이 있을 경우에는 당사자 사이의 합의에 의하여 기일을 연장할 수 있다(법 제36조).

관련 판례 퇴직근로자의 보호

사용자인 피고인이 퇴직근로자인 피해자들에 대한 연장근로수당, 주휴수당, 임금 및 퇴직금을 당사자 사이의 합의 없이 지급사유가 발생한 때부터 14일 이내에 지급하지 않았다고 하여 근로기준법 위반 및 근로자퇴직급여 보장법 위반으로 기소된 사안에서, 피고인에게 유죄를 인정한 사례(대판 2015노1996)

관련 판례 지급의무 위반죄의 책임조각사유

기업이 불황이라는 사유만으로 사용자가 근로자에 대한 임금이나 퇴직금을 체불하는 것은 허용되지 아니하지만, 모든 성의와 노력을 다했어도 임금이나 퇴직금의 체불이나 미불을 방지할 수 없었다는 것이 사회통념상 긍정할 정도가 되어 사용자에게 더 이상의 적법행위를 기대할 수 없거나 불가피한 사정이었음이 인정되는 경우에는 그러한 사유는 근로기준법이나 근로자퇴직급여 보장법에서 정하는 임금 및 퇴직금 등의 기일 내 지급의무 위반죄의 책임조각사유로 된다(대판 2014도12753).

관련 판례 연말정산의 환급금

근로소득세액의 연말정산에 의한 환급금은, 당해 연도에 이미 원천징수하여 납부한 소득세가 당해 종합소득산출세액에서 세액공제를 한 금액을 초과하는 경우 그 초과액을 당해 근로소득자에게 소득세법 시행령이 정하는 바에 따라 환급하는 것으로서, '근로자가 사망 또는 퇴직한 경우에 사용자가 그 지급사유가 발생한 때부터 14일 이내에 지급하여야 할 임금, 보상금, 그 밖에 일체의 금품'에 해당한다(대판 2009도2357).

② 미지급 임금에 대한 지연이자
  ㉠ 사용자는 제36조에 따라 지급하여야 하는 임금 및 근로자퇴직급여 보장법에 따른 급여(일시금만 해당된다)의 전부 또는 일부를 그 지급 사유가 발생한 날부터 14일 이내에 지급하지 아니한 경우 그 다음 날부터 지급하는 날까지의 지연 일수에 대하여 연 100분의 40 이내의 범위에서 은행이 적용하는 연체금리 등 경제 여건을 고려하여 대통령령으로 정하는 이율에 따른 지연이자를 지급하여야 한다(법 제37조 제1항).

관련 판례 파견사업주의 임금지급 의무

간병인인 甲이 乙 사회복지법인과 근로계약을 체결한 후 丙 병원에 파견되어 근로를 제공하다가 퇴직한 사안에서, 甲과 乙 법인은 근로자파견관계에 있으므로 乙 법인은 파견근로자보호 등에 관한 법률 제34조 제1항에 따라 파견사업주로서 甲에게 미지급 임금 및 퇴직금을 지급할 의무를 부담한다고 본 원심판단을 수긍한 사례(대판 2015다54219)

관련 판례 미지급 임금의 범위

甲이 乙 주식회사를 상대로 부당해고를 이유로 복직 시까지의 임금 및 미지급 임금에 대하여 근로기준법 제36조 본문에 따라 연 20%의 지연손해금의 지급을 구한 사안에서, 근로기준법 제36조에서 정한 '그 지급 사유가 발생한 때'라 함은 사망 또는 퇴직의 효력이 발생한 때를 의미하므로 해고가 무효로 되어 甲이 복직한 이상 이에 해당한다고 보기 어렵고, 부당해고 기간 중의 미지급 임금은 상행위로 생긴 것이므로 그 변형으로 인정되는 지연손해금채무, 즉 채무불이행으로 인한 손해배상채무도 상사채무라 할 것이어서 상법이 정한 연 6%의 범위 내에서만 이유 있다고 본 원심판단을 수긍한 사례(대판 2014다28305)

SEMI-NOTE

ⓒ 사용자가 천재·사변, 그 밖에 대통령령으로 정하는 사유에 따라 임금 지급을 지연하는 경우 그 사유가 존속하는 기간에 대하여는 적용하지 아니한다(법 제37조 제2항).
ⓒ 지연이자의 적용제외 사유(영 제18조)
- 임금채권보장법에 해당하는 경우
  - 회생절차개시의 결정이 있는 경우
  - 파산선고의 결정이 있는 경우
  - 고용노동부장관이 대통령령으로 정한 요건과 절차에 따라 미지급 임금 등을 지급할 능력이 없다고 인정하는 경우
  - 사업주가 근로자에게 미지급 임금 등을 지급하라는 다음의 어느 하나에 해당하는 판결, 명령, 조정 또는 결정 등이 있는 경우 : 종국판결, 지급명령, 소송상 화해, 청구의 인낙(認諾) 등 확정판결과 같은 효력을 가지는 것, 조정, 조정을 갈음하는 결정, 이행권고결정
- 채무자 회생 및 파산에 관한 법률, 국가재정법, 지방자치법 등 법령상의 제약에 따라 임금 및 퇴직금을 지급할 자금을 확보하기 어려운 경우
- 지급이 지연되고 있는 임금 및 퇴직금의 전부 또는 일부의 존부(存否)를 법원이나 노동위원회에서 다투는 것이 적절하다고 인정되는 경우
- 그 밖에 제시된 규정에 준하는 사유가 있는 경우

(3) 체불임금에 대한 보호

① 3년 이하의 징역 또는 3천만 원 이하의 벌금
제36조(금품 청산), 제43조(임금지급), 제44조(도급사업에 대한 임금지급), 제44조의2(건설업에서의 임금지급 연대책임), 제46조(휴업수당), 제56조(연장·야간 및 휴일근로)를 위반한 자는 3년 이하의 징역 또는 3천만 원 이하의 벌금에 처한다(법 제109조 제1항).

② 1천만원 이하의 벌금
제45조(비상시 지급)를 위반한 자는 1천만원 이하의 벌금에 처한다(법 제113조).

③ 500만원 이하의 벌금
제47조(도급 근로자에 대한 임금보장)를 위반한 자는 500만원 이하의 벌금에 처한다(법 제114조).

(4) 체불사업주 명단공개 및 체불자료 제공

① 체불사업주 명단공개(법 제43조의2)
㉠ 고용노동부장관은 임금, 보상금, 수당, 그 밖의 모든 금품을 지급하지 아니한 사업주(법인인 경우에는 그 대표자를 포함한다.)가 명단 공개 기준일 이전 3년 이내 임금등을 체불하여 2회 이상 유죄가 확정된 자로서 명단 공개 기준일 이전 1년 이내 임금등의 체불총액이 3천만원 이상인 경우에는 그 인적사항 등을 공개할 수 있다. 다만, 체불사업주의 사망·폐업으로 명단 공개의 실효

성이 없는 경우 등 대통령령으로 정하는 사유가 있는 경우에는 그러하지 아니하다.
ⓒ 고용노동부장관은 명단 공개를 할 경우에 체불사업주에게 3개월 이상의 기간을 정하여 소명 기회를 주어야 한다.
ⓒ 체불사업주의 인적사항 등에 대한 공개 여부를 심의하기 위하여 고용노동부에 임금체불정보심의위원회를 둔다. 이 경우 위원회의 구성·운영 등 필요한 사항은 고용노동부령으로 정한다.
② 명단 공개의 구체적인 내용, 기간 및 방법 등 명단 공개에 필요한 사항은 대통령령으로 정한다.

② 명단공개 내용·기간 등(영 제23조의 3)
㉠ 고용노동부장관은 다음의 내용을 공개한다.
- 체불사업주의 성명·나이·상호·주소(체불사업주가 법인인 경우에는 그 대표자의 성명·나이·주소 및 법인의 명칭·주소를 말한다)
- 명단 공개 기준일 이전 3년간의 임금 등 체불액
㉡ 공개는 관보에 싣거나 인터넷 홈페이지, 관할 지방고용노동관서 게시판 또는 그 밖에 열람이 가능한 공공장소에 3년간 게시하는 방법으로 한다.

③ 체불사업주 명단 공개 제외 대상(영 제23조의2)
㉠ 임금, 보상금, 수당, 그 밖의 일체의 금품을 지급하지 않은 사업주가 사망하거나 실종선고를 받은 경우(체불사업주가 자연인인 경우만 해당한다)
㉡ 체불사업주가 소명 기간 종료 전까지 체불 임금 등을 전액 지급한 경우
㉢ 체불사업주가 회생절차개시 결정을 받거나 파산선고를 받은 경우
㉣ 체불사업주가 도산등사실인정을 받은 경우
㉤ 체불사업주가 체불 임금 등의 일부를 지급하고, 남은 체불 임금 등에 대한 구체적인 청산 계획 및 자금 조달 방안을 충분히 소명하여 임금체불정보심의위원회가 명단 공개 대상에서 제외할 필요가 있다고 인정하는 경우
㉥ ㉠부터 ㉤까지의 규정에 준하는 경우로서 위원회가 체불사업주의 인적사항 등을 공개할 실효성이 없다고 인정하는 경우

④ 임금등 체불자료의 제공(법 제43조의3)
㉠ 고용노동부장관은 종합신용정보집중기관이 임금등 체불자료 제공일 이전 3년 이내 임금등을 체불하여 2회 이상 유죄가 확정된 자로서 임금등 체불자료 제공일 이전 1년 이내 임금등의 체불총액이 2천만원 이상인 체불사업주의 인적사항과 체불액 등에 관한 자료를 요구할 때에는 임금등의 체불을 예방하기 위하여 필요하다고 인정하는 경우에 그 자료를 제공할 수 있다. 다만, 체불사업주의 사망·폐업으로 임금등 체불자료 제공의 실효성이 없는 경우 등 대통령령으로 정하는 사유가 있는 경우에는 그러하지 아니하다.
㉡ 임금등 체불자료를 받은 자는 이를 체불사업주의 신용도·신용거래능력 판단과 관련한 업무 외의 목적으로 이용하거나 누설하여서는 아니 된다.
㉢ 임금등 체불자료의 제공 절차 및 방법 등 임금등 체불자료의 제공에 필요한 사항은 대통령령으로 정한다.

⑤ 임금등 체불자료의 제공 제외 대상(영 제23조의4)
  ㉠ 체불사업주가 사망하거나 실종선고를 받은 경우(체불사업주가 자연인인 경우만 해당한다)
  ㉡ 체불사업주가 임금등 체불자료 제공일 전까지 체불 임금등을 전액 지급한 경우
  ㉢ 체불사업주가 회생절차개시 결정을 받거나 파산선고를 받은 경우
  ㉣ 체불사업주가 도산등사실인정을 받은 경우
  ㉤ 체불자료 제공일 전까지 체불사업주가 체불 임금등의 일부를 지급하고 남은 체불 임금등에 대한 구체적인 청산 계획 및 자금 조달 방안을 충분히 소명하여 고용노동부장관이 체불 임금등 청산을 위하여 성실히 노력하고 있다고 인정하는 경우
⑥ 임금등 체불자료의 제공절차 등(영 제23조의5)
  ㉠ 임금등 체불자료를 요구하는 자는 다음의 사항을 적은 문서를 고용노동부장관에게 제출하여야 함
    • 요구자의 성명·상호·주소(요구자가 법인인 경우에는 그 대표자의 성명 및 법인의 명칭·주소를 말한다)
    • 요구하는 임금등 체불자료의 내용과 이용 목적
  ㉡ 고용노동부장관은 임금등 체불자료를 서면 또는 전자적 파일 형태로 작성하여 제공할 수 있음
  ㉢ 고용노동부장관은 임금등 체불자료를 제공한 후 임금등 체불자료의 제공 제외 대상 사유가 발생한 경우에는 그 사실을 안 날부터 15일 이내에 요구자에게 그 내용을 통지하여야 함

(5) 임금대장의 작성 및 임금의 시효

① 임금대장 및 임금명세서
  ㉠ 사용자는 각 사업장별로 임금대장을 작성하고 임금과 가족수당 계산의 기초가 되는 사항, 임금액, 그 밖에 대통령령으로 정하는 사항을 임금을 지급할 때마다 적어야 한다(법 제48조).
  ㉡ 사용자는 임금을 지급하는 때에는 근로자에게 임금의 구성항목·계산방법, 제43조제1항 단서에 따라 임금의 일부를 공제한 경우의 내역 등 대통령령으로 정하는 사항을 적은 임금명세서를 서면(전자문서 및 전자거래 기본법 제2조제1호에 따른 전자문서를 포함한다)으로 교부하여야 한다.
② 임금대장의 기재사항(영 제27조)
  ㉠ 사용자는 임금대장에 다음의 사항을 근로자 개인별로 적어야 한다.
    • 성명
    • 주민등록번호
    • 고용 연월일
    • 종사하는 업무
    • 임금 및 가족수당의 계산기초가 되는 사항
    • 근로일수

관련 판례

가족수당은 회사에게 그 지급의무가 있는 것이고 일정한 요건에 해당하는 근로자에게 일률적으로 지급되어 왔다면, 이는 임의적·은혜적인 급여가 아니라 근로에 대한 대가의 성질을 가지는 것으로서 임금에 해당한다(대판 2003다54322).

- 근로시간수
- 연장근로, 야간근로 또는 휴일근로를 시킨 경우에는 그 시간수
- 기본급, 수당, 그 밖의 임금의 내역별 금액(통화 외의 것으로 지급된 임금이 있는 경우에는 그 품명 및 수량과 평가총액)
- 임금의 일부를 공제한 경우에는 그 금액

ⓒ 사용기간이 30일 미만인 일용근로자에 대하여는 주민등록번호 및 임금 및 가족수당의 계산기초가 되는 사항을 적지 아니할 수 있다.

ⓒ 다음의 어느 하나에 해당하는 근로자에 대하여는 근로시간수 및 연장근로, 야간근로 또는 휴일근로를 시킨 경우에는 그 시간수의 사항을 적지 아니할 수 있다.
- 상시 4명 이하의 근로자를 사용하는 사업 또는 사업장의 근로자
- 근로시간, 휴게와 휴일에 관한 규정이 적용되지 아니하는 근로자

③ 임금의 시효

이 법에 따른 임금채권은 3년간 행사하지 아니하면 시효로 소멸한다(법 제49조).

05절 근로시간과 휴식

1. 근로시간의 개념과 산정

(1) 근로시간의 개념

① 개념

근로시간은 근로자가 고용주와의 계약에 따라 노동력을 제공하는 시간이다. 따라서 근로시간이란 근로자가 사용자의 지휘감독 아래 근로계약상의 근로를 제공하는 시간, 즉 실근로시간을 말한다고 할 것이다(대판 91다14406).

> **관련 판례** 근로시간의 범위
>
> 근로기준법상의 근로시간이라 함은 근로자가 사용자의 지휘, 감독 아래 근로계약상의 근로를 제공하는 시간을 말하는바, 근로자가 작업시간의 중도에 현실로 작업에 종사하지 않은 대기시간이나 휴식, 수면시간 등이라 하더라도 그것이 휴게시간으로서 근로자에게 자유로운 이용이 보장된 것이 아니고 실질적으로 사용자의 지휘, 감독하에 놓여 있는 시간이라면 이를 당연히 근로시간에 포함시켜야 할 것이다(대판 92다24509).

> **관련 판례** 근로시간의 준수
>
> 회사원도 근로관계 법령 및 고용계약에서 정한 근무시간 이외에는 여가를 자유롭게 사용하여 자신의 생활을 자신의 의도대로 형성하고 행복을 추구할 권리가 있다. 그리고 회사의 업무에 관한 회의나 직원들의 단합을 도모하기 위한 행사는 회사의 업무 그 자체이거나 회사의 업무와 관련된 것으로서 근무시간 내에 이루어지는 것이 원칙이고 예외적으로 근무시간 외에 위와 같은 행사나 회의를 하는 경우에는 해당 회사원의 동의를 얻는 등 근로관계 법령이 정한 바에 따라야 한다(대판 2006나109669).

SEMI-NOTE

관련 판례

근로기준법상의 근로시간이라 함은 근로자가 사용자의 지휘, 감독 아래 근로계약상의 근로를 제공하는 시간을 말하는바, 근로자가 작업시간의 중도에 현실로 작업에 종사하지 않은 대기시간이나 휴식, 수면시간 등이라 하더라도 그것이 휴게시간으로서 근로자에게 자유로운 이용이 보상된 것이 아니고 실질적으로 사용자의 지휘, 감독하에 놓여 있는 시간이라면 이를 당연히 근로시간에 포함시켜야 할 것이다(대판 92다24509).

② 근로시간의 판단
- ㉠ 일·숙직근무 : 일·숙직근무가 주된 근로계약에 따라 제공하는 근로와 실질적으로 동일한 경우 가산임금 지급의 대상이 되는 근로시간에 포함됨
- ㉡ 대기시간 : 근로시간을 산정하는 경우 작업을 위하여 근로자가 사용자의 지휘·감독 아래에 있는 대기시간 등은 근로시간으로 본다(법 제50조 제2항). 근로기준법상의 휴게시간이란 근로자가 근로시간의 도중에 사용자의 지휘명령으로부터 완전히 해방되고 또한 자유로운 이용이 보장된 시간을 의미한다(대판 91다20548).
- ㉢ 업무준비행위 및 업무정리행위 : 시업시간 전의 활동이라도 작업지시의 수령, 작업의 인수나 작업조의 편성, 기계 및 기구의 점검 등은 원칙적으로 근로시간에 포함되며 작업의 마무리 작업은 업무활동의 최종부분으로 근로시간에 포함됨

(2) 법정근로시간

① 소정(所定)근로시간
근로시간의 범위에서 근로자와 사용자 사이에 정한 근로시간(법 제2조 제1항 제8호).

② 기준근로시간
근로자의 최장근로시간을 정하는 법정근로시간

③ 연소근로자
- ㉠ 15세 이상 18세 미만인 사람의 근로시간은 1일에 7시간, 1주에 35시간을 초과하지 못한다. 다만, 당사자 사이의 합의에 따라 1일에 1시간, 1주에 5시간을 한도로 연장할 수 있다(법 제69조).

> **관련 판례** 법정근로시간에 의한 임금준수
>
> 근로기준법에 정한 기준에 미치지 못하는 근로조건을 정한 근로계약은 그 부분에 한하여 무효로 하면서(근로기준법의 강행성) 그 무효로 된 부분은 근로기준법이 정한 기준에 의하도록 정하고 있으므로(근로기준법의 보충성), 근로시간의 산정이 어려운 등의 사정이 없음에도 포괄임금제 방식으로 약정된 경우 그 포괄임금에 포함된 정액의 법정수당이 근로기준법이 정한 기준에 따라 산정된 법정수당에 미달하는 때에는 그에 해당하는 포괄임금제에 의한 임금 지급계약 부분은 근로자에게 불이익하여 무효라 할 것이고, 사용자는 근로기준법의 강행성과 보충성 원칙에 의해 근로자에게 그 미달되는 법정수당을 지급할 의무가 있다(대판 2008다6052).

- ㉡ 사용자는 임산부와 18세 미만자를 오후 10시부터 오전 6시까지의 시간 및 휴일에 근로시키지 못한다. 다만 동의가 있는 경우는 예외로 한다(법 제70조 제2항).
- ㉢ 사용자는 고용노동부장관의 인가를 받기 전에 근로자의 건강 및 모성 보호를 위하여 그 시행 여부와 방법 등에 관하여 그 사업 또는 사업장의 근로자대표와 성실하게 협의하여야 한다(법 제70조 제3항).

SEMI-NOTE

법 제2조 제1항 제7호
1주란 휴일을 포함한 7일을 말한다.

기준근로시간

성인	1일 8시간, 1주 40시간
연소자	1일 7시간, 1주 35시간
유해 및 위험작업	1일 6시간, 1주 34시간

④ 여성 근로자
  ㉠ 여성 근로자는 원칙적으로 남성 근로자와 동일하고 미성년 여성근로자는 연소근로자와 동일
  ㉡ 연장 근로의 제한
    • 사용자는 임산부와 18세 미만자를 오후 10시부터 오전 6시까지의 시간 및 휴일에 근로시키지 못한다(법 제70조 제2항). 산후 1년이 지나지 아니한 여성의 동의가 있는 경우, 임신 중의 여성이 명시적으로 청구하는 경우로서 고용노동부장관의 인가를 받으면 그러하지 아니함
    • 사용자는 산후 1년이 지나지 아니한 여성에 대하여는 단체협약이 있는 경우라도 1일에 2시간, 1주에 6시간, 1년에 150시간을 초과하는 시간외근로를 시키지 못한다(법 제71조).
    • 15세 이상 18세 미만의 근로자와 임신 중인 여성 근로자에 대하여는 탄력적 근로시간제를 적용하지 아니한다(법 제51조 제3항).
    • 사용자는 임신 중의 여성 근로자에게 시간외근로를 하게 하여서는 아니 되며, 그 근로자의 요구가 있는 경우에는 쉬운 종류의 근로로 전환하여야 한다(법 제74조 제5항).
⑤ 유해 및 위험작업 근로자
  ㉠ 근로시간 : 1일 6시간, 1주 34시간을 초과할 수 없음.
  ㉡ 근로시간 보호 : 유해 및 위험작업 근로자에 대하여 신축적 근로시간제, 연장근로는 금지됨.

(3) 근로시간 계산의 특례

① 근로자가 출장이나 그 밖의 사유로 근로시간의 전부 또는 일부를 사업장 밖에서 근로하여 근로시간을 산정하기 어려운 경우에는 소정근로시간을 근로한 것으로 본다. 다만, 그 업무를 수행하기 위하여 통상적으로 소정근로시간을 초과하여 근로할 필요가 있는 경우에는 그 업무의 수행에 통상 필요한 시간을 근로한 것으로 본다(법 제58조 제1항).

관련 판례 근로계약의 무효

근로기준법에 정한 기준에 미치지 못하는 근로조건을 정한 근로계약은 그 부분에 한하여 무효로 하면서(근로기준법의 강행성) 그 무효로 된 부분은 근로기준법이 정한 기준에 의하도록 정하고 있으므로(근로기준법의 보충성), 근로시간의 산정이 어려운 등의 사정이 없음에도 포괄임금제 방식으로 약정된 경우 그 포괄임금에 포함된 정액의 법정수당이 근로기준법이 정한 기준에 따라 산정된 법정수당에 미달하는 때에는 그에 해당하는 포괄임금제에 의한 임금 지급계약 부분은 근로자에게 불이익하여 무효라 할 것이고, 사용자는 근로기준법의 강행성과 보충성 원칙에 의해 근로자에게 그 미달되는 법정수당을 지급할 의무가 있다(대판 2008다6052).

② 업무에 관하여 근로자대표와의 서면 합의를 한 경우에는 그 합의에서 정하는 시간을 그 업무의 수행에 통상 필요한 시간으로 본다(법 제58조 제2항).

SEMI-NOTE

관련 판례

여성인 근로자가 생리휴가기일에 휴가를 사용하지 아니하고 근로한 경우에는 근로의무가 면제된 특정일에 추가로 근로를 제공한 것이므로 사용자는 당연히 그 근로의 대가로서 이에 상응하는 생리휴가근로수당도 지급하여야 한다. 연·월차휴가의 경우에도 지급하는 휴가근로수당을, 단지 입법 취지, 목적 및 조문의 위치가 다르다는 점만으로 생리휴가의 경우에 지급하지 않는다면, 이는 여성의 모성을 특별히 보호하기 위한 취지에 반한다(서울고법 2006나60054).

근로시간 간주의 원칙

작업의 개시부터 종료까지의 시간에서 휴게시간을 제외한 시간

③ 업무의 성질에 비추어 업무 수행 방법을 근로자의 재량에 위임할 필요가 있는 업무로서 대통령령으로 정하는 업무는 사용자가 근로자대표와 서면 합의로 정한 시간을 근로한 것으로 본다. 이 경우 그 서면 합의에는 다음의 사항을 명시하여야 한다(법 제58조 제3항).
  ㉠ 대상 업무
  ㉡ 사용자가 업무의 수행 수단 및 시간 배분 등에 관하여 근로자에게 구체적인 지시를 하지 아니한다는 내용
  ㉢ 근로시간의 산정은 그 서면 합의로 정하는 바에 따른다는 내용
④ 재량근로의 대상업무(영 제31조)
  ㉠ 신상품 또는 신기술의 연구개발이나 인문사회과학 또는 자연과학분야의 연구 업무
  ㉡ 정보처리시스템의 설계 또는 분석 업무
  ㉢ 신문, 방송 또는 출판 사업에서의 기사의 취재, 편성 또는 편집 업무
  ㉣ 의복·실내장식·공업제품·광고 등의 디자인 또는 고안 업무
  ㉤ 방송 프로그램·영화 등의 제작 사업에서의 프로듀서나 감독 업무
  ㉥ 그 밖에 고용노동부장관이 정하는 업무

(4) 근로시간규정 등의 적용제외 사업

① 의의
  농업, 산업 등에 종사하는 근로자와 감시 또는 단속적 근로에 종사하는 사람에 대하여 8시간 근로제, 휴계와 주휴일 등에 관한 규정을 제외함
② 적용 제외(법 제63조)
  ㉠ 토지의 경작·개간, 식물의 식재(植栽)·재배·채취 사업, 그 밖의 농림 사업
  ㉡ 동물의 사육, 수산 동식물의 채취·포획·양식 사업, 그 밖의 축산, 양잠, 수산 사업
  ㉢ 감시(監視) 또는 단속적(斷續的)으로 근로에 종사하는 사람으로서 사용자가 고용노동부장관의 승인을 받은 사람
  ㉣ 사업의 종류에 관계없이 관리·감독 업무 또는 기밀을 취급하는 업무에 종사하는 근로자(영 제34조)
③ 적용이 제외되는 규정
  근로시간(법 제50조), 연장근로의 제한(법 제53조), 휴계시간(법 제54조), 주휴일(법 제55조), 근로시간 및 휴계시간의 특례(법 제59조), 연장근로와 휴일근로에 대한 가산금(법 제45조), 연소자의 근로시간(제69조), 여성근로자의 근로시간에 대한 제한(법 제71조)

법 제51조 제3항

15세 이상 18세 미만의 근로자와 임신 중인 여성 근로자에 대하여는 적용하지 아니한다.

2. 신축적(유연적) 근로시간제

(1) 3개월 이내의 탄력적 근로시간제

① 2주 이내의 탄력적 근로시간제

사용자는 취업규칙(취업규칙에 준하는 것을 포함한다)에서 정하는 바에 따라 2주 이내의 일정한 단위기간을 평균하여 1주 간의 근로시간이 법정 근로시간을 초과하지 아니하는 범위에서 특정한 주에 법정 근로시간을, 특정한 날에 법정 근로시간을 초과하여 근로하게 할 수 있다. 다만, 특정한 주의 근로시간은 48시간을 초과할 수 없다(법 제51조 제1항).

② 3개월 이내의 탄력적 근로시간제

사용자는 근로자대표와의 서면 합의에 따라 다음의 사항을 정하면 3개월 이내의 단위기간을 평균하여 1주 간의 근로시간이 법정 근로시간을 초과하지 아니하는 범위에서 특정한 주에 법정 근로시간을, 특정한 날에 법정 근로시간을 초과하여 근로하게 할 수 있다. 다만, 특정한 주의 근로시간은 52시간을, 특정한 날의 근로시간은 12시간을 초과할 수 없다(법 제51조 제2항).

㉠ 대상 근로자의 범위
㉡ 단위기간(3개월 이내의 일정한 기간으로 정하여야 한다)
㉢ 단위기간의 근로일과 그 근로일별 근로시간
㉣ 서면 합의의 유효기간(영 제28조 제1항)

③ 임금보전방안

사용자는 근로자를 근로시킬 경우에는 기존의 임금 수준이 낮아지지 아니하도록 임금보전방안(賃金補塡方案)을 강구하여야 한다(법 제51조 제4항).

(2) 3개월을 초과하는 탄력적 근로시간제

① 사용자는 근로자대표와의 서면 합의에 따라 다음의 사항을 정하면 3개월을 초과하고 6개월 이내의 단위기간을 평균하여 1주간의 근로시간이 법정 근로시간을 초과하지 아니하는 범위에서 특정한 주에 법정 근로시간을, 특정한 날에 법정 근로시간을 초과하여 근로하게 할 수 있다. 다만, 특정한 주의 근로시간은 52시간을, 특정한 날의 근로시간은 12시간을 초과할 수 없다(법 제51조의2 제1항).

㉠ 대상 근로자의 범위
㉡ 단위기간(3개월을 초과하고 6개월 이내의 일정한 기간으로 정하여야 한다)
㉢ 단위기간의 주별 근로시간
㉣ 그 밖에 대통령령으로 정하는 사항

② 근로자 대표와의 서면 합의

사용자는 근로자를 근로시킬 경우에는 근로일 종료 후 다음 근로일 개시 전까지 근로자에게 연속하여 11시간 이상의 휴식 시간을 주어야 한다. 다만, 천재지변 등 대통령령으로 정하는 불가피한 경우에는 근로자대표와의 서면 합의가 있으면 이에 따른다(법 제51조의2 제2항).

SEMI-NOTE

근로기준법상 근로자대표와의 서면합의가 필요한 경우

- 3개월 이내의 탄력적 근로시간제(법 제51조 제2항)
- 3개월을 초과하는 탄력적 근로시간제(법 제51조의2 제2항)
- 선택적 근로시간제(법 제52조)
- 유급주 휴일의 대체(법 제55조 제2항)
- 보상 휴가제(법 제57조)
- 간주시간제에서 근로시간의 특례(법 제58조 제2항, 제3항)
- 근로시간 및 휴게시간의 특례(법 제59조)
- 유급휴가의 대체(법 제62조)

③ 근로일별 근로시간 통보
  사용자는 각 주의 근로일이 시작되기 2주 전까지 근로자에게 해당 주의 근로일별 근로시간을 통보하여야 한다(법 제51조의2 제3항).
④ 근로일별 근로시간 변경
  사용자는 근로자대표와의 서면 합의 당시에는 예측하지 못한 천재지변, 기계 고장, 업무량 급증 등 불가피한 사유가 발생한 때에는 단위기간 내에서 평균하여 1주간의 근로시간이 유지되는 범위에서 근로자대표와의 협의를 거쳐 변경할 수 있다. 이 경우 해당 근로자에게 변경된 근로일이 개시되기 전에 변경된 근로일별 근로시간을 통보하여야 한다(법 제51조의2 제4항).
⑤ 임금보전방안 신고
  사용자는 근로자를 근로시킬 경우에는 기존의 임금 수준이 낮아지지 아니하도록 임금항목을 조정 또는 신설하거나 가산임금 지급 등의 임금보전방안(賃金補塡方案)을 마련하여 고용노동부장관에게 신고하여야 한다. 다만, 근로자대표와의 서면합의로 임금보전방안을 마련한 경우에는 그러하지 아니하다(법 제51조의2 제5항).
⑥ 적용제외
  15세 이상 18세 미만의 근로자와 임신 중인 여성 근로자에 대하여는 적용하지 아니한다(법 제51조의2 제6항).

3. 선택적 근로시간제

(1) 적용범위

사용자는 취업규칙에 따라 업무의 시작 및 종료 시각을 근로자의 결정에 맡기기로 한 근로자에 대하여 근로자대표와의 서면 합의에 따라 다음의 사항을 정하면 1개월(신상품 또는 신기술의 연구개발 업무의 경우에는 3개월로 한다) 이내의 정산기간을 평균하여 1주간의 근로시간이 법정 근로시간을 초과하지 아니하는 범위에서 1주간에 법정 근로시간을, 1일에 법정의 근로시간을 초과하여 근로하게 할 수 있다(법 제52조 제1항).
① 대상 근로자의 범위(15세 이상 18세 미만의 근로자는 제외한다)
② 정산기간
③ 정산기간의 총 근로시간
④ 반드시 근로하여야 할 시간대를 정하는 경우에는 그 시작 및 종료 시각
⑤ 근로자가 그의 결정에 따라 근로할 수 있는 시간대를 정하는 경우에는 그 시작 및 종료 시각
⑥ 표준근로시간(유급휴가 등의 계산 기준으로 사용자와 근로자대표가 합의하여 정한 1일의 근로시간)

> **SEMI-NOTE**
>
> 선택적 근로시간제
> 취업규칙에서 정하는 바에 따라 시작 및 종료의 시각을 근로자의 결정에 맡기기로 한 근로시간제

(2) 1개월을 초과하는 정산기간을 정하는 경우의 조치

사용자는 1개월을 초과하는 정산기간을 정하는 경우에는 다음의 조치를 하여야 한다(법 제52조 제2항).
① 근로일 종료 후 다음 근로일 시작 전까지 근로자에게 연속하여 11시간 이상의 휴식 시간을 줄 것. 다만, 천재지변 등 대통령령으로 정하는 불가피한 경우에는 근로자대표와의 서면 합의가 있으면 이에 따른다.
② 매 1개월마다 평균하여 1주간의 근로시간이 법정 근로시간을 초과한 시간에 대해서는 통상임금의 100분의 50 이상을 가산하여 근로자에게 지급할 것. 이 경우 연장근로의 규정은 적용하지 아니한다.

4. 연장근로(시간외근로)

(1) 개설

① 원칙
당사자 간에 합의하면 1주 간에 12시간을 한도로 근로시간을 연장할 수 있다(법 제53조 제1항). 8시간 근로제에 따른 기준근로시간을 정하면서 아울러 그 예외의 하나로 당사자 간의 합의에 의한 연장근로(시간외근로)를 허용하고 있는바, 여기서 당사자 간의 합의라 함은 원칙적으로 사용자와 근로자와의 개별적 합의를 의미한다 할 것이고, 이와 같은 개별 근로자와의 연장근로에 관한 합의는 연장근로를 할 때마다 그때 그때 할 필요는 없고 근로계약 등으로 미리 이를 약정하는 것도 가능하다(대판 94다19228).

② 합의방법과 시기
8시간 근로제에 따른 기준근로시간을 규정하면서 아울러 8시간 근로제에 대한 예외의 하나로 당사자의 합의에 의한 연장근로를 허용하고 있는바, 여기서 당사자간의 합의라 함은 원칙적으로 사용자와 근로자와의 개별적 합의를 의미하고, 개별근로자의 연장근로에 관한 합의권을 박탈하거나 제한하지 아니하는 범위에서는 단체협약에 의한 합의도 가능하다(대판 93누5796).

(2) 연장의 범위

① 1주 연장근로의 범위
당사자 간에 합의하면 1주 간에 12시간을 한도로 근로시간을 연장할 수 있고, 정산기간을 평균하여 1주 간에 12시간을 초과하지 아니하는 범위에서 근로시간을 연장할 수 있다(법 제53조 제2항).

② 1일 연장근로자의 범위
㉠ 일반근로자 : 12시간 이내
㉡ 임부 : 사용자는 임신 중의 여성 근로자에게 시간외근로를 하게 하여서는 아니 되며, 그 근로자의 요구가 있는 경우에는 쉬운 종류의 근로로 전환하여야 한다(법 제74조 제5항).

SEMI-NOTE

관련 판례
근로기준법상의 근로시간은 근로자가 사용자의 지휘·감독 아래 근로계약상의 근로를 제공하는 시간을 말하는바, 근로자가 작업시간의 도중에 현실로 작업에 종사하지 않은 대기시간이나 휴식·수면시간 등이라 하더라도 그것이 휴게시간으로서 근로자에게 자유로운 이용이 보장된 것이 아니고 실질적으로 사용자의 지휘·감독 아래 놓여 있는 시간이라면 이는 근로시간에 포함된다(대판 2006다41990).

추가 연장근로
추가 연장근로에 대하여 15세 이상 18세 미만의 근로자에 대하여는 적용하지 아니한다(법 제53조 제6항).

SEMI-NOTE

   © 산후 1년이 지나지 아니한 여성 : 사용자는 산후 1년이 지나지 아니한 여성에 대하여는 단체협약이 있는 경우라도 1일에 2시간, 1주에 6시간, 1년에 150시간을 초과하는 시간외근로를 시키지 못한다(법 제71조).
   ② 연소자 : 15세 이상 18세 미만인 사람의 근로시간은 1일에 7시간, 1주 35시간을 초과하지 못한다. 다만, 당사자 사이의 합의에 따라 1일에 1시간, 1주에 5시간을 한도로 연장할 수 있다(법 제69조).
  ③ 추가 연장근로
   상시 30명 미만의 근로자를 사용하는 사용자는 근로자대표와 서면으로 합의한 경우 연장된 근로시간에 더하여 1주 간에 8시간을 초과하지 아니하는 범위에서 근로시간을 연장할 수 있다(법 제53조 제3항).

(3) 신축적 근로시간제에서의 연장근로

 ① 탄력적 근로시간제
  탄력적 근로시간제에서는 평균하여 주 근로시간이 40시간을 초과하면 연장근로가 됨
 ② 선택적 근로시간제
  선택적 근로시간제에서는 정산기간을 평균하여 1주 12시간을 초과하지 않는 범위에서 정산기간을 평균한 40시간을 초과하여 근로하는 경우가 연장근로가 됨

(4) 특별연장근로와 특례사업에서의 연장근로

 ① 특별한 사정에 의한 연장근로
  ⊙ 의의 : 사용자는 특별한 사정이 있으면 고용노동부장관의 인가와 근로자의 동의를 받아 근로시간을 연장할 수 있다. 다만, 사태가 급박하여 고용노동부장관의 인가를 받을 시간이 없는 경우에는 사후에 지체 없이 승인을 받아야 한다(법 제53조 제4항).
  © 대휴 명령 : 고용노동부장관은 근로시간의 연장이 부적당하다고 인정하면 그 후 연장시간에 상당하는 휴게시간이나 휴일을 줄 것을 명할 수 있다(법 제53조 제5항).
  © 연장근로에 대한 조치 : 사용자는 연장 근로를 하는 근로자의 건강 보호를 위하여 건강검진 실시 또는 휴식시간 부여 등 고용노동부장관이 정하는 바에 따라 적절한 조치를 하여야 한다(법 제53조 제7항).
 ② 특례사업에서의 연장근로
  통계청장이 고시하는 산업에 관한 표준의 중분류 또는 소분류 중 다음의 어느 하나에 해당하는 사업에 대하여 사용자가 근로자대표와 서면으로 합의한 경우에는 주(週) 12시간을 초과하여 연장근로를 하게 하거나 휴게시간을 변경할 수 있다(법 제59조 제1항).
  ⊙ 육상운송 및 파이프라인 운송업. 다만, 노선(路線) 여객자동차운송사업은 제외한다.
  © 수상운송업

    ⓒ 항공운송업
    ② 기타 운송관련 서비스업
    ⑩ 보건업

(5) 연소근로자 및 여성 근로자의 근로시간 보호

① 연소근로자의 근로시간 보호
  ⊙ 15세 이상 18세 미만인 사람의 근로 시간은 1일에 7시간, 1주에 35시간을 초과하지 못한다. 다만, 당사자 사이의 합의에 따라 1일에 1시간, 1주에 5시간을 한도로 연장할 수 있다(법 제69조).
  ⓒ 5세 이상 18세 미만의 근로자와 임신 중인 여성 근로자에 대하여는 적용하지 아니한다(법 제51조 제3항).

② 여성 근로자의 근로시간 보호
  ⊙ 임신 중의 여성 근로자 : 사용자는 임신 중의 여성 근로자에게 시간외근로를 하게 하여서는 아니 되며, 그 근로자의 요구가 있는 경우에는 쉬운 종류의 근로로 전환하여야 한다(법 제74조 제5항).
  ⓒ 산후 1년이 지나지 아니한 여성 : 사용자는 산후 1년이 지나지 아니한 여성에 대하여는 단체협약이 있는 경우라도 1일에 2시간, 1주에 6시간, 1년에 150시간을 초과하는 시간외근로를 시키지 못한다(법 제71조).
  ⓒ 여성 근로자의 야간근로와 휴일근로의 제한(법 제70조)
    • 사용자는 18세 이상의 여성을 오후 10시부터 오전 6시까지의 시간 및 휴일에 근로시키려면 그 근로자의 동의를 받아야 한다.
    • 사용자는 임산부와 18세 미만자를 오후 10시부터 오전 6시까지의 시간 및 휴일에 근로시키지 못한다. 다만, 다음의 어느 하나에 해당하는 경우로서 고용노동부장관의 인가를 받으면 그러하지 아니하다.
      – 18세 미만자의 동의가 있는 경우
      – 산후 1년이 지나지 아니한 여성의 동의가 있는 경우
      – 임신 중의 여성이 명시적으로 청구하는 경우
    • 사용자는 고용노동부장관의 인가를 받기 전에 근로자의 건강 및 모성 보호를 위하여 그 시행 여부와 방법 등에 관하여 그 사업 또는 사업장의 근로자대표와 성실하게 협의하여야 한다.

5. 시간외근로와 가산임금

(1) 관련 개념

① 시간외근로
  근로기준법에 규정된 기준근로시간 이외의 근로시간
② 야간근로
  오후 10시부터 오전 6시까지의 근로를 말한다(법 제70조 제2항).

SEMI-NOTE

관련 판례

사용자는 근로계약을 체결함에 있어서 근로자에 대하여 기본임금을 결정하고 이를 기초로 제 수당을 가산하여 이를 합산 지급함이 원칙이라 할 것이나 근로시간, 근로형태와 업무의 성질 등을 참작하여 계산의 편의와 직원의 근무의욕을 고취하는 뜻에서 기본임금을 미리 산정하지 아니한 채 제 수당을 합한 금액을 월 급여액이나 일당임금으로 정하거나 매월 일정액을 제 수당으로 지급하는 내용의 이른바 포괄임금제에 의한 임금지급계약을 체결한 경우에 그것이 근로자에게 불이익이 없고 제반 사정에 비추어 정당하다고 인정될 때에는 이를 무효라고 할 수 없다(대판 96다24699).

③ 휴일근로

　법정 휴일, 주휴일, 단체협약이나 취업규칙에 의하여 정하여진 휴일

④ 합의 연장근로

　사용자와 근로자가 합의하여 법정근로시간을 초과하여 근로하는 것

⑤ 인가 연장근로

　사용자가 고용노동부장관의 인가를 받아 근로시간을 연장하는 것

(2) 가산임금

① 연장근로 임금

　사용자는 연장근로에 대하여는 통상임금의 100분의 50 이상을 가산하여 근로자에게 지급하여야 한다(법 제56조 제1항).

> **관련 판례** 휴일근로의 범위
>
> 휴일근로수당으로 통상임금의 100분의 50 이상을 가산하여 지급하여야 하는 휴일근로에는 주휴일 근로뿐만 아니라 단체협약이나 취업규칙 등에 의하여 휴일로 정하여진 날의 근로도 포함된다. 그리고 휴일로 정하였는지는 단체협약이나 취업규칙 등에 있는 휴일 관련 규정의 문언과 그러한 규정을 두게 된 경위, 해당 사업장과 동종 업계의 근로시간에 관한 규율 체계와 관행, 근로제공이 이루어진 경우 실제로 지급된 임금의 명목과 지급금액, 지급액의 산정 방식 등을 종합적으로 고려하여 판단하여야 한다(대판 2016다3386).

> **관련 판례** 휴게시간의 판단
>
> 근로계약에서 정한 휴식시간이나 수면시간이 근로시간에 속하는지 휴게시간에 속하는지는 특정 업종이나 업무의 종류에 따라 일률적으로 판단할 것이 아니다. 이는 근로계약의 내용이나 해당 사업장에 적용되는 취업규칙과 단체협약의 규정, 근로자가 제공하는 업무의 내용과 해당 사업장에서의 구체적 업무 방식, 휴게 중인 근로자에 대한 사용자의 간섭이나 감독 여부, 자유롭게 이용할 수 있는 휴게 장소의 구비 여부, 그 밖에 근로자의 실질적 휴식을 방해하거나 사용자의 지휘·감독을 인정할 만한 사정이 있는지와 그 정도 등 여러 사정을 종합하여 개별 사안에 따라 구체적으로 판단하여야 한다(대판 2017다53210, 53227, 53234).

② 휴일근로 임금

　사용자는 휴일근로에 대하여는 다음의 기준에 따른 금액 이상을 가산하여 근로자에게 지급하여야 한다(법 제56조 제2항).

　㉠ 8시간 이내의 휴일근로 : 통상임금의 100분의 50

　㉡ 8시간을 초과한 휴일근로 : 통상임금의 100분의 100

③ 야간근로 임금

　사용자는 야간근로(오후 10시부터 다음 날 오전 6시 사이의 근로를 말한다)에 대하여는 통상임금의 100분의 50 이상을 가산하여 근로자에게 지급하여야 한다(법 제56조 제3항).

관련 판례 연장근로

연장근로에 대하여 통상임금의 50% 이상을 가산하여 지급하도록 한 근로기준법 규정은 연장근로에 대한 임금 산정의 최저기준을 정한 것이므로, 연장근로에 대한 가산임금 산정방식에 관하여 노사 간에 합의한 경우 노사합의에 따라 계산한 금액이 근로기준법에서 정한 기준에 미치지 못할 때에는 그 부분만큼 노사합의는 무효이고, 무효로 된 부분은 근로기준법이 정하는 기준에 따라야 한다(대판 2017다239984).

관련 판례 초과근무 수당

일반적인 숙·일직 근무가 주로 정기적 순찰, 전화와 문서의 수수, 기타 비상사태 발생 등에 대비한 시설 내 대기 등 업무를 내용으로 하고 있는 것과 달리, 숙·일직 시 행한 업무의 내용이 본래의 업무가 연장된 경우이거나 그 내용과 질이 통상의 근로와 마찬가지로 평가되는 경우라면, 그러한 초과근무에 대하여는 야간·연장·휴일근로수당 등을 지급하여야 한다(대판 2015다213568).

④ 보상휴가제

사용자는 근로자대표와의 서면 합의에 따라 연장근로·야간근로 및 휴일근로 등에 대하여 임금을 지급하는 것을 갈음하여 휴가를 줄 수 있다(법 제57조).

관련 판례 보상휴가제

"사용자는 근로자대표와의 서면합의에 의하여 제57조의 규정에 의한 월차유급휴가일 또는 제59조의 규정에 의한 연차유급휴가일에 갈음하여 특정 근로일에 근로자를 휴무시킬 수 있다."고 규정하고 있는데, 위 법률 규정의 입법 취지에 비추어 볼 때 연월차유급휴가를 토요일 휴무로 대체하기 위해서는 반드시 근로자대표의 서면합의를 통해서만 가능하다(대판 2011다23149).

6. 휴게, 휴일, 휴가

(1) 휴게

① 휴게의 의의
  근로자의 누적되는 피로방지, 심신보호, 질병예방 등의 목적으로 실시

② 휴게시간
  사용자는 근로시간이 4시간인 경우에는 30분 이상, 8시간인 경우에는 1시간 이상의 휴게시간을 근로시간 도중에 주어야 한다(법 제54조 제1항).

관련 판례 근로시간의 판단

근로시간이란 근로자가 사용자의 지휘·감독을 받으면서 근로계약에 따른 근로를 제공하는 시간을 말하고, 휴게시간이란 근로시간 도중에 사용자의 지휘·감독으로부터 해방되어 근로자가

SEMI-NOTE

관련 판례

지방공무원법 등 상위 법령의 위임을 받은 조례 또는 단체협약 등에서 특정된 휴일을 근로일로 하고 대신 통상의 근로일을 휴일로 교체할 수 있도록 하는 규정을 두거나 그렇지 않더라도 근로자의 동의를 얻은 경우, 미리 근로자에게 교체할 휴일을 특정하여 고지하면 달리 보아야 할 사정이 없는 한 이는 적법한 휴일대체가 되어, 원래의 휴일은 통상의 근로일이 되고 그 날의 근로는 휴일근로가 아닌 통상근로가 되므로 사용자는 근로자에게 휴일근로수당을 지급할 의무를 지지 않는다(대판 99다7367).

자유로이 이용할 수 있는 시간을 말한다. 따라서 근로자가 작업시간 도중에 실제로 작업에 종사하지 않은 대기시간이나 휴식·수면시간이라 하더라도 근로자에게 자유로운 이용이 보장된 것이 아니라 실질적으로 사용자의 지휘·감독을 받고 있는 시간이라면 근로시간에 포함된다고 보아야 한다. 근로계약에서 정한 휴식시간이나 수면시간이 근로시간에 속하는지 휴게시간에 속하는지는 특정 업종이나 업무의 종류에 따라 일률적으로 판단할 것이 아니다. 이는 근로계약의 내용이나 해당 사업장에 적용되는 취업규칙과 단체협약의 규정, 근로자가 제공하는 업무의 내용과 해당 사업장에서의 구체적 업무 방식, 휴게 중인 근로자에 대한 사용자의 간섭이나 감독 여부, 자유롭게 이용할 수 있는 휴게 장소의 구비 여부, 그 밖에 근로자의 실질적 휴식을 방해하거나 사용자의 지휘·감독을 인정할 만한 사정이 있는지와 그 정도 등 여러 사정을 종합하여 개별 사안에 따라 구체적으로 판단하여야 한다(대판 2017다53210, 53227, 53234).

③ 휴게시간의 이용

휴게시간은 근로자가 자유롭게 이용할 수 있다(법 제54조 제2항).

관련 판례 휴게시간의 이용

단체협약에 유인물의 배포에 허가제를 채택하고 있다고 할지라도 노동조합의 업무를 위한 정당한 행위까지 금지시킬 수는 없는 것이므로 위 "나"항의 유인물 배포행위가 정당한가 아닌가는 허가가 있었는지 여부만 가지고 판단할 것은 아니고, 그 유인물의 내용이나 배포방법 등 제반사정을 고려하여 판단되어져야 할 것이고, 취업시간 아닌 주간의 휴게시간 중의 배포는 다른 근로자의 취업에 나쁜 영향을 미치거나 휴게시간의 자유로운 이용을 방해하거나 구체적으로 직장질서를 문란하게 하는 것이 아닌 한 허가를 얻지 아니하였다는 이유만으로 정당성을 잃는다고 할 수 없다(대판 91누4164).

④ 휴게시간의 특례

육상운송 및 파이프라인 운송업, 수상운송업, 항공운송업, 기타 운송관련 서비스업, 보건업 등의 사업에 대하여 사용자가 근로자대표와 서면으로 합의한 경우에는 주(週) 12시간을 초과하여 연장근로를 하게 하거나 휴게시간을 변경할 수 있다(법 제59조 제1항).

(2) 휴일 ★빈출개념

① 휴일의 의의

근로자가 사용자의 지휘·명령으로부터 완전히 벗어나 근로를 제공하지 아니하는 날

② 주휴일

㉠ 원칙 : 사용자는 근로자에게 1주에 평균 1회 이상의 유급휴일을 보장하여야 한다(법 제55조 제1항).

㉡ 적용 제외

- 4주 동안(4주 미만으로 근로하는 경우에는 그 기간)을 평균하여 1주 동안의 소정근로시간이 15시간 미만인 근로자에 대하여는 적용하지 아니한다(법 제18조 제2항).
- 농림, 수산업, 감시(監視) 또는 단속적으로 근로에 종사하는 자는 제외한다 (법 제63조).

SEMI-NOTE

관련 판례

"사용자는 근로자에 대하여 1주일에 평균 1회 이상의 유급휴일을 주어야 한다"는 근로기준법 제55조는 매일 연속적으로 근로를 제공하는 경우에 한하지 않고, 2일 근무 1일 휴무(비번)를 되풀이하는 이른바 교대제 근무에도 적용된다(대판 90다카11636).

법 제63조

근로시간, 휴게와 휴일에 관한 규정은 농업, 수산업, 감시(監視) 또는 단속적(斷續的)으로 근로에 종사하는 사람에게는 적용을 제외한다.

ⓒ 부여요건 : 유급휴일은 1주 동안의 소정근로일을 개근한 자에게 주어야 한다(영 제30조 제1항).
ⓔ 유급으로 보장 : 사용자는 근로자에게 대통령령으로 정하는 휴일을 유급으로 보장하여야 한다. 다만, 근로자대표와 서면으로 합의한 경우 특정한 근로일로 대체할 수 있다(법 제55조 제2항).
ⓕ 부여방법 : 원칙적으로 오전 0시부터 오후 12시까지의 역일을 의미하고 교대작업의 경우는 2일간에 걸쳐 계속 24시간의 휴식을 보장하여야 한다.

③ 휴일의 유형
  ㉠ 법정휴일 : 법률의 규정에 의하여 반드시 의무적으로 부여하는 날로서 유급으로 함
  ㉡ 약정휴일 : 단체협약이나 취업규칙 등으로 노사가 임의의 결정으로 함

④ 휴일근로와 임금
사용자는 휴일근로에 대하여는 다음의 기준에 따른 금액 이상을 가산하여 근로자에게 지급하여야 한다(법 제56조 제2항).
  ㉠ 8시간 이내의 휴일근로 : 통상임금의 100분의 50
  ㉡ 8시간을 초과한 휴일근로 : 통상임금의 100분의 100

> **관련 판례** 유급휴일에 대한 임금
>
> 근로자에 대한 임금을 월급으로 지급할 경우 그 월급에는 유급휴일에 대한 임금도 포함된다고 할 것이고, 그와 같은 유급휴일에 대한 임금은 원래 소정 근로일수를 개근한 근로자에 대하여만 지급되는 것으로서 정기적, 일률적으로 지급되는 고정적인 임금이라고 할 수 없어 통상임금에는 해당되지 않는다고 할 것이어서 통상임금을 산정함에 있어서는 매월 지급받는 월 기본급과 고정수당을 합산한 월급에서 이와 같은 유급휴일에 대한 임금을 공제하여야 한다(대판 97다28421).

⑤ 휴일근로의 제한(법 제70조)
  ㉠ 사용자는 18세 이상의 여성을 오후 10시부터 오전 6시까지의 시간 및 휴일에 근로시키려면 그 근로자의 동의를 받아야 한다.
  ㉡ 사용자는 임산부와 18세 미만자를 오후 10시부터 오전 6시까지의 시간 및 휴일에 근로시키지 못한다. 다만, 다음의 어느 하나에 해당하는 경우로서 고용노동부장관의 인가를 받으면 그러하지 아니하다.
    • 18세 미만자의 동의가 있는 경우
    • 산후 1년이 지나지 아니한 여성의 동의가 있는 경우
    • 임신 중의 여성이 명시적으로 청구하는 경우
  ㉢ 사용자는 고용노동부장관의 인가를 받기 전에 근로자의 건강 및 모성 보호를 위하여 그 시행 여부와 방법 등에 관하여 그 사업 또는 사업장의 근로자대표와 성실하게 협의하여야 한다.

SEMI-NOTE

공휴일
관공서의 공휴일은 다음과 같다. 다만, 재외공관의 공휴일은 우리나라의 국경일 중 공휴일과 주재국의 공휴일로 한다(관공서의 공휴일에 관한 규정 제2조).
1. 일요일
2. 국경일 중 3·1절, 광복절, 개천절 및 한글날
3. 1월 1일
4. 설날 전날, 설날, 설날 다음날(음력 12월 말일, 1월 1일, 2일)
5. 삭제 〈2005. 6. 30.〉
6. 부처님오신날(음력 4월 8일)
7. 5월 5일(어린이날)
8. 6월 6일(현충일)
9. 추석 전날, 추석, 추석 다음날 (음력 8월 14일, 15일, 16일)
10. 12월 25일(기독탄신일)
10의2. 임기만료에 의한 선거의 선거일
11. 기타 정부에서 수시 지정하는 날

7. 연차 유급휴가

(1) 연차 유급휴가 ★빈출개념

① 법적 성질

연차휴가를 사용할 권리 혹은 연차휴가수당 청구권은 근로자가 전년도에 출근율을 충족하면서 근로를 제공하면 당연히 발생하는 것으로서, 연차휴가를 사용할 해당 연도가 아니라 그 전년도 1년간의 근로에 대한 대가에 해당한다(대판 2014다232296, 232302).

② 연차 유급휴가(법 제60조)
  ㉠ 사용자는 1년간 80퍼센트 이상 출근한 근로자에게 15일의 유급휴가를 주어야 한다.
  ㉡ 사용자는 계속하여 근로한 기간이 1년 미만인 근로자 또는 1년간 80퍼센트 미만 출근한 근로자에게 1개월 개근 시 1일의 유급휴가를 주어야 한다.
  ㉢ 사용자는 3년 이상 계속하여 근로한 근로자에게는 휴가에 최초 1년을 초과하는 계속 근로 연수 매 2년에 대하여 1일을 가산한 유급휴가를 주어야 한다. 이 경우 가산휴가를 포함한 총 휴가 일수는 25일을 한도로 한다.

> **관련 판례** 연차 유급휴가
>
> 연차유급휴가에 관하여 '사용자는 1년간 8할 이상 출근한 근로자에게 15일의 유급휴가를 주어야 한다'고 규정하고 있는데, 이는 근로자에게 일정 기간 근로의무를 면제함으로써 정신적·육체적 휴양의 기회를 제공하고 문화적 생활의 향상을 기하려는 데 취지가 있다. 이러한 연차유급휴가는 근로자가 사용자에게 근로를 제공하는 관계에 있다는 사정만으로 당연히 보장받을 수 있는 것이 아니라, 1년간 8할 이상 출근하였을 때 비로소 부여받을 수 있는 것이므로 다른 특별한 정함이 없는 이상 이는 1년간의 근로에 대한 대가라고 볼 수 있고, 근로자가 연차유급휴가를 사용하지 못하게 됨에 따라 사용자에게 청구할 수 있는 연차휴가수당은 임금이라고 할 것이다(대판 2011다4629).

> **관련 판례** 연차 유급휴가와 통상임금
>
> 근로기준법이 연장·야간·휴일 근로에 대한 가산임금, 해고예고수당, 연차휴가수당 등의 산정 기준 및 평균임금의 최저한으로 규정하고 있는 통상임금은 근로자가 소정근로시간에 통상적으로 제공하는 근로인 소정근로(도급근로자의 경우에는 총 근로)의 대가로 지급하기로 약정한 금품으로서 정기적·일률적·고정적으로 지급되는 임금을 말한다. 1개월을 초과하는 기간마다 지급되는 임금도 그것이 정기적·일률적·고정적으로 지급되는 것이면 통상임금에 포함될 수 있다(대판 2012다94643).

(2) 성립요건

① 1년간 계속 근로

1년간의 기산일은 근로자의 채용일로 보며, 계속 근로는 당해 사업장에서 종업원으로 계속 재직하는 것

SEMI-NOTE

연차 유급휴가

연차휴가는 근로자에게 일정기간 근로의무를 면제하여 정신적으로나 육체적으로 휴양의 기회를 제공하고 문화적 생활의 향상을 기하려는데 목적이 있음

연차유급휴가의 발생시기

근로기준법 제60조 제1항이 규정한 유급 연차휴가는 1년간 80% 이상 출근한 근로자에게 부여되는 것으로, 근로자가 연차휴가에 관한 권리를 취득한 후 1년 이내에 연차휴가를 사용하지 아니하거나 1년이 지나기 전에 퇴직하는 등의 사유로 인하여 더 이상 연차휴가를 사용하지 못하게 될 경우에는 사용자에게 연차휴가일수에 상응하는 임금인 연차휴가수당을 청구할 수 있다. 다만 연차휴가를 사용할 권리는 다른 특별한 정함이 없는 한 전년도 1년간의 근로를 마친 다음 날 발생한다고 보아야 하므로, 그 전에 퇴직 등으로 근로관계가 종료한 경우에는 연차휴가를 사용할 권리에 대한 보상으로서의 연차휴가수당도 청구할 수 없다(대판 2016다48297).

② 80% 이상 출근
   휴일을 제외한 소정근로일수의 80% 이상을 출근하여야 함
③ 출근한 것으로 간주되는 시간(법 제60조 제6항)
   ㉠ 근로자가 업무상의 부상 또는 질병으로 휴업한 기간
   ㉡ 임신 중의 여성이 휴가로 휴업한 기간
   ㉢ 육아휴직으로 휴업한 기간
④ 1년 미만인 근로자의 1개월 개근 시
   단기 계약직 근로자에 대하여 계속 근로기간이 1년 미만이더라도 1개월당 1일의 휴가를 비례적으로 보장하여 1일의 유급휴가를 주도록 함

(3) 연차 유급휴가의 종류

① 기본휴가
   1년간 80% 이상 출근한 근로자에게 15일의 유급휴가를 주어야 함
② 가산휴가
   사용자는 3년 이상 계속하여 근로한 근로자에게는 휴가에 최초 1년을 초과하는 계속 근로 연수 매 2년에 대하여 1일을 가산한 유급휴가를 주어야 한다. 이 경우 가산휴가를 포함한 총 휴가 일수는 25일을 한도로 한다(법 제60조 제4항).

(4) 행사시기

① 원칙(근로자의 시기지정권)
   사용자는 휴가를 근로자가 청구한 시기에 주어야 하고, 그 기간에 대하여는 취업규칙 등에서 정하는 통상임금 또는 평균임금을 지급하여야 한다(법 제60조 제5항 전단).
② 예외(사용자의 시기변경권)
   근로자가 청구한 시기에 휴가를 주는 것이 사업 운영에 막대한 지장이 있는 경우에는 그 시기를 변경할 수 있다(법 제60조 제5항 단서).
③ 사용용도
   연차휴가는 근로자가 자유롭게 결정할 수 있고, 분할하여 사용 가능

관련 판례 유급휴일의 조건

근로기준법상 휴일 및 유급휴일 제도를 규정한 규범적 목적에 비추어 보면, 근로의 제공 없이도 근로자에게 임금을 지급하도록 한 유급휴일의 특별규정이 적용되기 위해서는 평상적인 근로관계, 즉 근로자가 근로를 제공하여 왔고 또한 계속적인 근로제공이 예정되어 있는 상태가 당연히 전제되어 있다고 볼 것이다. 그러므로 근로자는 휴직기간 중 또는 그와 동일하게 근로제공의무 등의 주된 권리·의무가 정지되어 근로자의 임금청구권이 발생하지 아니하는 파업기간 중에는 그 기간 중에 유급휴일이 포함되어 있다 하더라도 그 유급휴일에 대한 임금의 지급을 구할 수 없다(대판 2007다73277).

관련 판례

연·월차휴가권이 근로기준법상의 성립요건을 충족하는 경우에 당연히 발생하는 것이라고 하여도 이와 같이 발생한 휴가권을 구체화하려면 근로자가 자신에게 맡겨진 시기지정권(시기지정권)을 행사하여 어떤 휴가를 언제부터 언제까지 사용할 것인지에 관하여 특정하여야 할 것이고 근로자가 이와 같은 특정을 하지 아니한 채 시기지정을 하더라도 이는 적법한 시기지정이라고 할 수 없어 그 효력이 발생할 수 없다(대판 90다4930).

(5) 연차 유급휴가 청구권의 소멸과 임금청구권

① 연차 유급휴가 청구권의 소멸

휴가는 1년간(계속하여 근로한 기간이 1년 미만인 근로자의 유급휴가는 최초 1년의 근로가 끝날 때까지의 기간을 말한다) 행사하지 아니하면 소멸된다. 다만, 사용자의 귀책사유로 사용하지 못한 경우에는 그러하지 아니하다(법 제60조 제7항).

② 임금청구권

근로자가 연차휴가에 관한 권리를 취득한 후 1년 이내에 연차휴가를 사용하지 아니하거나 1년이 지나기 전에 퇴직하는 등의 사유로 인하여 더 이상 연차휴가를 사용하지 못하게 될 경우에 연차휴가일수에 상응하는 임금인 연차휴가수당을 청구할 수 있는데, 이러한 연차휴가수당 역시 취업규칙 등에 다른 정함이 없다면 마찬가지로 통상임금을 기초로 하여 산정할 수당으로 보는 것이 타당하다(대판 2018다239110).

③ 휴가수당의 지급일

지급하여야 하는 임금은 유급휴가를 주기 전이나 준 직후의 임금지급일에 지급하여야 한다(영 제33조).

(6) 연차 유급휴가의 사용 촉진(법 제61조)

① 사용자가 유급휴가(계속하여 근로한 기간이 1년 미만인 근로자의 유급휴가는 제외한다)의 사용을 촉진하기 위하여 다음의 조치를 하였음에도 불구하고 근로자가 휴가를 사용하지 아니하여 소멸된 경우에는 사용자는 그 사용하지 아니한 휴가에 대하여 보상할 의무가 없고, 사용자의 귀책사유에 해당하지 아니하는 것으로 본다.

㉠ 기간이 끝나기 6개월 전을 기준으로 10일 이내에 사용자가 근로자별로 사용하지 아니한 휴가 일수를 알려주고, 근로자가 그 사용 시기를 정하여 사용자에게 통보하도록 서면으로 촉구할 것

㉡ 근로자가 촉구를 받은 때부터 10일 이내에 사용하지 아니한 휴가의 전부 또는 일부의 사용 시기를 정하여 사용자에게 통보하지 아니하면 기간이 끝나기 2개월 전까지 사용자가 사용하지 아니한 휴가의 사용 시기를 정하여 근로자에게 서면으로 통보할 것

② 사용자가 계속하여 근로한 기간이 1년 미만인 근로자의 유급휴가의 사용을 촉진하기 위하여 다음의 조치를 하였음에도 불구하고 근로자가 휴가를 사용하지 아니하여 소멸된 경우에는 사용자는 그 사용하지 아니한 휴가에 대하여 보상할 의무가 없고, 사용자의 귀책사유에 해당하지 아니하는 것으로 본다.

㉠ 최초 1년의 근로기간이 끝나기 3개월 전을 기준으로 10일 이내에 사용자가 근로자별로 사용하지 아니한 휴가 일수를 알려주고, 근로자가 그 사용 시기를 정하여 사용자에게 통보하도록 서면으로 촉구할 것. 다만, 사용자가 서면 촉

SEMI-NOTE

연차 유급휴가

사용자가 연차휴가 사용을 적극적으로 권유했음에도 근로자가 휴가를 사용하지 않은 경우 사용자의 금전보상의무를 면제시켜 주는 제도

법 제110조 제1호

근로자에게 연차유급휴가를 주지 않은 경우, 사용자가 시기변경권을 행사하지 않고 휴가를 방해하거나 연차유급휴가를 인전하지 않은 경우 2년 이하의 징역 또는 2천만원 이하의 벌금에 처한다.

구한 후 발생한 휴가에 대해서는 최초 1년의 근로기간이 끝나기 1개월 전을 기준으로 5일 이내에 촉구하여야 한다.

ⓒ 근로자가 촉구를 받은 때부터 10일 이내에 사용하지 아니한 휴가의 전부 또는 일부의 사용 시기를 정하여 사용자에게 통보하지 아니하면 최초 1년의 근로기간이 끝나기 1개월 전까지 사용자가 사용하지 아니한 휴가의 사용 시기를 정하여 근로자에게 서면으로 통보할 것. 다만, 촉구한 휴가에 대해서는 최초 1년의 근로기간이 끝나기 10일 전까지 서면으로 통보하여야 한다.

(7) 유급휴가의 대체

사용자는 근로자대표와의 서면 합의에 따라 연차 유급휴가일을 갈음하여 특정한 근로일에 근로자를 휴무시킬 수 있다(법 제62조).

관련 판례 휴일의 대체휴일 지정

근로기준법상 휴일은 근로의무가 없는 날이므로 소정근로일이 아니다. 근로기준법 제62조는 "사용자는 근로자대표와의 서면 합의에 따라 제60조에 따른 연차 유급휴가일을 갈음하여 특정한 근로일에 근로자를 휴무시킬 수 있다."라고 규정하고 있다. 대체휴가일을 근로일로 한정한 이러한 규정 내용과 취지 및 휴일의 의의 등을 고려하면, 휴일을 대체휴가일로 정할 수는 없다(대판 2018다239110).

관련 판례 근로자 대표와 서면합의

"사용자는 근로자대표와의 서면합의에 의하여 월차유급휴가일 또는 연차유급휴가일에 갈음하여 특정 근로일에 근로자를 휴무시킬 수 있다."고 규정하고 있는데, 위 법률 규정의 입법 취지에 비추어 볼 때 연월차유급휴가를 토요일 휴무로 대체하기 위해서는 반드시 근로자대표의 서면합의를 통해서만 가능하다(대판 2011다23149).

06절 여성과 소년

1. 여성과 소년에 대한 공통된 보호

(1) 탄력적 근로시간제의 적용제외

① 3개월 이내의 탄력적 근로시간제

3개월 이내의 탄력적 근로시간제에 대하여 15세 이상 18세 미만의 근로자와 임신 중인 여성 근로자에 대하여는 적용하지 아니한다(법 제51조 제3항).

② 3개월을 초과하는 탄력적 근로시간제

3개월을 초과하는 탄력적 근로시간제에 대하여 15세 이상 18세 미만의 근로자와 임신 중인 여성 근로자에 대하여는 적용하지 아니한다(법 제51조의2 제6항).

SEMI-NOTE

여성과 소년의 보호
- 여성과 소년의 보호는 연소근로자와 여성근로자의 신체적·생리적인 특성을 감안하여 특별히 보호규정을 두고 있음
- **헌법** : 여자의 근로는 특별한 보호를 받으며, 고용·임금 및 근로조건에 있어서 부당한 차별을 받지 아니한다(헌법 제32조 제4항)고 하고, 연소자의 근로는 특별한 보호를 받는다(헌법 제32조 제5항).
- **근로기준법 제5장** : 헌법의 내용을 구체화하여 여성과 소년에 관한 내용을 규정

(2) 야간근로와 휴일근로의 제한

① 18세 이상의 여성근로자

사용자는 18세 이상의 여성을 오후 10시부터 오전 6시까지의 시간 및 휴일에 근로시키려면 그 근로자의 동의를 받아야 한다(법 제70조 제1항).

② 임산부와 18세 미만자

사용자는 임산부와 18세 미만자를 오후 10시부터 오전 6시까지의 시간 및 휴일에 근로시키지 못한다. 다만, 다음의 어느 하나에 해당하는 경우로서 고용노동부장관의 인가를 받으면 그러하지 아니하다(법 70조 제2항).

㉠ 18세 미만자의 동의가 있는 경우
㉡ 산후 1년이 지나지 아니한 여성의 동의가 있는 경우
㉢ 임신 중의 여성이 명시적으로 청구하는 경우

(3) 갱내근로의 금지

① 갱내근로 허용업무

여성과 18세 미만인 자를 일시적으로 갱내에서 근로시킬 수 있는 업무는 다음과 같다(영 제42조).

㉠ 보건, 의료 또는 복지 업무
㉡ 신문·출판·방송프로그램 제작 등을 위한 보도·취재업무
㉢ 학술연구를 위한 조사 업무
㉣ 관리·감독 업무
㉤ ㉠부터 ㉣까지의 규정의 업무와 관련된 분야에서 하는 실습 업무

② 사용 금지(법 제65조)

㉠ 사용자는 임신 중이거나 산후 1년이 지나지 아니한 여성과 18세 미만자를 도덕상 또는 보건상 유해·위험한 사업에 사용하지 못한다.
㉡ 사용자는 임산부가 아닌 18세 이상의 여성을 보건상 유해·위험한 사업 중 임신 또는 출산에 관한 기능에 유해·위험한 사업에 사용하지 못한다.

SEMI-NOTE

갱내(坑內)근로 금지
- 원칙 : 사용자는 여성과 18세 미만인 사람을 갱내(坑內)에서 근로시키지 못한다(법 제72조).
- 이유 : 작업환경이 열악하고 위험하여 신체적으로 약한 여성과 소년을 보호하기 위함

구분	임산부 등의 사용금지 직종
임신 중인 여성	1. 산업안전기준에 관한 규칙 제59조와 제60조에서 규정한 둥근톱으로서 지름 25센티미터 이상, 같은 규칙 제61조와 제62조에서 규정하는 띠톱으로서 풀리(Pulley)의 지름 75센티미터 이상의 기계를 사용하여 목재를 가공하는 업무 2. 산업안전기준에 관한 규칙 제5편제3장과 제4장에 따른 정전작업, 활선작업 및 활선 근접작업 3. 산업안전기준에 관한 규칙 제6편제2장제3절에서 규정한 통나무비계의 설치 또는 해체업무와 제6편제5장에 따른 건물 해체작업(지상에서 작업을 보조하는 업무를 제외한다) 4. 산업안전기준에 관한 규칙 제6편제3장제3절에서 규정하는 터널작업, 같은 규칙 제439조에 따른 추락위험이 있는 장소에서의 작업, 같은 규칙 제452조에 따른 붕괴 또는 낙하의 위험이 있는 장소에서의 작업 5. 산업보건기준에 관한 규칙 제58조제4호에 따른 진동작업 6. 산업보건기준에 관한 규칙 제69조제2호 및 제3호에 따른 고압작업 및 잠수작업 7. 산업보건기준에 관한 규칙 제108조에 따른 고열작업이나 한랭작업 8. 원자력법 제97조에 따른 방사선 작업 종사자 등의 피폭선량이 선량한도를 초과하는 원자력 및 방사선 관련 업무 9. 납, 수은, 크롬, 비소, 황린, 불소(불화수소산), 염소(산), 시안화수소(시안산), 2-브로모프로판, 아닐린, 수산화칼륨, 페놀, 에틸렌글리콜모노메틸에테르, 에틸렌글리콜모노에틸에테르, 에틸렌글리콜모노에틸에테르 아세테이트, 염화비닐, 벤젠 등 유해물질을 취급하는 업무 10. 사이토메갈로바이러스(Cytomegalovirus)·B형 간염 바이러스 등 병원체로 인하여 오염될 우려가 짙은 업무. 다만, 의사·간호사·방사선기사 등으로서 면허증을 소지한 자 또는 양성 중에 있는 자를 제외한다. 11. 신체를 심하게 펴거나 굽힌다든지 또는 지속적으로 쭈그려야 하거나 앞으로 구부린 채 있어야 하는 업무 12. 연속작업에 있어서는 5킬로그램 이상, 단속작업에 있어서는 10킬로그램 이상의 중량물을 취급하는 업무 13. 그 밖에 고용노동부장관이 산업재해보상보험법 제8조에 따른 산업재해보상보험및예방심의위원회(이하 "산업재해보상보험및예방심의위원회"라 한다. 이하 이 표에서 같다)의 심의를 거쳐 지정하여 고시하는 업무
산후 1년이 지나지 아니한 여성	1. 납, 비소를 취급하는 업무. 다만, 모유 수유를 하지 아니하는 여성으로서 본인이 취업 의사를 사업주에게 서면으로 제출한 경우에는 그러하지 아니하다. 2. 2-브로모프로판을 취급하거나 노출될 수 있는 업무 3. 그 밖에 고용노동부장관이 산업재해보상보험및예방심의위원회의 심의를 거쳐 지정하여 고시하는 업무

임산부가 아닌 18세 이상인 여자	1. 2 – 브로모프로판을 취급하거나 노출될 수 있는 업무. 다만, 의학적으로 임신할 가능성이 전혀 없는 여성인 경우에는 그러하지 아니하다. 2. 그 밖에 고용노동부장관이 산업재해보상보험및예방심의위원회의 심의를 거쳐 지정하여 고시하는 업무
18세 미만인 자	1. 산업보건기준에 관한 규칙 제69조제2호 및 제3호에 따른 고압작업 및 잠수작업 2. 건설기계관리법, 도로교통법 등에서 18세 미만인 자에 대하여 운전·조종면허 취득을 제한하고 있는 직종 또는 업종의 운전·조종 업무 3. 청소년보호법 등 다른 법률에서 18세 미만 청소년의 고용이나 출입을 금지하고 있는 직종이나 업종 4. 교도소 또는 정신병원에서의 업무 5. 소각 또는 도살의 업무 6. 유류를 취급하는 업무(주유업무는 제외한다) 7. 2 – 브로모프로판을 취급하거나 노출될 수 있는 업무 8. 그 밖에 고용노동부장관이 산업재해보상보험및예방심의위원회의 심의를 거쳐 지정하여 고시하는 업무

2. 소년에 대한 특별보호

(1) 최저 취업연령의 제한

① 최저 연령과 취직인허증(법 제64조)
  ㉠ 15세 미만인 사람(중학교에 재학 중인 18세 미만인 사람을 포함한다)은 근로자로 사용하지 못한다. 다만, 대통령령으로 정하는 기준에 따라 고용노동부장관이 발급한 취직인허증(就職認許證)을 지닌 사람은 근로자로 사용할 수 있다.
  ㉡ 취직인허증은 본인의 신청에 따라 의무교육에 지장이 없는 경우에는 직종(職種)을 지정하여서만 발행할 수 있다.
  ㉢ 고용노동부장관은 거짓이나 그 밖의 부정한 방법으로 취직인허증을 발급받은 사람에게는 그 인허를 취소하여야 한다.

② 취직인허증의 발급 등(영 제35조)
  ㉠ 취직인허증을 받을 수 있는 자는 13세 이상 15세 미만인 자로 한다. 다만, 예술공연 참가를 위한 경우에는 13세 미만인 자도 취직인허증을 받을 수 있다.
  ㉡ 취직인허증을 받으려는 자는 고용노동부령으로 정하는 바에 따라 고용노동부장관에게 신청하여야 한다.
  ㉢ 신청은 학교장(의무교육 대상자와 재학 중인 자로 한정한다) 및 친권자 또는 후견인의 서명을 받아 사용자가 될 자와 연명(連名)으로 하여야 한다.

취직인허증의 재교부

사용자 또는 15세 미만인 자는 취직인허증이 못쓰게 되거나 이를 잃어버린 경우에는 고용노동부령으로 정하는 바에 따라 지체 없이 재교부 신청을 하여야 한다(영 제39조).

(2) 연소자 증명서 비치 ★ 빈출개념

① 연소자 증명서

사용자는 18세 미만인 사람에 대하여는 그 연령을 증명하는 가족관계기록사항에 관한 증명서와 친권자 또는 후견인의 동의서를 사업장에 갖추어 두어야 한다(법 제66조).

② 취직인허증의 교부 및 비치(영 제36조)

㉠ 고용노동부장관은 신청에 대하여 취직을 인허할 경우에는 고용노동부령으로 정하는 취직인허증에 직종을 지정하여 신청한 근로자와 사용자가 될 자에게 내주어야 한다.

㉡ 15세 미만인 자를 사용하는 사용자가 취직인허증을 갖추어 둔 경우에는 가족 관계기록사항에 관한 증명서와 친권자나 후견인의 동의서를 갖추어 둔 것으로 본다.

(3) 근로계약상 보호

① 근로계약의 대리금지

친권자나 후견인은 미성년자의 근로계약을 대리할 수 없다(법 제67조 제1항).

② 미성년자에게 불리한 계약해지

친권자, 후견인 또는 고용노동부장관은 근로계약이 미성년자에게 불리하다고 인정하는 경우에는 이를 해지할 수 있다(법 제67조 제2항).

③ 근로계약의 서면 명시 및 교부

사용자는 18세 미만인 사람과 근로계약을 체결하는 경우에는 근로조건을 서면(전자문서를 포함한다)으로 명시하여 교부하여야 한다(법 제67조 제3항).

(4) 근로내용상의 보호

① 독자적 임금청구

미성년자는 독자적으로 임금을 청구할 수 있다(법 제68조). 임금의 청구는 미성년자는 물론 친권자에게도 허용되나 임금은 직접 지불이 원칙이므로 법정대리인이 대리 수령할 수 없다.

② 근로시간의 보호

15세 이상 18세 미만인 사람의 근로시간은 1일에 7시간, 1주에 35시간을 초과하지 못한다. 다만, 당사자 사이의 합의에 따라 1일에 1시간, 1주에 5시간을 한도로 연장할 수 있다(법 제69조).

③ 적용제외

3개월 이내의 탄력적 근로시간제, 3개월을 초과하는 탄력적 근로시간제와 선택적 근로시간제는 소년에게 적용되지 않는다.

④ 취업제한에 의한 보호

㉠ 위해 · 위험사업에의 취업금지

㉡ 갱내근로의 금지

SEMI-NOTE

관련 판례

미성년자는 원칙적으로 법정대리인에 의하여서만 소송행위를 할 수 있으나 미성년자 자신의 노무제공에 따른 임금의 청구는 근로기준법 제68조의 규정에 의하여 미성년자가 독자적으로 할 수 있다(대판 80다3149).

고용평등법 제7조 제2항

사업주는 근로자를 모집 · 채용할 때 그 직무의 수행에 필요하지 아니한 용모 · 키 · 체중 등의 신체적 조건, 미혼 조건, 그 밖에 고용노동부령으로 정하는 조건을 제시하거나 요구하여서는 아니 된다.

3. 여성 근로자에 대한 특별보호

(1) 근로계약 체결 시 보호

① 균등한 처우

사용자는 근로자에 대하여 남녀의 성(性)을 이유로 차별적 대우를 하지 못하고, 국적·신앙 또는 사회적 신분을 이유로 근로조건에 대한 차별적 처우를 하지 못한다(법 제6조).

② 남녀고용평등법상 보호

㉠ 사업주는 근로자를 모집하거나 채용할 때 남녀를 차별하여서는 아니 된다(고용평등법 제7조 제1항).

㉡ 사업주는 근로자의 정년·퇴직 및 해고에서 남녀를 차별하여서는 아니 된다(고용평등법 제11조 제1항).

(2) 근로시간과 근로조건에 관한 보호

① 시간 외 근로의 제한

사용자는 산후 1년이 지나지 아니한 여성에 대하여는 단체협약이 있는 경우라도 1일에 2시간, 1주에 6시간, 1년에 150시간을 초과하는 시간외근로를 시키지 못한다(법 제71조).

② 임산부의 보호

사용자는 임신 중의 여성 근로자에게 시간외근로를 하게 하여서는 아니 되며, 그 근로자의 요구가 있는 경우에는 쉬운 종류의 근로로 전환하여야 한다(법 제74조 제5항).

③ 야간 및 휴일근로의 제한(법 제70조)

㉠ 사용자는 18세 이상의 여성을 오후 10시부터 오전 6시까지의 시간 및 휴일에 근로시키려면 그 근로자의 동의를 받아야 한다.

㉡ 사용자는 임산부와 18세 미만자를 오후 10시부터 오전 6시까지의 시간 및 휴일에 근로시키지 못한다. 다만, 다음의 어느 하나에 해당하는 경우로서 고용노동부장관의 인가를 받으면 그러하지 아니하다.
  • 18세 미만자의 동의가 있는 경우
  • 산후 1년이 지나지 아니한 여성의 동의가 있는 경우
  • 임신 중의 여성이 명시적으로 청구하는 경우

㉢ 사용자는 고용노동부장관의 인가를 받기 전에 근로자의 건강 및 모성 보호를 위하여 그 시행 여부와 방법 등에 관하여 그 사업 또는 사업장의 근로자대표와 성실하게 협의하여야 한다.

④ 탄력적 근로시간제의 금지

㉠ 3개월 이내의 탄력적 근로시간제에 관한 규정은 15세 이상 18세 미만의 근로자와 임신 중인 여성 근로자에 대하여는 적용하지 아니한다(법 제51조 제3항).

SEMI-NOTE

법 제110조 제1호
시간 외 근로, 임산부의 보호를 위반한 자는 2년 이하의 징역 또는 2천만원 이하의 벌금에 처한다.

ⓒ 3개월을 초과하는 탄력적 근로시간제에 관한 규정은 15세 이상 18세 미만의 근로자와 임신 중인 여성 근로자에 대하여는 적용하지 아니한다(법 제51조의 2 제6항).

⑤ 유해ㆍ위험사업의 종사금지(법 제65조)
ⓐ 사용자는 임신 중이거나 산후 1년이 지나지 아니한 여성과 18세 미만자를 도덕상 또는 보건상 유해ㆍ위험한 사업에 사용하지 못한다.
ⓑ 사용자는 임산부가 아닌 18세 이상의 여성을 보건상 유해ㆍ위험한 사업 중 임신 또는 출산에 관한 기능에 유해ㆍ위험한 사업에 사용하지 못한다.

⑥ 갱내근로의 금지
사용자는 여성과 18세 미만인 사람을 갱내(坑內)에서 근로시키지 못한다. 다만, 보건ㆍ의료, 보도ㆍ취재 등 대통령령으로 정하는 업무를 수행하기 위하여 일시적으로 필요한 경우에는 그러하지 아니하다(법 제72조).

⑦ 생리휴가
사용자는 여성 근로자가 청구하면 월 1일의 생리휴가를 주어야 한다(법 제73조).

(3) 모성 및 육아에 대한 보호

① 출산전후휴가
사용자는 임신 중의 여성에게 출산 전과 출산 후를 통하여 90일(한 번에 둘 이상 자녀를 임신한 경우에는 120일)의 출산전후휴가를 주어야 한다. 이 경우 휴가 기간의 배정은 출산 후에 45일(한 번에 둘 이상 자녀를 임신한 경우에는 60일) 이상이 되어야 한다(법 제74조 제1항).

② 휴가 분산 사용
사용자는 임신 중인 여성 근로자가 유산의 경험 등 다음으로 정하는 사유로 휴가를 청구하는 경우 출산 전 어느 때라도 휴가를 나누어 사용할 수 있도록 하여야 한다. 이 경우 출산 후의 휴가 기간은 연속하여 45일(한 번에 둘 이상 자녀를 임신한 경우에는 60일) 이상이 되어야 한다(법 제74조 제2항, 영 제43조 제1항).
ⓐ 임신한 근로자에게 유산ㆍ사산의 경험이 있는 경우
ⓑ 임신한 근로자가 출산전후휴가를 청구할 당시 연령이 만 40세 이상인 경우
ⓒ 임신한 근로자가 유산ㆍ사산의 위험이 있다는 의료기관의 진단서를 제출한 경우

③ 유산ㆍ사산휴가의 청구 등
ⓐ 사용자는 임신 중인 여성이 유산 또는 사산한 경우로서 그 근로자가 청구하면 대통령령으로 정하는 바에 따라 유산ㆍ사산 휴가를 주어야 한다. 다만, 인공임신중절 수술에 따른 유산의 경우는 그러하지 아니하다(법 제74조 제3항).
ⓑ 유산 또는 사산한 근로자가 유산ㆍ사산휴가를 청구하는 경우에는 휴가 청구 사유, 유산ㆍ사산 발생일 및 임신기간 등을 적은 유산ㆍ사산휴가 신청서에 의료기관의 진단서를 첨부하여 사업주에게 제출하여야 한다(영 제43조 제2항).

SEMI-NOTE

법 제114조
생리휴가를 주어야 하는 규정을 위반한 자는 500만 원 이하의 벌금에 처한다.

ⓒ 사업주는 유산·사산휴가를 청구한 근로자에게 다음의 기준에 따라 유산·사산휴가를 주어야 한다(영 제43조 제3항).
- 유산 또는 사산한 근로자의 임신기간이 11주 이내인 경우 : 유산 또는 사산한 날부터 5일까지
- 임신기간이 12주 이상 15주 이내인 경우 : 유산 또는 사산한 날부터 10일까지
- 임신기간이 16주 이상 21주 이내인 경우 : 유산 또는 사산한 날부터 30일까지
- 임신기간이 22주 이상 27주 이내인 경우 : 유산 또는 사산한 날부터 60일까지
- 임신기간이 28주 이상인 경우 : 유산 또는 사산한 날부터 90일까지

④ 임신기간 근로시간 단축의 신청

근로시간 단축을 신청하려는 여성 근로자는 근로시간 단축 개시 예정일의 3일 전까지 임신기간, 근로시간 단축 개시 예정일 및 종료 예정일, 근무 개시 시각 및 종료 시각 등을 적은 문서(전자문서를 포함한다)에 의사의 진단서(같은 임신에 대하여 근로시간 단축을 다시 신청하는 경우는 제외한다)를 첨부하여 사용자에게 제출하여야 한다(영 제43조의2).

⑤ 휴가 중 최초 60일(한 번에 둘 이상 자녀를 임신한 경우에는 75일) 유급

휴가 중 최초 60일(한 번에 둘 이상 자녀를 임신한 경우에는 75일)은 유급으로 한다. 다만, 출산전후휴가급여 등이 지급된 경우에는 그 금액의 한도에서 지급의 책임을 면한다(법 제74조 제4항).

⑥ 종전업무의 복귀

사업주는 출산전후휴가 종료 후에는 휴가 전과 동일한 업무 또는 동등한 수준의 임금을 지급하는 직무에 복귀시켜야 한다(법 제74조 제6항).

⑦ 단축근로

사용자는 임신 후 12주 이내 또는 36주 이후에 있는 여성 근로자가 1일 2시간의 근로시간 단축을 신청하는 경우 이를 허용하여야 한다. 다만, 1일 근로시간이 8시간 미만인 근로자에 대하여는 1일 근로시간이 6시간이 되도록 근로시간 단축을 허용할 수 있다(법 제74조 제7항).

⑧ 태아검진 시간의 허용 등(법 제74조의2)
㉠ 사용자는 임신한 여성근로자가 임산부 정기건강진단을 받는데 필요한 시간을 청구하는 경우 이를 허용하여 주어야 한다.
㉡ 사용자는 건강진단 시간을 이유로 그 근로자의 임금을 삭감하여서는 아니 된다.

법 제110조 제1호
임산부의 보호(제74조), 육아시간(제75조)의 규정을 위반한 자는 2년 이하의 징역 또는 2천만원 이하의 벌금에 처한다.

⑨ 육아 시간

생후 1년 미만의 유아(乳兒)를 가진 여성 근로자가 청구하면 1일 2회 각각 30분 이상의 유급 수유 시간을 주어야 한다(법 제75조).

⑩ 연장근로의 제한

㉠ 사용자는 산후 1년이 지나지 아니한 여성에 대하여는 단체협약이 있는 경우라도 1일에 2시간, 1주에 6시간, 1년에 150시간을 초과하는 시간외근로를 시키지 못한다(법 제71조).

㉡ 15세 이상 18세 미만의 근로자에 대하여는 적용하지 아니한다(법 제53조 제6항).

07절 직장 내 괴롭힘의 금지·기능습득·재해보상

1. 직장 내 괴롭힘의 발생 시 조치 ★빈출개념

(1) 누구든지 신고

누구든지 직장 내 괴롭힘 발생 사실을 알게 된 경우 그 사실을 사용자에게 신고할 수 있다(법 제76조의3 제1항).

(2) 신고조사

사용자는 신고를 접수하거나 직장 내 괴롭힘 발생 사실을 인지한 경우에는 지체 없이 그 사실 확인을 위한 조사를 실시하여야 한다(법 제76조의3 제2항).

(3) 근무장소의 변경, 유급휴가 명령 등 적절한 조치

사용자는 조사 기간 동안 직장 내 괴롭힘과 관련하여 피해를 입은 근로자 또는 피해를 입었다고 주장하는 근로자를 보호하기 위하여 필요한 경우 해당 피해근로자등에 대하여 근무장소의 변경, 유급휴가 명령 등 적절한 조치를 하여야 한다. 이 경우 사용자는 피해근로자등의 의사에 반하는 조치를 하여서는 아니 된다(법 제76조의3 제3항).

(4) 근무장소의 변경, 배치전환, 유급휴가 명령 등

사용자는 제2항에 따른 조사 결과 직장 내 괴롭힘 발생 사실이 확인된 때에는 피해근로자가 요청하면 근무장소의 변경, 배치전환, 유급휴가 명령 등 적절한 조치를 하여야 한다(법 제76조의3 제4항).

SEMI-NOTE

직장 내 괴롭힘의 금지

사용자 또는 근로자는 직장에서의 지위 또는 관계 등의 우위를 이용하여 업무상 적정범위를 넘어 다른 근로자에게 신체적·정신적 고통을 주거나 근무환경을 악화시키는 행위를 하여서는 아니 된다(법 제76조의2).

(5) 피해근로자의 의견 경청

사용자는 조사 결과 직장 내 괴롭힘 발생 사실이 확인된 때에는 지체 없이 행위자에 대하여 징계, 근무장소의 변경 등 필요한 조치를 하여야 한다. 이 경우 사용자는 징계 등의 조치를 하기 전에 그 조치에 대하여 피해근로자의 의견을 들어야 한다(법 제76조의3 제5항).

(6) 불리한 처우금지

사용자는 직장 내 괴롭힘 발생 사실을 신고한 근로자 및 피해근로자등에게 해고나 그 밖의 불리한 처우를 하여서는 아니 된다(법 제76조의3 제6항).

(7) 누설 금지

직장 내 괴롭힘 발생 사실을 조사한 사람, 조사 내용을 보고받은 사람 및 그 밖에 조사 과정에 참여한 사람은 해당 조사 과정에서 알게 된 비밀을 피해근로자등의 의사에 반하여 다른 사람에게 누설하여서는 아니 된다. 다만, 조사와 관련된 내용을 사용자에게 보고하거나 관계 기관의 요청에 따라 필요한 정보를 제공하는 경우는 제외한다(법 제76조의3 제7항).

2. 재해보상

(1) 재해보상의 범위

① 요양보상
  ㉠ 근로자가 업무상 부상 또는 질병에 걸리면 사용자는 그 비용으로 필요한 요양을 행하거나 필요한 요양비를 부담하여야 한다(법 제78조 제1항).
  ㉡ 사용자는 근로자가 취업 중에 업무상 질병에 걸리거나 부상 또는 사망한 경우에는 지체 없이 의사의 진단을 받도록 하여야 한다(영 제44조 제2항).

② 휴업보상
  ㉠ 사용자는 요양 중에 있는 근로자에게 그 근로자의 요양 중 평균임금의 100분의 60의 휴업보상을 하여야 한다(법 제79조 제1항).
  ㉡ 휴업보상을 받을 기간에 그 보상을 받을 사람이 임금의 일부를 지급받은 경우에는 사용자는 평균임금에서 그 지급받은 금액을 뺀 금액의 100분의 60의 휴업보상을 하여야 한다(법 제79조 제2항).

③ 장해보상
  ㉠ 근로자가 업무상 부상 또는 질병에 걸리고, 완치된 후 신체에 장해가 있으면 사용자는 그 장해 정도에 따라 평균임금에 별표에서 정한 일수를 곱한 금액의 장해보상을 하여야 한다(법 제80조 제1항).
  ㉡ 이미 신체에 장해가 있는 사람이 부상 또는 질병으로 인하여 같은 부위에 장해가 더 심해진 경우에 그 장해에 대한 장해보상 금액은 장해 정도가 더 심해진 장해등급에 해당하는 장해보상의 일수에서 기존의 장해등급에 해당하는

법 제109조 제1항
직장 내 괴롭힘 발생 사실을 신고한 근로자 및 피해근로자등에게 해고나 그 밖의 불리한 처우를 한 자는 3년 이하의 징역 또는 3천만원 이하의 벌금에 처한다.

기능습득
사용자는 양성공, 수습, 그 밖의 명칭을 불문하고 기능의 습득을 목적으로 하는 근로자를 혹사하거나 가사, 그 밖의 기능 습득과 관계없는 업무에 종사시키지 못한다(법 제77조).

재해보상
근로자의 업무상의 재해를 보상하는 것이며, 근로자의 업무상의 재해를 신속하고 공정하게 보상하며, 재해근로자의 재활 및 사회 복귀를 촉진하기 위함

요양 및 휴업보상 시기
요양보상 및 휴업보상은 매월 1회 이상 하여야 한다(영 제46조).

휴업보상과 장해보상의 예외
근로자가 중대한 과실로 업무상 부상 또는 질병에 걸리고 또한 사용자가 그 과실에 대하여 노동위원회의 인정을 받으면 휴업보상이나 장해보상을 하지 아니하여도 된다(법 제81조).

장해보상의 일수를 뺀 일수에 보상청구사유 발생 당시의 평균임금을 곱하여 산정한 금액으로 한다(법 제80조 제2항).

ⓒ 장해등급 결정(영 제47조)
- 장해보상을 하여야 하는 신체장해 등급의 결정 기준은 별표 6과 같다.
- 신체장해가 둘 이상 있는 경우에는 정도가 심한 신체장해에 해당하는 등급에 따른다. 다만, 다음 각 호의 경우에는 해당 호에서 정하여 조정한 등급에 따른다. 이 경우 그 조정된 등급이 제1급을 초과하는 때에는 제1급으로 한다.
  - 제5급 이상에 해당하는 신체장해가 둘 이상 있는 경우 : 정도가 심한 신체장해에 해당하는 등급에 3개 등급 인상
  - 제8급 이상에 해당하는 신체장해가 둘 이상 있는 경우 : 정도가 심한 신체장해에 해당하는 등급에 2개 등급 인상
  - 제13급 이상에 해당하는 신체장해가 둘 이상 있는 경우 : 정도가 심한 신체장해에 해당하는 등급에 1개 등급 인상
- 별표 6에 해당하지 아니하는 신체장해가 있는 경우에는 그 장해 정도에 따라 별표 6에 따른 신체장해에 준하여 장해보상을 하여야 한다.

④ 유족보상(법 제82조)
㉠ 근로자가 업무상 사망한 경우에는 사용자는 근로자가 사망한 후 지체 없이 그 유족에게 평균임금 1,000일분의 유족보상을 하여야 한다.
㉡ 유족의 범위, 유족보상의 순위 및 보상을 받기로 확정된 사람이 사망한 경우의 유족보상의 순위는 대통령령으로 정한다.
㉢ 유족의 범위 등(영 제48조)
- 유족의 범위는 다음과 같다. 이 경우 유족보상의 순위는 다음의 순서에 따르되, 그 적힌 순서에 따른다.
  - 근로자가 사망할 때 그가 부양하고 있던 배우자(사실혼 관계에 있던 자를 포함한다), 자녀, 부모, 손(孫) 및 조부모
  - 근로자가 사망할 때 그가 부양하고 있지 아니한 배우자, 자녀, 부모, 손 및 조부모
  - 근로자가 사망할 때 그가 부양하고 있던 형제자매
  - 근로자가 사망할 때 그가 부양하고 있지 아니한 형제자매
- 유족의 순위를 정하는 경우에 부모는 양부모를 선순위로 친부모를 후순위로 하고, 조부모는 양부모의 부모를 선순위로 친부모의 부모를 후순위로 하되, 부모의 양부모를 선순위로 부모의 친부모를 후순위로 함.
- 근로자가 유언이나 사용자에 대한 예고에 따라 유족 중의 특정한 자를 지정한 경우에는 그에 따름.
㉣ 같은 순위자 : 같은 순위의 유족보상 수급권자가 2명 이상 있는 경우에는 그 인원수에 따라 똑같이 나누어 유족보상을 한다(영 제49조).
㉤ 보상을 받기로 확정된 자의 사망 : 유족보상을 받기로 확정된 유족이 사망한 때에는 같은 순위자가 있는 경우에는 같은 순위자에게, 같은 순위자가 없는 경우에는 그 다음 순위자에게 유족보상을 한다(영 제50조).

SEMI-NOTE

보상시기(영 제51조)
- 장해보상은 근로자의 부상 또는 질병이 완치된 후 지체 없이 하여야 한다.
- 유족보상 및 장의비의 지급은 근로자가 사망한 후 지체 없이 하여야 한다.

장례비
근로자가 업무상 사망한 경우에는 사용자는 근로자가 사망한 후 지체 없이 평균임금 90일분의 장례비를 지급하여야 한다(법 제83조).

⑤ 지급방법
  ㉠ 일시보상 : 보상을 받는 근로자가 요양을 시작한 지 2년이 지나도 부상 또는 질병이 완치되지 아니하는 경우에는 사용자는 그 근로자에게 평균임금 1,340일분의 일시보상을 하여 그 후의 이 법에 따른 모든 보상책임을 면할 수 있다(법 제84조).
  ㉡ 분할보상 : 사용자는 지급 능력이 있는 것을 증명하고 보상을 받는 사람의 동의를 받으면 제80조, 제82조 또는 제84조에 따른 보상금을 1년에 걸쳐 분할보상을 할 수 있다(법 제85조).
⑥ 보상청구권
  ㉠ 보상 청구권 : 보상을 받을 권리는 퇴직으로 인하여 변경되지 아니하고, 양도나 압류하지 못한다(법 제86조).
  ㉡ 서류의 보존 : 사용자는 재해보상에 관한 중요한 서류를 재해보상이 끝나지 아니하거나 제92조에 따라 재해보상 청구권이 시효로 소멸되기 전에 폐기하여서는 아니 된다(법 제91조).

(2) 이의제기

① 고용노동부장관의 심사와 중재(법 제88조)
  ㉠ 업무상의 부상, 질병 또는 사망의 인정, 요양의 방법, 보상금액의 결정, 그 밖에 보상의 실시에 관하여 이의가 있는 자는 고용노동부장관에게 심사나 사건의 중재를 청구할 수 있다.
  ㉡ 제1항의 청구가 있으면 고용노동부장관은 1개월 이내에 심사나 중재를 하여야 한다.
  ㉢ 고용노동부장관은 필요에 따라 직권으로 심사나 사건의 중재를 할 수 있다.
  ㉣ 고용노동부장관은 심사나 중재를 위하여 필요하다고 인정하면 의사에게 진단이나 검안을 시킬 수 있다.
  ㉤ 심사나 중재의 청구와 제2항에 따른 심사나 중재의 시작은 시효의 중단에 관하여는 재판상의 청구로 본다.
② 도급 사업에 대한 예외(법 제90조)
  ㉠ 사업이 여러 차례의 도급에 따라 행하여지는 경우의 재해보상에 대하여는 원수급인(元受給人)을 사용자로 본다.
  ㉡ 원수급인이 서면상 계약으로 하수급인에게 보상을 담당하게 하는 경우에는 그 수급인도 사용자로 본다. 다만, 2명 이상의 하수급인에게 똑같은 사업에 대하여 중복하여 보상을 담당하게 하지 못한다.
  ㉢ 원수급인이 보상의 청구를 받으면 보상을 담당한 하수급인에게 우선 최고(催告)할 것을 청구할 수 있다. 다만, 그 하수급인이 파산의 선고를 받거나 행방이 알려지지 아니하는 경우에는 그러하지 아니하다.

SEMI-NOTE

다른 손해배상과의 관계
보상을 받게 될 사람이 동일한 사유에 대하여 민법이나 그 밖의 법령에 따라 이 법의 재해보상에 상당한 금품을 받으면 그 가액(價額)의 한도에서 사용자는 보상의 책임을 면한다(법 제87조).

노동위원회의 심사와 중재(법 제89조)
- 고용노동부장관이 기간에 심사 또는 중재를 하지 아니하거나 심사와 중재의 결과에 불복하는 자는 노동위원회에 심사나 중재를 청구할 수 있다.
- 청구가 있으면 노동위원회는 1개월 이내에 심사나 중재를 하여야 한다.

시효
이 법의 규정에 따른 재해보상 청구권은 3년간 행사하지 아니하면 시효로 소멸한다(법 제92조).

08절 취업규칙 및 기숙사 등

1. 취업규칙 ⭐ 빈출개념

(1) 의의

취업규칙은 사업장 내 근로자의 복무규율과 근로조건에 관해 사용자가 작성한 규범을 말한다. 근로기준법 제94조 소정의 취업규칙이라 함은 복무규율과 임금 등 근로조건에 관한 준칙의 내용을 담고 있으면 그 명칭을 불문하는 것으로서, 사용자는 같은 사업장에 소속된 모든 근로자에 대하여 일률적으로 적용되는 하나의 취업규칙만을 작성하여야 하는 것은 아니고, 근로자의 근로조건, 근로형태, 직종 등의 특수성에 따라 근로자 일부에 적용되는 별도의 취업규칙을 작성할 수 있으며, 이 경우 여러 개의 취업규칙을 합한 것이 근로기준법 제94조 소정의 1개의 취업규칙으로 된다 (대판 95누15698).

> **관련 판례 | 취업규칙**
>
> 취업규칙에 규정된 근로조건의 내용을 근로자에게 불이익하게 변경함에 대하여 근로자 과반수로 구성된 노동조합이 없어 근로자들의 회의 방식에 의한 과반수 동의가 필요한 경우, 한 사업 또는 사업장의 기구별 또는 단위 부서별로 사용자측의 개입이나 간섭이 배제된 상태에서 근로자 상호간에 의견을 교환하여 찬반의견을 집약한 후 이를 전체적으로 취합하는 방식도 허용된다(대판 2003다52456).

> **관련 판례 | 취업규칙의 해당 사례**
>
> 사용자가 회사 업무수행 중에 발생한 사고에 대하여 그 처리의 책임과 절차를 규정함으로써 신속하고 합리적인 사고 처리를 기하기 위하여 사고처리규정을 제정·시행한 후, 3번에 걸쳐 노사 쌍방의 합의를 거쳐 각 개정·시행하고 있는 사고처리규정이 조합원 이외의 직원의 근로관계도 직접 규율하는 것으로 규정되어 있고, 유효기간에 관한 규정이 없이 계속하여 시행되어 왔을 뿐만 아니라, 노사 쌍방의 서명날인도 되어 있지 아니한 점에 비추어 취업규칙에 해당한다고 본 사례(대판 96누5421).

(2) 취업규칙의 작성

① **취업규칙의 작성·신고**
상시 10명 이상의 근로자를 사용하는 사용자는 취업규칙을 작성하여 고용노동부장관에게 신고하여야 한다. 이를 변경하는 경우에도 또한 같다(법 제93조).

② **규칙의 작성, 변경 절차(법 제94조)**
㉠ 사용자는 취업규칙의 작성 또는 변경에 관하여 해당 사업 또는 사업장에 근로자의 과반수로 조직된 노동조합이 있는 경우에는 그 노동조합, 근로자의 과반수로 조직된 노동조합이 없는 경우에는 근로자의 과반수의 의견을 들어야

SEMI-NOTE

취업규칙의 특징
취업규칙은 사용자의 권한에 속하지만 사용자의 자의적 변경을 방지하고 근로자의 입장을 보호하기 위하여 취업규칙의 신고, 변경신고 등의 규정을 둠

취업규칙의 법적 성격 및 해석
취업규칙은 노사간의 집단적인 법률관계를 규정하는 법규범의 성격을 갖는 것이므로 명확한 증거가 없는 한 그 문언의 객관적 의미를 무시하는 해석이나 사실인정은 신중하고 엄격하여야 한다(대판 2002다69631).

관련 판례
- 취업규칙은 같은 사업장에 소속된 모든 근로자에 대하여 일률적으로 적용되어야 하는 것은 아니고, 사용자는 근로자의 근로조건, 근로형태, 직종 등의 특수성에 따라 근로자 일부에 적용되는 별도의 취업규칙을 작성할 수 있다(대판 98다11628).
- 취업규칙이라 함은 복무규율과 임금 등 근로조건에 관한 준칙의 내용을 담고 있으면 그 명칭을 불문하는 것으로서, 사용자는 같은 사업장에 소속된 모든 근로자에 대하여 일률적으로 적용되는 하나의 취업규칙만을 작성하여야 하는 것은 아니고, 근로자의 근로조건, 근로형태, 직종 등의 특수성에 따라 근로자 일부에 적용되는 별도의 취업규칙을 작성할 수 있다(대판 2006다83246).

SEMI-NOTE

한다. 다만, 취업규칙을 근로자에게 불리하게 변경하는 경우에는 그 동의를 받아야 한다.
ⓒ 사용자는 취업규칙을 신고할 때에는 의견을 적은 서면을 첨부하여야 한다.

(3) 취업규칙의 변경

① **불이익하지 아니한 변경**
취업규칙의 하나인 인사규정의 작성·변경에 관한 권한은 원칙적으로 사용자에게 있으므로 사용자는 그 의사에 따라 인사규정을 작성·변경할 수 있고, 원칙적으로 인사규정을 종전보다 근로자에게 불이익하게 변경하는 경우가 아닌 한 근로자의 동의나 협의 또는 의견청취절차를 거치지 아니하고 인사규정을 변경하였다고 하여 그 인사규정의 효력이 부정될 수는 없다(대판 98두6647).

② **불이익변경의 판단기준**
취업규칙의 일부를 이루는 급여규정의 변경이 일부의 근로자에게는 유리하고 일부의 근로자에게는 불리한 경우 그러한 변경에 근로자집단의 동의를 요하는지를 판단하는 것은 근로자 전체에 대하여 획일적으로 결정되어야 할 것이고, 또 이러한 경우 취업규칙의 변경이 근로자에게 전체적으로 유리한지 불리한지를 객관적으로 평가하기가 어려우며, 같은 개정에 의하여 근로자 상호간의 이, 불리에 따른 이익이 충돌되는 경우에는 그러한 개정은 근로자에게 불이익한 것으로 취급하여 근로자들 전체의 의사에 따라 결정하게 하는 것이 타당하다(대판 93다1893).

③ **동의의 방법**
단체협약은 노동조합이 사용자 또는 사용자 단체와 근로조건 기타 노사관계에서 발생하는 사항에 관하여 체결하는 협정으로써 노동조합이 사용자측과 기존의 임금, 근로시간, 퇴직금 등 근로조건을 결정하는 기준에 관하여 소급적으로 동의하거나 이를 승인하는 내용의 단체협약을 체결한 경우에 그 동의나 승인의 효력은 단체협약이 시행된 이후에 그 사업체에 종사하며 그 협약의 적용을 받게 될 노동조합원이나 근로자들에 대하여 생기므로, 취업규칙의 변경이 근로자에게 불이익함에도 불구하고, 사용자가 근로자의 집단적 의사결정방법에 의한 동의를 얻지 아니한 채 변경을 함으로써 기득이익을 침해하게 되는 기존의 근로자에 대하여는 종전의 취업규칙이 적용되어야 하는 경우에도 노동조합이 사용자측과의 사이에 새로운 내용의 단체협약을 체결한 경우에는 기득이익을 침해하게 되는 기존의 근로자에 대하여 종전의 취업규칙이 적용되어야 함을 알았는지 여부에 관계없이 원칙적으로 그 협약의 적용을 받게 될 노동조합원이나 근로자들에 대하여 효력이 생기고, 따라서 그 협약의 내용에 따라 개정된 취업규칙은 근로자들에 대하여 적용되어야 한다(대판 95다34316).

(4) 필요적 기재사항(법 제93조)

① 업무의 시작과 종료 시각, 휴게시간, 휴일, 휴가 및 교대 근로에 관한 사항
② 임금의 결정·계산·지급 방법, 임금의 산정기간·지급시기 및 승급(昇給)에 관한 사항
③ 가족수당의 계산·지급 방법에 관한 사항
④ 퇴직에 관한 사항
⑤ 퇴직급여, 상여 및 최저임금에 관한 사항
⑥ 근로자의 식비, 작업 용품 등의 부담에 관한 사항
⑦ 근로자를 위한 교육시설에 관한 사항
⑧ 출산전후휴가·육아휴직 등 근로자의 모성 보호 및 일·가정 양립 지원에 관한 사항
⑨ 안전과 보건에 관한 사항
⑩ 근로자의 성별·연령 또는 신체적 조건 등의 특성에 따른 사업장 환경의 개선에 관한 사항
⑪ 업무상과 업무 외의 재해부조(災害扶助)에 관한 사항
⑫ 직장 내 괴롭힘의 예방 및 발생 시 조치 등에 관한 사항
⑬ 표창과 제재에 관한 사항
⑭ 그 밖에 해당 사업 또는 사업장의 근로자 전체에 적용될 사항

(5) 법령 주요 내용 등의 게시

사용자는 이 법과 이 법에 따른 대통령령의 주요 내용과 취업규칙을 근로자가 자유롭게 열람할 수 있는 장소에 항상 게시하거나 갖추어 두어 근로자에게 널리 알려야 한다(법 제14조 제1항).

(6) 취업규칙의 심사, 내용상의 제한

① 단체협약의 준수(법 제96조)
  ㉠ 취업규칙은 법령이나 해당 사업 또는 사업장에 대하여 적용되는 단체협약과 어긋나서는 아니 된다.
  ㉡ 고용노동부장관은 법령이나 단체협약에 어긋나는 취업규칙의 변경을 명할 수 있다.
② 위반의 효력
  취업규칙에서 정한 기준에 미달하는 근로조건을 정한 근로계약은 그 부분에 관하여는 무효로 한다. 이 경우 무효로 된 부분은 취업규칙에 정한 기준에 따른다(법 제97조).
③ 제재 규정의 제한
  취업규칙에서 근로자에 대하여 감급(減給)의 제재를 정할 경우에 그 감액은 1회의 금액이 평균임금의 1일분의 2분의 1을, 총액이 1임금지급기의 임금 총액의 10분의 1을 초과하지 못한다(법 제95조).

SEMI-NOTE

임의적 기재사항

가족수당, 교대근무, 식비 등의 근로조건 등

관련 판례

취업규칙은 사용자가 근로자의 복무규율과 임금 등 당해 사업의 근로자 전체에 적용될 근로조건에 관한 준칙을 규정한 것을 말하는 것으로서, 그 명칭에 구애받을 것은 아니고, 한편 취업규칙은 사용자가 정하는 기업 내의 규범이기 때문에 사용자가 취업규칙을 신설 또는 변경하기 위한 조항을 정하였다고 하여도 그로 인하여 바로 효력이 생기는 것이라고는 할 수 없고 신설 또는 변경된 취업규칙의 효력이 생기기 위하여는 반드시 같은 법 제14조 제1항에서 정한 방법에 의할 필요는 없지만, 적어도 법령의 공포에 준하는 절차로서 그것이 새로운 기업 내 규범인 것을 널리 종업원 일반으로 하여금 알게 하는 절차 즉, 어떠한 방법이든지 적당한 방법에 의한 주지가 필요하다(대판 2001다63599).

법 제114조 제1호

취업규칙 신고를 하지 아니한 재법 제94조)는 500만 원 이하의 벌금에 처한다.

2. 기숙사

(1) 기숙사 규칙의 작성과 변경

① 부속 기숙사에 근로자를 기숙시키는 사용자는 다음의 사항에 관하여 기숙사규칙을 작성하여야 한다(법 제99조 제1항).
  ㉠ 기상(起床), 취침, 외출과 외박에 관한 사항
  ㉡ 행사에 관한 사항
  ㉢ 식사에 관한 사항
  ㉣ 안전과 보건에 관한 사항
  ㉤ 건설물과 설비의 관리에 관한 사항
  ㉥ 그 밖에 기숙사에 기숙하는 근로자 전체에 적용될 사항

② 기숙사규칙의 과반수 동의
  사용자는 따른 규칙의 작성 또는 변경에 관하여 기숙사에 기숙하는 근로자의 과반수를 대표하는 자의 동의를 받아야 한다(법 제99조 제2항).

③ 기숙사규칙안의 게시 등
  사용자는 근로자의 과반수를 대표하는 자의 동의를 받으려는 경우 기숙사에 기숙하는 근로자의 과반수가 18세 미만인 때에는 기숙사규칙안을 7일 이상 기숙사의 보기 쉬운 장소에 게시하거나 갖추어 두어 알린 후에 동의를 받아야 한다(영 제54조).

(2) 기숙사의 설치 및 운영기준

① 기숙사의 운영기준
  사용자는 부속 기숙사를 설치·운영할 때 다음의 사항에 관하여 대통령령으로 정하는 기준을 충족하도록 하여야 한다(법 제100조).
  ㉠ 기숙사의 구조와 설비
  ㉡ 기숙사의 설치 장소
  ㉢ 기숙사의 주거 환경 조성
  ㉣ 기숙사의 면적
  ㉤ 그 밖에 근로자의 안전하고 쾌적한 주거를 위하여 필요한 사항

② 기숙사의 구조와 설비
  사용자는 기숙사를 설치하는 경우 다음의 사항을 모두 충족해야 한다(영 제55조).
  ㉠ 침실 하나에 8명 이하의 인원이 거주할 수 있는 구조일 것
  ㉡ 화장실과 세면·목욕시설을 적절하게 갖출 것
  ㉢ 채광과 환기를 위한 적절한 설비 등을 갖출 것
  ㉣ 적절한 냉·난방 설비 또는 기구를 갖출 것
  ㉤ 화재 예방 및 화재 발생 시 안전조치를 위한 설비 또는 장치를 갖출 것

③ 기숙사의 주거 환경 조성
  사용자는 기숙사를 운영하는 경우 다음의 사항을 준수해야 한다(영 제57조).

SEMI-NOTE

기숙사 생활의 보장
- 사용자는 사업 또는 사업장의 부속 기숙사에 기숙하는 근로자의 사생활의 자유를 침해하지 못한다(법 제98조 제1항).
- 사용자는 기숙사 생활의 자치에 필요한 임원 선거에 간섭하지 못한다(법 제98조 제2항).

기숙사규칙 준수
사용자와 기숙사에 기숙하는 근로자는 기숙사규칙을 지켜야 한다(법 제99조 제3항).

임원선거에 간섭한 경우
1차 위반 80만 원, 2차 위반 150만 원, 3차 위반 300만 원의 과태료에 처함

기숙사의 설치 장소
사용자는 소음이나 진동이 심한 장소, 산사태나 눈사태 등 자연재해의 우려가 현저한 장소, 습기가 많거나 침수의 위험이 있는 장소, 오물이나 폐기물로 인한 오염의 우려가 현저한 장소 등 근로자의 안전하고 쾌적한 거주가 어려운 환경의 장소에 기숙사를 설치해서는 안 된다(영 제56조).

기숙사의 면적
기숙사 침실의 넓이는 1인당 2.5제곱미터 이상으로 한다(영 제58조).

㉠ 남성과 여성이 기숙사의 같은 방에 거주하지 않도록 할 것
㉡ 작업시간을 달리하는 2개 조 이상의 근로자들이 같은 침실에 거주하지 않도록 할 것
㉢ 기숙사에 기숙하는 근로자가 감염병에 걸린 경우에는 다음의 장소 또는 물건에 대하여 소독 등 필요한 조치를 취할 것
- 해당 근로자의 침실
- 해당 근로자가 사용한 침구, 식기, 옷 등 개인용품 및 그 밖의 물건
- 기숙사 내 근로자가 공동으로 이용하는 장소

④ 근로자의 사생활 보호 등

사용자는 기숙사에 기숙하는 근로자의 사생활 보호 등을 위하여 다음의 사항을 준수해야 한다(영 제58조의2).
㉠ 기숙사의 침실, 화장실 및 목욕시설 등에 적절한 잠금장치를 설치할 것
㉡ 근로자의 개인용품을 정돈하여 두기 위한 적절한 수납공간을 갖출 것

⑤ 부속 기숙사의 유지관리 의무

사용자는 설치한 부속 기숙사에 대하여 근로자의 건강 유지, 사생활 보호 등을 위한 조치를 하여야 한다(법 제100조의2).

09절 근로관계의 전개 및 변경

1. 근로관계의 전개

(1) 배치전환의 유형

① 직무내용의 변경
직종의 변경(전직, 전보).

② 근무장소의 변경
사업장을 달리하는 근무장소의 변경(전근).

> **관련 판례** 근로자에 대한 처분 고려사항

근로자에 대한 전직이나 전보처분은 근로자가 제공하여야 할 근로의 종류·내용·장소 등에 변경을 가져온다는 점에서 근로자에게 불이익한 처분이 될 수도 있으나, 원칙적으로 인사권자인 사용자의 권한에 속하므로 업무상 필요한 범위 안에서는 상당한 재량을 인정하여야 하고, 그것이 근로자에 대하여 정당한 이유 없이 해고·휴직·정직·감봉 기타 징벌을 하지 못하도록 하는 구 근로기준법(2007. 4. 11. 법률 제8372호로 개정되기 전의 것) 제30조 제1항에 위배되거나 권리남용에 해당하는 등 특별한 사정이 없는 한 무효라고는 할 수 없고, 전직처분 등이 정당한 인사권의 범위 내에 속하는지의 여부는 당해 전직처분 등의 업무상의 필요성과 전직에 따른 근로자의 생활상의 불이익을 비교·교량하고, 근로자가 속하는 노동조합(노동조합이 없으면 근로자 본인)과의 협의 등 그 전직처분을 하는 과정에서 신의칙상 요구되는 절차를 거쳤는지 여부를 종합적으로 고려하여 결정하여야 한다(대판 2007두20157).

SEMI-NOTE

배치전환
동일 기업 내에서 근로자의 직종 또는 근무장소의 변경을 가져오는 인사이동

③ 기업간 이동
  ㉠ 전출 : 전출은 사용자가 근로자와의 기본적인 근로계약관계는 유지하면서 상당히 장기간에 걸쳐 다른 사용자의 업무에 종사하도록 하는 인사처분
  ㉡ 전적 : 근로자를 그가 고용된 기업으로부터 다른 기업으로 적을 옮겨 다른 기업의 업무에 종사하게 하는 이른바 전적(전적)은, 종래에 종사하던 기업과 사이의 근로계약을 합의해지하고 이적하게 될 기업과 사이에 새로운 근로계약을 체결하는 것이거나 근로계약상의 사용자의 지위를 양도하는 것이므로, 동일 기업 내의 인사이동인 전근이나 전보와 달라 특별한 사정이 없는 한 근로자의 동의를 얻어야 효력이 생긴다(대판 2005두9873).

(2) 배치전환의 제한

① 정당한 사유
근로자에 대한 전보나 전직은 원칙적으로 인사권자인 사용자의 권한에 속하므로 업무상 필요한 범위 내에서는 사용자는 상당한 재량을 가지며 그것이 근로기준법에 위반되거나 권리남용에 해당되는 등의 특별한 사정이 없는 한 유효하고, 전보처분 등이 권리남용에 해당하는지의 여부는 전보처분 등의 업무상의 필요성과 전보 등에 따른 근로자의 생활상의 불이익을 비교·교량하여 결정되어야 할 것이고, 업무상의 필요에 의한 전보 등에 따른 생활상의 불이익이 근로자가 통상 감수하여야 할 정도를 현저하게 벗어난 것이 아니라면 이는 정당한 인사권의 범위 내에 속하는 것으로서 권리남용에 해당하지 않는다(대판 97다18165, 18172).

② 근로계약에 의한 제한
근로계약에서 근무내용이나 근무장소를 약정한 경우에는 근로자의 동의 없이 사용자가 일방적으로 변경할 수는 없음

③ 법령에 의한 제한
노동조합법상 노조가입, 정당한 노조활동으로 근로자에게 불이익을 주는 행위를 할 수 없음

④ 정당성 없는 배치전환 명령의 효과와 구제
  ㉠ 효과 : 배치전환 명령은 사법상 무효에 해당하고 부당한 전직에 대한 불응은 해고나 징계할 수 없음
  ㉡ 구제 : 사용자가 근로자에게 부당해고 등을 하면 근로자는 노동위원회에 구제를 신청할 수 있다(법 제28조 제1항).

관련 판례

- 근로자를 그가 고용된 기업으로부터 다른 기업으로 적을 옮겨 다른 기업의 업무에 종사하게 하는 이른바 전적은, 종래에 종사하던 기업과 간의 근로계약을 합의해지하고 이적하게 될 기업과 간에 새로운 근로계약을 체결하는 것이거나 근로계약상의 사용자의 지위를 양도하는 것이므로, 동일 기업 내의인사이동인 전근이나 전보와 달라, 특별한 사정이 없는 한 근로자의 동의를 얻어야 효력이 생긴다(대판 92누8200).
- 전적은 종전 기업과의 근로관계를 합의해지하고 이적하게 될 기업과 사이에 새로운 근로계약을 체결하는 것이므로, 유효한 전적이 이루어진 경우에 있어서는 당사자 사이에 종전 기업과의 근로관계를 승계하기로 하는 특약이 있거나 이적하게 될 기업의 취업규칙 등에 종전 기업에서의 근속기간을 통산하도록 하는 규정이 있는 등의 특별한 사정이 없는 한 당해 근로자의 종전 기업과의 근로관계는 단절되는 것이고 이적하게 될 기업이 당해 근로자의 종전 기업과의 근로관계를 승계하는 것은 아니다(대판 95다29970).

2. 휴직

(1) 휴직의 유형

① 직권휴직

사용자의 일방적 의사표시에 따른 휴직으로 신체적 혹은 정신상의 장애로 장기 요양을 요할 때, 병역법에 의한 병역복무를 필하기 위하여 징집 또는 소집되었을 때, 생사 또는 소재불명, 기타 법률상 의무수행 등의 경우에 해당

② 의원휴직

근로자의 신청과 사용자의 승인에 따른 휴직으로 상병, 가사, 학업, 육아, 공직 수행 등을 목적으로 하는 휴직

(2) 휴직의 법적근거

'휴직'이라 함은 어떤 근로자를 그 직무에 종사하게 하는 것이 불능이거나 또는 적당하지 아니한 사유가 발생한 때에 그 근로자의 지위를 그대로 두면서, 일정한 기간 그 직무에 종사하는 것을 금지시키는 사용자의 처분을 말한다(대판 2007두10440).

(3) 휴직의 제한

① 직권휴직

사용자의 취업규칙이나 단체협약 등의 휴직근거규정에 의하여 사용자에게 일정한 휴직사유의 발생에 따른 휴직명령권을 부여하고 있다 하더라도 그 정해진 사유가 있는 경우 당해 휴직규정의 설정 목적과 그 실제 기능, 휴직명령권 발동의 합리성 여부 및 그로 인하여 근로자가 받게 될 신분상·경제상의 불이익 등 구체적인 사정을 모두 참작하여 근로자가 상당한 기간에 걸쳐 근로의 제공을 할 수 없다거나, 근로제공을 함이 매우 부적당하다고 인정되는 경우에만 정당한 이유가 있다고 보아야 한다(대판 2003다63029).

② 의원휴직

휴직신청 당시 근로자가 근무부서의 상사·동료로부터 여러 차례에 걸친 폭행·협박으로 불안한 직장생활을 감당할 수 없게 되었고 자신에게 폭행·협박 등 부당노동행위를 한 직원들을 수사기관에 고소까지 제기한 상태인 점 등을 종합하면, 근로자로서는 근무부서에서 상당한 기간에 걸쳐 근로를 제공함이 매우 부적당한 상태에 있었다고 할 것이므로 그 휴직신청에는 상당한 이유가 있었다고 할 것인바, 그럼에도 회사가 휴직신청 사유의 사실 유무에 관하여 면밀히 조사하지도 아니한 채 정당한 휴직사유가 아니라는 이유로 휴직신청을 승인하지 아니한 조치는 부당하므로, 근로자가 회사에 그 휴직신청의 승인을 계속 요구하면서 출근을 거부하게 되었다면, 비록 그 결근이 회사의 승인이 없이 이루어져 무단결근에 해당하는 것이라고 할지라도 이는 통상의 무단결근 행위와는 달리 사회통념상 근로계약관계를 지속케 하는 것이 현저히 부당하다고 인정할 정도의 비위행위라고는 볼 수 없으니, 회사가 징계양정상 가장 무거운 징계처분인 징계면직처분을 한 것은 징계권의 남용이거나 형평의 원칙에 어긋난 것으로서 무효라고 본 사례(대판 95다53096)

SEMI-NOTE

휴직

근로자가 신분을 보유하면서 일정기간 그 직무에 종사하지 않는 것

(4) 휴직과 근로관계

회사의 취업규칙이 휴직한 직원이 휴직기간 만료일 또는 휴직사유 소멸일 5일 전까지 복직원을 제출하지 아니하여 복직되지 아니한 때에는 자진퇴직으로 간주한다고 규정하고 있다고 하더라도 취업규칙이 법령과 같은 효력을 가지는 것은 아니므로, 회사가 취업규칙에 따라 위와 같은 퇴직사유를 근거로 직원이 퇴직한 것으로 처리할 것인지의 여부는 원칙적으로 회사의 재량에 맡겨져 있는 것일 뿐만 아니라, 회사의 인사규정도 직원이 취업규칙 소정의 복직절차를 이행하지 아니한 때에는 면직을 명할 수 있다고 규정하여 소정의 기간 내에 복직원을 제출하지 아니한 휴직자를 면직시킬 것인지의 여부를 회사의 재량에 맡기고 있다면, 회사의 취업규칙과 인사규정이 "복직원을 제출하지 아니한 때에는 자진퇴직으로 간주하고 면직시킬 수 있다"고 규정한 취지는, 휴직한 직원이 복직원을 제출하지 아니하면 회사가 퇴직처분을 할 수 있고 퇴직처분을 하였을 때 회사와 직원 사이의 근로계약관계가 종료된다는 의미로 해석하여야 할 것이지, 이와 달리 "자진퇴직으로 간주한다"는 문구에 구애되어 근로관계의 당연종료사유를 규정한 것으로 보아서는 안된다(대판 93다7464).

3. 징계

(1) 징계의 법적성질

근로자의 상벌 등에 관한 인사권은 사용자의 고유권한으로서 그 범위에 속하는 징계권 역시 기업운영 또는 노동계약의 본질상 당연히 사용자에게 인정되는 권한이기 때문에 그 징계규정의 내용이 강행법규나 단체협약의 내용에 반하지 않는 한 사용자는 그 구체적 내용을 자유롭게 정할 수 있고, 그 규정이 단체협약의 부속서나 단체협약 체결절차에 준하여 제정되어야 하는 것은 아니다(대판 94다21337).

(2) 징계의 종류

① 견책
근로자가 사용자에게 시말서를 제출하는 것으로 징계하는 방법
② 경고
단순한 훈계로 시말서의 제출을 요하지는 않는 징계처분
③ 감급
노무수행의 태만이나 직장규율을 위반한 근로자에 대한 제재로 임금의 일부를 공제하는 것을 말한다. 취업규칙에서 근로자에 대하여 감급(減給)의 제재를 정할 경우에 그 감액은 1회의 금액이 평균임금의 1일분의 2분의 1을, 총액이 1임금지급기의 임금 총액의 10분의 1을 초과하지 못한다(법 제95조).
④ 출근정지, 정직
근로계약은 존속시키지만 일정기간 근로제공을 금지하는 것
⑤ 징계해고
사용자의 일방적인 의사표시로 근로관계를 종료시키는 것

⑥ 직위해제처분(대기발령)
  ㉠ 의의 : 근로자가 향후 계속 직무를 담당하게 될 경우 예상되는 업무상의 장애를 예방하기 위하여 일시적으로 직무에 종사하지 못하게 하는 것으로써, 직무수행능력이 부족하거나 근무성적이 극히 불량한 자, 징계의결이 요구중인 자, 형사사건으로 기소된 자 등에 대해 임용권자가 근로자로서의 신분은 보존시키되 직위를 부여하지 않는 행위
  ㉡ 정당성의 판별기준 : 대기발령이 정당한 것이어야 하고, 그 기간은 합리적인 범위 내에서 이루어져야 함
  ㉢ 당연퇴직 : 노사 당사자의 합의에 의해 일정한 사유의 발생만으로 그 사유발생일 또는 소정의 날짜에 당연히 노사관계가 종료되거나 퇴직하는 것

(3) 징계의 요건 및 구제절차

① 징계의 요건
  ㉠ 질적 요건 : 사용자는 근로자에게 정당한 이유 없이 해고, 휴직, 정직, 전직, 감봉, 그 밖의 징벌(懲罰)을 하지 못한다(법 제23조 제1항).
  ㉡ 정당한 사유 : 사회통념상 현저하게 타당성을 잃은 처분이라고 하려면 구체적인 사례에 따라 직무의 특성, 징계의 사유가 된 비위사실의 내용과 성질 및 징계에 의하여 달하려는 목적과 그에 수반되는 제반 사정을 참작하여 객관적으로 명백히 부당하다고 인정되는 경우라야 한다(대판 2002두4860).

② 징계절차의 정당성
취업규칙 등에서 근로자를 징계하고자 할 때에는 징계위원회의 의결을 거치도록 명하고 있는 경우, 이러한 절차를 거치지 아니하고 한 징계처분은 원칙적으로 효력을 인정할 수 없는 것이나 다만, 사용자와 노동조합 사이에 근로자에 대한 징계절차를 취업규칙에 정해진 징계절차보다 근로자에게 유리한 방식으로 운영하기로 합의가 이루어져 상당한 기간 그 합의에 따라 징계절차가 운영되어 왔고, 이에 대하여 근로자들도 아무런 이의를 제기하지 아니하였다면, 그와 같은 징계절차의 운영은 취업규칙의 징계절차에 따르지 않았다고 하더라도 그 효력을 부인할 수는 없다(대판 2000두7605).

③ 징계절차가 규정에 있는 경우
단체협약이나 취업규칙에 조합원을 징계하고자 할 때에는 피징계자에게 변론의 기회를 주어야 한다고 규정하고 있을 뿐 그 통보의 시기와 방법에 관하여는 특별한 규정이 없다 하더라도 피징계자에게 변명과 소명자료를 준비할 만한 상당한 기간을 두고 징계위원회의 개최일시와 장소를 통보하여야 한다(대판 91다27518).

④ 징계절차가 규정에 없는 경우
단체협약이나 취업규칙 등에서 징계절차에서 피징계자에게 사전에 통고하거나 변명의 기회를 부여할 것을 명한 규정이 없는 이상 징계절차를 거치지 않았다고 하여 징계처분이 무효라 할 수 없음

SEMI-NOTE

관련 판례

직위해제는 일반적으로 근로자가 직무수행능력이 부족하거나 근무성적 또는 근무태도 등이 불량한 경우, 근로자에 대한 징계절차가 진행 중인 경우, 근로자가 형사사건으로 기소된 경우 등에 있어서 당해 근로자가 장래에 있어서 계속 직무를 담당하게 될 경우 예상되는 업무상의 장애 등을 예방하기 위하여 일시적으로 당해 근로자에게 직위를 부여하지 아니함으로써 직무에 종사하지 못하도록 하는 잠정적인 조치로서의 보직의 해제를 의미한다(대판 2003두8210).

SEMI-NOTE

관련 판례

단체협약 등에 규정된 인사협의(합의)조항의 구체적 내용이 사용자가 인사처분을 함에 있어서 신중을 기할 수 있도록 노동조합이 의견을 제시할 수 있는 기회를 주어야 하도록 규정된 경우에는 그 절차를 거치지 아니하였다고 하더라도 인사처분의 효력에는 영향이 없다고 보아야 할 것이지만, 사용자가 인사처분을 함에 있어 노동조합의 사전 동의나 승낙을 얻어야 한다거나 노동조합과 인사처분에 관한 논의를 하여 의견의 합치를 보아 인사처분을 하도록 규정된 경우에는 그 절차를 거치지 아니한 인사처분은 원칙적으로 무효라고 보아야 할 것이다(대판 92다45735).

근로관계 이전

사용자의 영업변동으로 새 사용자가 근로관계의 당사자로서 종래의 근로관계를 그대로 승계하는 것

합병과 분할
- **합병** : 두 개 이상의 회사가 상법의 규정에 따라 청산절차를 거치지 않고 하나의 회사가 되는 것
- **분할** : 하나의 회사가 둘 이상의 회사로 분리하는 제도

분할 또는 분할합병의 효과(상법 제530조의10)
- 단순분할신설회사, 분할승계회사 또는 분할합병신설회사는 분할회사의 권리와 의무를 분할계획서 또는 분할합병계약서에서 정하는 바에 따라 승계

⑤ 절차위반 하자의 치유

징계해고에 관한 절차 위반을 이유로 해고무효 판결이 확정된 경우 소급하여 해고되지 아니한 것으로 보게 될 것이지만, 그 후 같은 징계사유를 들어 새로이 필요한 제반 징계절차를 밟아 다시 징계처분을 한다고 하여 일사부재리의 원칙이나 신의칙에 위배된다고 볼 수는 없을 뿐더러, 법원의 판결을 잠탈하는 것이라고 할 수도 없다(대판 95다36138).

⑥ 구제절차
  ㉠ 노동위원회 구제신청
    - 사용자가 근로자에게 부당해고등을 하면 근로자는 노동위원회에 구제를 신청할 수 있다. 구제신청은 부당해고등이 있었던 날부터 3개월 이내에 하여야 한다(법 제28조).
    - 조사 등 : 노동위원회는 구제신청을 받으면 지체 없이 필요한 조사를 하여야 하며 관계 당사자를 심문하여야 한다. 노동위원회는 제1항에 따라 심문을 할 때에는 관계 당사자의 신청이나 직권으로 증인을 출석하게 하여 필요한 사항을 질문할 수 있다. 노동위원회는 제1항에 따라 심문을 할 때에는 관계 당사자에게 증거 제출과 증인에 대한 반대심문을 할 수 있는 충분한 기회를 주어야 한다(법 제29조).
  ㉡ **사법적 구제** : 근로자는 법원에 징계 무효확인의 소를 제기 가능
  ㉢ **구제 내용** : 무효판결로 원상회복이 되면 임금 상당액의 청구가 가능하고 불법행위로 인한 손해배상청구와 위자료 청구도 가능

4. 근로관계의 이전

(1) 근로관계의 승계여부

둘 이상의 사업을 영위하던 회사의 분할에 따라 일부 사업 부문이 신설회사에 승계되는 경우 분할하는 회사가 분할계획서에 대한 주주총회의 승인을 얻기 전에 미리 노동조합과 근로자들에게 회사 분할의 배경, 목적 및 시기, 승계되는 근로관계의 범위와 내용, 신설회사의 개요 및 업무 내용 등을 설명하고 이해와 협력을 구하는 절차를 거쳤다면 그 승계되는 사업에 관한 근로관계는 해당 근로자의 동의를 받지 못한 경우라도 신설회사에 승계되는 것이 원칙이다(대판 2011두4282).

(2) 승계거부 가능여부

회사의 분할이 근로기준법상 해고의 제한을 회피하면서 해당 근로자를 해고하기 위한 방편으로 이용되는 등의 특별한 사정이 있는 경우에는, 해당 근로자는 근로관계의 승계를 통지받거나 이를 알게 된 때부터 사회통념상 상당한 기간 내에 반대 의사를 표시함으로써 근로관계의 승계를 거부하고 분할하는 회사에 잔류할 수 있다(대판 2011두4282).

(3) 영업양도

① **영업양도**

일정한 영업목적에 의하여 조직화된 물적·인적 조직을 그 동일성을 유지하면서 일체로서 이전하는 것으로서 사업자간에 영업의 요소로 인정되는 유기적으로 결합된 재산을 이전받아 양도인이 하던 것과 같은 영업활동을 양수인이 계속하는 것

② 영업의 양도라 함은 일정한 영업목적에 의하여 조직화된 업체 즉, 인적·물적 조직을 그 동일성은 유지하면서 일체로서 이전하는 것으로서 영업의 일부만의 양도도 가능하고, 이러한 영업양도가 이루어진 경우에는 원칙적으로 해당 근로자들의 근로관계가 양수하는 기업에 포괄적으로 승계되는바, 여기서 영업의 동일성 여부는 일반 사회관념에 의하여 결정되어져야 할 사실인정의 문제이기는 하지만, 문제의 행위(양도계약관계)가 영업의 양도로 인정되느냐 안 되느냐는 단지 어떠한 영업재산이 어느 정도로 이전되어 있는가에 의하여 결정되어져야 하는 것이 아니고 거기에 종래의 영업조직이 유지되어 그 조직이 전부 또는 중요한 일부로서 기능할 수 있는가에 의하여 결정되어져야 하는 것이므로, 예컨대 영업재산의 전부를 양도했어도 그 조직을 해체하여 양도했다면 영업의 양도는 되지 않는 반면에 그 일부를 유보한 채 영업시설을 양도했어도 그 양도한 부분만으로도 종래의 조직이 유지되어 있다고 사회관념상 인정되면 그것을 영업의 양도라 볼 것이다(대판 2000두8455).

③ **영업양도와 근로관계**

㉠ **근로관계의 승계여부** : 영업의 양도라 함은 일정한 영업목적에 의하여 조직화된 업체 즉 인적 물적 조직을 그 동일성은 유지하면서 일체로서 이전하는 것을 말하고 영업이 포괄적으로 양도되면 반대의 특약이 없는 한 양도인과 근로자 간의 근로관계도 원칙적으로 양수인에게 포괄적으로 승계된다(대판 93다33173).

㉡ **근로관계의 승계범위** : 영업양도에 의하여 승계되는 근로관계는 계약체결일 현재 실제로 그 영업부문에서 근무하고 있는 근로자와의 근로관계만을 의미하고, 계약체결일 이전에 해당 영업부문에서 근무하다가 해고된 근로자로서 해고의 효력을 다투는 근로자와의 근로관계까지 승계되는 것은 아니다(대판 95다33238).

㉢ **근로자의 이의제기** : 영업양도가 일어지면 원칙적으로 해당 근로자들의 근로관계가 양수하는 기업에 포괄적으로 승계되지만 근로자가 반대의 의사표시를 함으로써 양수기업에 승계되는 대신 양도기업에 잔류하거나 양도기업과 양수기업 모두에서 퇴직할 수 있음

㉣ **영업양도와 경영상의 이유엔 의한 해고** : 경영상의 이유로 정리해고로서의 정당한 요건을 갖추었다면 그 절차에 따라 승계를 거부한 근로자를 해고할 수 있음

④ 영업양도와 개별적 근로관계
  ㉠ 취업규칙 효력 : 사용자가 일방적으로 새로운 취업규칙의 작성·변경을 통하여 근로자가 가지고 있는 기득의 권리나 이익을 박탈하여 불이익한 근로조건을 부과하는 것은 원칙적으로 허용되지 아니한다고 할 것이나, 당해 취업규칙의 작성 또는 변경이 그로 인하여 근로자가 입게 될 불이익의 정도를 고려하더라도 그 필요성 및 내용의 양면에서 보아 여전히 당해 조항의 법적 규범성을 시인할 수 있을 정도로 사회통념상 합리성이 있다고 인정되는 경우에는 종전 근로조건 또는 취업규칙의 적용을 받고 있던 근로자의 집단적 의사결정 방법에 의한 동의가 없다는 이유만으로 그 적용을 부정할 수는 없다고 할 것이다(대판 2002다23185, 23192).
  ㉡ 퇴직금 차등금지 및 균등대우의 원칙 : 회사의 합병에 의하여 근로관계가 승계되는 경우에는 종전의 근로계약상의지위가 그대로 포괄적으로 승계되는 것이므로 합병 당시 취업규칙의 개정이나 단체협약의 체결 등을 통하여 합병 후 근로자들의 근로관계의 내용을 단일화하기로 변경 조정하는 새로운 합의가 없는 한 합병 후 존속회사나 신설회사는 소멸회사에 근무하던 근로자에 대한 퇴직금 관계에 관하여 종전과 같은 내용으로 승계하는 것이라고 보아야 한다(대판 93다1589).
⑤ 영업양도와 집단적 노사관계
  영업양도가 이루어진 경우 승계되는 근로관계에는 양도인과 근로자들 관계에서 형성된 집단적 근로관계도 포함되고, 노동조합도 양수인 사업장의 노동조합으로 존속한다고 봄이 상당하므로 단체협약상의 권리·의무도 당연히 승계된다(대판 2000다3347).

10절 근로관계의 종료

1. 근로관계의 종료사유

(1) 당사자의 의사표시에 의한 종료

① 사직 : 사직은 근로자의 일방적 의사표시에 의한 것으로 사용자의 승낙을 요하지 않고 의사표시가 사용자에게 도달하면 원칙적으로 철회가 가능

> **관련 판례** 사직 철회
>
> 근로자가 사직원을 제출하여 근로계약관계의 해지를 청약하는 경우 그에 대한 사용자의 승낙의사가 형성되어 그 승낙의 의사표시가 근로자에게 도달하기 이전에는 그 의사표시를 철회할 수 있고, 다만 근로자의 사직 의사표시 철회가 사용자에게 예측할 수 없는 손해를 주는 등 신의칙에 반한다고 인정되는 특별한 사정이 있는 경우에 한하여 그 철회가 허용되지 않는다(대판 99두8657).

SEMI-NOTE

근로관계의 종료사유
근로계약 당사자의 의사표시에 의한 종료와 종료사유인 계약기간의 만료, 근로자의 사망, 사업의 완료, 정년 등이 있음

② 합의해지 : 합의해지는 당사자인 근로자와 사용자의 합의에 의하여 근로관계를 종료하는 것으로 사용자의 승낙을 요함
③ 해고 : 근로관계를 사용자의 일방적 의사표시로 확정적·일방적 의사표시. 통상해고, 징계해고, 정리해고가 있음

(2) 자동적 종료사유

① 기간의 만료 : 기간의 정함이 있는 경우 기간의 만료로써 당사자의 의사표시가 없어도 근로관계가 자동적으로 종료됨

> **관련 판례** 기간의 정함이 없는 근로계약
>
> 근로계약을 체결하면서 기간을 정한 근로계약서를 작성한 경우 그 근로계약이 계약서의 문언에 반하여 기간의 정함이 없는 근로계약이라고 하기 위해서는 계약서의 내용과 근로계약이 이루어지게 된 동기 및 경위, 기간을 정한 목적과 당사자의 진정한 의사, 동종의 근로계약 체결방식에 관한 관행 그리고 근로자보호법규 등을 종합적으로 고려하여 그 기간의 정함이 단지 형식에 불과하다는 사정이 인정되어야 한다(대판 98두625).

> **관련 판례** 정당한 기대권의 인정
>
> 근로계약 당사자 사이에 일정한 요건이 충족되면 근로계약이 갱신된다는 신뢰관계가 형성되어 있어 근로자에게 근로계약이 갱신될 수 있으리라는 정당한 기대권이 인정되는 경우에는, 사용자가 이를 위반하여 부당하게 근로계약의 갱신을 거절하는 것은 부당해고와 마찬가지로 아무런 효력이 없고, 이 경우 기간만료 후의 근로관계는 종전의 근로계약이 갱신된 것과 동일하다(대판 2007두1729).

② 기간의 정함이 형식에 불과한 경우 : 근로계약기간을 정한 근로계약서를 작성한 경우 처분문서인 근로계약서의 문언에 따라 특별한 사정이 없는 한 근로자와 사용자 사이에는 기간의 정함이 있는 근로계약을 맺었다고 보아야 하고, 이 경우 근로계약기간이 끝나면 그 근로관계는 사용자의 해고 등 별도의 조처를 기다릴 것 없이 당연히 종료함이 원칙이고, 다만 기간을 정한 근로계약서를 작성한 경우에도 예컨대 단기의 근로계약이 장기간에 걸쳐서 반복하여 갱신됨으로써 그 정한 기간이 단지 형식에 불과하게 된 경우 등 계약서의 내용과 근로계약이 이루어지게 된 동기 및 경위, 기간을 정한 목적과 채용 당시 계속근로의사 등 당사자의 진정한 의사, 근무기간의 장단 및 갱신 횟수, 동종의 근로계약 체결방식에 관한 관행 그리고 근로자보호법규 등을 종합적으로 고려하여 그 기간의 정함이 단지 형식에 불과하다는 사정이 인정되는 경우에는 계약서의 문언에도 불구하고 사실상 기간의 정함이 없는 근로계약을 맺었다고 볼 것이며, 이 경우 사용자가 정당한 사유 없이 갱신 계약 체결을 거절하는 것은 해고와 마찬가지로 무효이다(대판 2005두16901).

SEMI-NOTE

관련 판례
근로계약기간을 정하여 임용된 근로자는 원칙적으로 그 기간이 만료됨으로써 근로자로서의 신분관계는 당연히 종료되므로, 근로계약기간이 만료된 근로자에 대한 해임통지는 근로계약기간 만료의 통지에 불과할 뿐 당해 근로자를 부당하게 해고한 것이라고 할 수는 없다(대판 96누10331).

③ **당사자의 소멸** : 근로자의 사망으로 근로관계는 종료되며, 이는 근로관계가 일신전속적이기 때문

> **관련 판례** 정리해고
>
> 정리해고는 긴급한 경영상의 필요에 의하여 기업에 종사하는 인원을 줄이기 위하여 일정한 요건 아래 근로자를 해고하는 것으로서 기업의 유지·존속을 전제로 그 소속 근로자들 중 일부를 해고하는 것을 가리키는 것인바, 이와 달리 사업의 폐지를 위하여 해산한 기업이 그 청산과정에서 근로자를 해고하는 것은 기업 경영의 자유에 속하는 것으로서 정리해고에 해당하지 않으며, 해고에 정당한 이유가 있는 한 유효하다(대판 2001다27975).

④ **정년** : 취업규칙 등에 명시된 정년에 도달하여 당연퇴직하게 된 근로자에 대하여 사용자가 그 정년을 연장하는 등의 방법으로 근로관계를 계속 유지할 것인지 여부는 특별한 사정이 없는 한 사용자의 권한에 속하는 것으로서, 해당 근로자에게 정년연장을 요구할 수 있는 권리가 있다고 할 수 없고, 사용자가 해당 근로자에게 정년연장을 허용하지 아니한 조치의 정당성은 사용자의 행위가 법률과 취업규칙 등의 규정 내용이나 규정 취지에 위배되는지 여부에 의하여 판단해야 하며, 단지 정년연장을 허용하지 아니하는 것이 해당 근로자에게 가혹하다든가 혹은 다른 근로자의 경우에 비추어 형평에 어긋난다는 사정만으로 그 정당성이 없는 것으로 단정할 수는 없다(대판 2007다85997).

⑤ **사용자가 정한 근로관계 종료사유** : 사용자가 어떤 사유의 발생을 당연퇴직 또는 면직 사유로 규정하고 그 절차를 통상의 해고나 징계해고와 달리한 경우에, 그 당연퇴직사유가 근로자의 사망이나 정년, 근로계약기간의 만료 등 근로관계의 자동소멸사유로 보이는 경우를 제외하고는 이에 따른 당연퇴직처분은 제한을 받는 해고이다(대판 2007다62840).

2. 해고에 대한 제한

(1) 해고의 정당한 사유

① **통상해고** : 근로자 개인의 일신상의 사유에 의한 해고로서, 개인적인 질병 등으로 근로의 제공이 어렵다거나 또는 능력이 현저하게 부족하여 맡은 바 직책을 충실히 수행하지 못하는 등의 사정이 있을 경우 행하는 해고

> **관련 판례** 해고의 정당한 사유
>
> 사용자의 일방적 의사표시로 취업규칙의 규정에 의하여 근로자와의 근로계약관계를 종료시키는 경우 그것이 정당한 것으로 인정되기 위하여는 종국적으로 근로기준법에서 말하는 '정당한 사유'가 있어야 할 것이고, 근로자가 취업규칙에서 정한 '신체 장해로 인하여 직무를 감당

SEMI-NOTE

일신전속
법률에서 특정한 자에게만 귀속하며 타인에게는 양도되지 않는 속성. 일신전속적 권리는 특정한 주체만이 향유할 수 있는 권리. 특정 주체만이 향유할 수 있는 권리는 향유전속권이라고 하며 특정 주체만이 행사할 수 있는 것은 행사전속권이라고도 함

해고
근로계약을 장래를 향하여 종료케 하는 사용자의 일방적인 의사표시

법 제23조 제1항
사용자는 근로자에게 정당한 이유 없이 해고, 휴직, 정직, 전직, 감봉, 그 밖의 징벌(懲罰)을 하지 못한다.

할 수 없을 때'에 해당한다고 보아 퇴직처분을 함에 있어서 그 정당성은 근로자가 신체 장해를 입게 된 경위 및 그 사고가 사용자의 귀책사유 또는 업무상 부상으로 인한 것인지의 여부, 근로자의 치료기간 및 치료 종결 후 노동능력 상실의 정도, 근로자가 사고를 당할 당시 담당하고 있던 업무의 성격과 내용, 근로자가 그 잔존노동능력으로 감당할 수 있는 업무의 존부 및 그 내용, 사용자로서도 신체 장해를 입은 근로자의 순조로운 직장 복귀를 위하여 담당 업무를 조정하는 등의 배려를 하였는지 여부, 사용자의 배려에 의하여 새로운 업무를 담당하게 된 근로자의 적응노력 등 제반 사정을 종합적으로 고려하여 합리적으로 판단하여야 한다(대판 95다45934).

② **징계해고** : 근로자가 직장의 질서 및 계약의무의 위반을 한 것이 중대한 경우에, 그에 대한 제재로서 행하는 해고

(2) 경영상 이유에 의한 해고의 제한

① **긴박한 경영상 필요** : 사용자가 경영상 이유에 의하여 근로자를 해고하려면 긴박한 경영상의 필요가 있어야 한다. 이 경우 경영 악화를 방지하기 위한 사업의 양도·인수·합병은 긴박한 경영상의 필요가 있는 것으로 본다(법 제24조 제1항).

② **해고회피 노력** : 사용자는 해고를 피하기 위한 노력을 다하여야 하며, 합리적이고 공정한 해고의 기준을 정하고 이에 따라 그 대상자를 선정하여야 한다. 이 경우 남녀의 성을 이유로 차별하여서는 아니 된다(법 제24조 제2항).

> **관련 판례** 해고를 피하기 위한 노력
>
> 정리해고의 요건 중 해고를 피하기 위한 노력을 다하여야 한다는 것은 경영방침이나 작업방식의 합리화, 신규 채용의 금지, 일시휴직 및 희망퇴직의 활용, 전근 등 사용자가 해고범위를 최소화하기 위하여 가능한 모든 조치를 취하는 것을 의미하고, 그 방법과 정도는 확정적·고정적인 것이 아니라 당해 사용자의 경영위기의 정도, 정리해고를 실시하여야 하는 경영상의 이유, 사업의 내용과 규모, 직급별 인원상황 등에 따라 달라지는 것이다(대판 2018두44647).

③ **해고의 통보** : 사용자는 제2항에 따른 해고를 피하기 위한 방법과 해고의 기준 등에 관하여 그 사업 또는 사업장에 근로자의 과반수로 조직된 노동조합이 있는 경우에는 그 노동조합(근로자의 과반수로 조직된 노동조합이 없는 경우에는 근로자의 과반수를 대표하는 자를 말한다.)에 해고를 하려는 날의 50일 전까지 통보하고 성실하게 협의하여야 한다(법 제24조 제3항).

④ **고용노동부장관에게 신고** : 사용자는 대통령령으로 정하는 일정한 규모 이상의 인원을 해고하려면 대통령령으로 정하는 바에 따라 고용노동부장관에게 신고하여야 한다(법 제24조 제4항).

⑤ **정당한 해고간주** : 사용자가 요건을 갖추어 근로자를 해고한 경우에는 정당한 이유가 있는 해고를 한 것으로 본다(법 제24조 제5항).

SEMI-NOTE

관련 판례

기업이 파산선고를 받아 사업의 폐지를 위하여 그 청산과정에서 근로자를 해고하는 것은 위장폐업이 아닌 한 기업경영의 자유에 속하는 것으로서 파산관재인이 파산선고로 인하여 파산자 회사가 해산한 후에 사업의 폐지를 위하여 행하는 해고는 정리해고가 아니라 통상해고에 해당하는 것이어서, 정리해고에 관한 근로기준법 규정이 적용될 여지가 없고, 또한 파산관재인의 근로계약 해지는 해고만을 목적으로 한 위장파산이나 노동조합의 단결권 등을 방해하기 위한 위장폐업이 아닌 한 원칙적으로 부당노동행위에 해당하지 아니한다(대판 2003두902).

해고의 예고

사용자는 근로자를 해고(경영상 이유에 의한 해고를 포함한다)하려면 적어도 30일 전에 예고를 하여야 하고, 30일 전에 예고를 하지 아니하였을 때에는 30일분 이상의 통상임금을 지급하여야 한다. 다만, 다음의 어느 하나에 해당하는 경우에는 그러하지 아니하다(법 제26조).

- 근로자가 계속 근로한 기간이 3개월 미만인 경우
- 천재·사변, 그 밖의 부득이한 사유로 사업을 계속하는 것이 불가능한 경우
- 근로자가 고의로 사업에 막대한 지장을 초래하거나 재산상 손해를 끼친 경우로서 고용노동부령으로 정하는 사유에 해당하는 경우

SEMI-NOTE

(3) 경영상의 이유에 의한 해고 계획의 신고(영 제10조)

① 사용자는 1개월 동안에 다음의 어느 하나에 해당하는 인원을 해고하려면 최초로 해고하려는 날의 30일 전까지 고용노동부장관에게 신고하여야 한다.
  ㉠ 상시 근로자수가 99명 이하인 사업 또는 사업장 : 10명 이상
  ㉡ 상시 근로자수가 100명 이상 999명 이하인 사업 또는 사업장 : 상시 근로자수의 10퍼센트 이상
  ㉢ 상시 근로자수가 1,000명 이상 사업 또는 사업장 : 100명 이상
② 신고를 할 때에는 다음의 사항을 포함하여야 함
  ㉠ 해고 사유
  ㉡ 해고 예정 인원
  ㉢ 근로자대표와 협의한 내용
  ㉣ 해고 일정

(4) 우선 재고용 등(법 제25조) ★빈출개념

① 근로자를 해고한 사용자는 근로자를 해고한 날부터 3년 이내에 해고된 근로자가 해고 당시 담당하였던 업무와 같은 업무를 할 근로자를 채용하려고 할 경우 해고된 근로자가 원하면 그 근로자를 우선적으로 고용하여야 한다.
② 정부는 해고된 근로자에 대하여 생계안정, 재취업, 직업훈련 등 필요한 조치를 우선적으로 취하여야 한다.

(5) 해고의 법적효력

① 단체협약에 조합원에 대한 징계해고는 노동위원회의 인정을 받아야 한다고 규정되어 있다고 하더라도 현행법령의 규정상 근로자의 해고에 관하여 사전에 인정이나 승인을 할 수 있는 권한이 노동위원회에는 없고, 또 그 인정이나 승인은 사용자의 자의에 의한 부당한 즉시해고를 방지하기 위한 행정감독상의 사실확인행위에 지나지 아니하는 것이므로, 회사가 근로자를 해고하면서 단체협약의 규정에 따른 노동위원회의 인정을 받지 않았다 하더라도 그 해고의 효력에는 영향을 미칠 수 없다(대판 94누11132).
② 단체협약에 정하여진 해고에 관한 절차위반이 그 해고를 무효로 하느냐 여부는 일률적으로 말할 수는 없고 그 규정의 취지에 따라 결정되어야 할 것이고, 단체협약규정상의 해고절차위반으로 처벌받았다 하여 그것만으로 반드시 당해 해고의 사법상 효력이 부정되는 것은 아니라 할 것이며, 해고예고의무를 위반한 해고라 하여도 해고의 정당한 이유를 갖추고 있는 한 해고의 사법상 효력에는 영향이 없고, 해고수당의 지급 여부도 해고의 효력을 좌우하는 것은 아니다(대판 93다28553).

(6) 해고사유 등의 서면통지(법 제27조)

① 사용자는 근로자 해고 시 해고사유와 해고시기를 서면으로 통지하여야 한다.
② 근로자에 대한 해고는 서면으로 통지하여야 효력이 있다.
③ 사용자가 해고의 예고를 해고사유와 해고시기를 명시하여 서면으로 한 경우에는 통지를 한 것으로 본다.

(7) 부당해고등의 구제신청(법 제28조)

① 사용자가 근로자에게 부당해고등을 하면 근로자는 노동위원회에 구제를 신청할 수 있다.
② 구제신청은 부당해고등이 있었던 날부터 3개월 이내에 하여야 한다.

(8) 구제신청의 조사(법 제29조)

① 노동위원회는 구제신청을 받으면 지체 없이 필요한 조사를 하여야 하며 관계 당사자를 심문해야 한다.
② 노동위원회는 심문을 할 때에는 관계 당사자의 신청이나 직권으로 증인을 출석하게 하여 필요한 사항을 질문할 수 있다.
③ 노동위원회는 심문을 할 때에는 관계 당사자에게 증거 제출과 증인에 대한 반대심문을 할 수 있는 충분한 기회를 주어야 한다.
④ 노동위원회의 조사와 심문에 관한 세부절차는 중앙노동위원회가 정하는 바에 따른다.

(9) 구제명령 등 (법 제30조)

① 노동위원회는 심문을 끝내고 부당해고등이 성립한다고 판정하면 사용자에게 구제명령을 하여야 하며, 부당해고등이 성립하지 아니한다고 판정하면 구제신청을 기각하는 결정을 하여야 한다.
② 판정, 구제명령 및 기각결정은 사용자와 근로자에게 각각 서면으로 통지하여야 한다.
③ 노동위원회는 구제명령(해고에 대한 구제명령만을 말한다)을 할 때에 근로자가 원직복직(原職復職)을 원하지 아니하면 원직복직을 명하는 대신 근로자가 해고기간 동안 근로를 제공하였더라면 받을 수 있었던 임금 상당액 이상의 금품을 근로자에게 지급하도록 명할 수 있다.
④ 노동위원회는 근로계약기간의 만료, 정년의 도래 등으로 근로자가 원직복직이 불가능한 경우에도 제1항에 따른 구제명령이나 기각결정을 하여야 한다. 이 경우 노동위원회는 부당해고 등이 성립한다고 판정하면 근로자가 해고기간 동안 근로를 제공하였더라면 받을 수 있었던 임금 상당액에 해당하는 금품을 사업주가 근로자에게 지급하도록 명할 수 있다.

SEMI-NOTE

관련 판례

근로자가 이메일을 수신하는 등으로 내용을 알고 있는 이상, 이메일에 의한 해고통지도 해고사유 등을 서면 통지하도록 규정한 근로기준법의 입법 취지를 해치지 아니하는 범위 내에서 구체적 사안에 따라 서면에 의한 해고통지로서 유효하다고 보아야 할 경우가 있다(대판 2015두41401).

구제명령의 이행기한

노동위원회는 사용자에게 구제명령을 하는 때에는 이행기한을 정하여야 한다. 이 경우 이행기한은 사용자가 구제명령을 서면으로 통지받은 날부터 30일 이내로 한다(영 제11조).

(10) 구제명령 등의 확정(법 제31조)

① 지방노동위원회의 구제명령이나 기각결정에 불복하는 사용자나 근로자는 구제명령서나 기각결정서를 통지받은 날부터 10일 이내에 중앙노동위원회에 재심을 신청할 수 있다.
② 중앙노동위원회의 재심판정에 대하여 사용자나 근로자는 재심판정서를 송달받은 날부터 15일 이내에 행정소송법의 규정에 따라 소(訴)를 제기할 수 있다.
③ 기간 이내에 재심을 신청하지 아니하거나 행정소송을 제기하지 아니하면 그 구제명령, 기각결정 또는 재심판정은 확정된다.

(11) 이행강제금(법 제33조)

① 노동위원회는 구제명령(구제명령을 내용으로 하는 재심판정을 포함한다. 이하 이 조에서 같다)을 받은 후 이행기한까지 구제명령을 이행하지 아니한 사용자에게 3천만원 이하의 이행강제금을 부과한다.
② 노동위원회는 이행강제금을 부과하기 30일 전까지 이행강제금을 부과·징수한다는 뜻을 사용자에게 미리 문서로써 알려 주어야 한다.
③ 이행강제금을 부과할 때에는 이행강제금의 액수, 부과 사유, 납부기한, 수납기관, 이의제기방법 및 이의제기기관 등을 명시한 문서로써 하여야 한다.
④ 이행강제금을 부과하는 위반행위의 종류와 위반 정도에 따른 금액, 부과·징수된 이행강제금의 반환절차, 그 밖에 필요한 사항은 대통령령으로 정한다.
⑤ 노동위원회는 최초의 구제명령을 한 날을 기준으로 매년 2회의 범위에서 구제명령이 이행될 때까지 반복하여 이행강제금을 부과·징수할 수 있다. 이 경우 이행강제금은 2년을 초과하여 부과·징수하지 못한다.
⑥ 노동위원회는 구제명령을 받은 자가 구제명령을 이행하면 새로운 이행강제금을 부과하지 아니하되, 구제명령을 이행하기 전에 이미 부과된 이행강제금은 징수하여야 한다.
⑦ 노동위원회는 이행강제금 납부의무자가 납부기한까지 이행강제금을 내지 아니하면 기간을 정하여 독촉을 하고 지정된 기간에 제1항에 따른 이행강제금을 내지 아니하면 국세체납처분의 예에 따라 징수할 수 있다.
⑧ 근로자는 구제명령을 받은 사용자가 이행기한까지 구제명령을 이행하지 아니하면 이행기한이 지난 때부터 15일 이내에 그 사실을 노동위원회에 알려줄 수 있다.

SEMI-NOTE

구제명령 등의 효력
노동위원회의 구제명령, 기각결정 또는 재심판정은 중앙노동위원회에 대한 재심 신청이나 행정소송 제기에 의하여 그 효력이 정지되지 아니한다(법 제32조).

이행강제금의 부과기준
위반행위의 종류와 위반정도에 따른 이행강제금의 부과기준은 별표 3과 같다(영 제13조).

이행강제금의 부과유예
노동위원회는 다음의 어느 하나에 해당하는 사유가 있는 경우에는 직권 또는 사용자의 신청에 따라 그 사유가 없어진 뒤에 이행강제금을 부과할 수 있다(영 제12조).
- 구제명령을 이행하기 위하여 사용자가 객관적으로 노력하였으나 근로자의 소재불명 등으로 구제명령을 이행하기 어려울 것이 명백한 경우
- 천재·사변, 그 밖의 부득이한 사유로 구제명령을 이행하기 어려운 경우

3. 근로관계 종료 후의 근로자보호

(1) 퇴직급여 제도

사용자가 퇴직하는 근로자에게 지급하는 퇴직급여 제도에 관하여는 근로자퇴직급여 보장법이 정하는 대로 따른다(법 제34조).

(2) 금품 청산

사용자는 근로자가 사망 또는 퇴직한 경우에는 그 지급 사유가 발생한 때부터 14일 이내에 임금, 보상금, 그 밖의 모든 금품을 지급하여야 한다. 다만, 특별한 사정이 있을 경우에는 당사자 사이의 합의에 의하여 기일을 연장할 수 있다(법 제36조).

(3) 미지급 임금에 대한 지연이자(법 제37조)

① 사용자는 지급하여야 하는 임금 및 급여(일시금만 해당된다)의 전부 또는 일부를 그 지급 사유가 발생한 날부터 14일 이내에 지급하지 아니한 경우 그 다음 날부터 지급하는 날까지의 지연 일수에 대하여 연 100분의 40 이내의 범위에서 은행이 적용하는 연체금리 등 경제 여건을 고려하여 대통령령으로 정하는 이율(연 100분의 20)에 따른 지연이자를 지급하여야 한다.
② 사용자가 천재·사변, 그 밖에 대통령령으로 정하는 사유에 따라 임금 지급을 지연하는 경우 그 사유가 존속하는 기간에 대하여는 적용하지 아니한다.
③ 지연이자의 적용제외 사유(영 제18조)
  ㉠ 임금채권보장법 제7조 제1항 각 호의 어느 하나에 해당하는 경우
  ㉡ 채무자 회생 및 파산에 관한 법률, 국가재정법, 지방자치법 등 법령상의 제약에 따라 임금 및 퇴직금을 지급할 자금을 확보하기 어려운 경우
  ㉢ 지급이 지연되고 있는 임금 및 퇴직금의 전부 또는 일부의 존부(存否)를 법원이나 노동위원회에서 다투는 것이 적절하다고 인정되는 경우
  ㉣ 그 밖에 ㉠부터 ㉢까지의 규정에 준하는 사유가 있는 경우

(4) 임금채권의 우선변제(법 제38조)

① 임금, 재해보상금, 그 밖에 근로 관계로 인한 채권은 사용자의 총재산에 대하여 질권·저당권 또는 담보권에 따라 담보된 채권 외에는 조세·공과금 및 다른 채권에 우선하여 변제되어야 한다. 다만, 질권·저당권 또는 담보권에 우선하는 조세·공과금에 대하여는 그러하지 아니하다.
② 다음의 어느 하나에 해당하는 채권은 사용자의 총재산에 대하여 질권·저당권 또는 담보권에 따라 담보된 채권, 조세·공과금 및 다른 채권에 우선하여 변제되어야 한다.
  ㉠ 최종 3개월분의 임금
  ㉡ 재해보상금

SEMI-NOTE

관련 판례

근로기준법 제112조, 제36조, 제42조에서 정하는 임금 및 퇴직금 등의 기일 내 지급의무 위반죄는 사용자가 그 지급을 위하여 최선의 노력을 다하였으나, 경영부진으로 인한 자금사정 등으로 지급기일 내에 지급할 수 없었던 불가피한 사정이 인정되는 경우에만 면책되는 것이고, 단순히 사용자가 경영부진 등으로 자금압박을 받아 이를 지급할 수 없었다는 것만으로는 그 책임을 면할 수 없다(대판 2002도649).

SEMI-NOTE

취업 방해의 금지
누구든지 근로자의 취업을 방해할 목적으로 비밀 기호 또는 명부를 작성·사용하거나 통신을 하여서는 아니 된다(법 제40조).

근로자 명부 변경사항 정정
근로자 명부에 적을 사항이 변경된 경우에는 지체 없이 정정하여야 한다(법 제41조 제2항).

근로자 명부 작성의 예외
사용기간이 30일 미만인 일용근로자에 대하여는 근로자 명부를 작성하지 아니할 수 있다(영 제21조).

3년간 계약 서류의 보존
사용자는 근로자 명부와 대통령령으로 정하는 근로계약에 관한 중요한 서류를 3년간 보존하여야 한다(법 제42조).

(5) 사용증명서

① 사용증명서 발급
 사용자는 근로자가 퇴직한 후라도 사용 기간, 업무 종류, 지위와 임금, 그 밖에 필요한 사항에 관한 증명서를 청구하면 사실대로 적은 증명서를 즉시 내주어야 한다(법 제39조 제1항).

② 증명서 기재사항
 증명서에는 근로자가 요구한 사항만을 적어야 한다(법 제39조 제2항).

(6) 근로자의 명부

사용자는 각 사업장별로 근로자 명부를 작성하고 근로자의 성명, 생년월일, 이력, 그 밖에 대통령령으로 정하는 사항을 적어야 한다. 다만, 대통령령으로 정하는 일용근로자에 대해서는 근로자 명부를 작성하지 아니할 수 있다(법 제41조 제1항).

(7) 근로자 명부의 기재사항

근로자 명부에는 고용노동부령으로 정하는 바에 따라 다음의 사항을 적어야 한다(영 제20조).

① 성명
② 성(性)별
③ 생년월일
④ 주소
⑤ 이력(履歷)
⑥ 종사하는 업무의 종류
⑦ 고용 또는 고용갱신 연월일, 계약기간을 정한 경우에는 그 기간, 그 밖의 고용에 관한 사항
⑧ 해고, 퇴직 또는 사망한 경우에는 그 연월일과 사유
⑨ 그 밖에 필요한 사항

(8) 보존 대상 계약 서류 등

① 근로계약에 관한 중요한 서류(영 제22조 제1항)
 ㉠ 근로계약서
 ㉡ 임금대장
 ㉢ 임금의 결정·지급방법과 임금계산의 기초에 관한 서류
 ㉣ 고용·해고·퇴직에 관한 서류
 ㉤ 승급·감급에 관한 서류
 ㉥ 휴가에 관한 서류
 ㉦ 서면 합의 서류
 ㉧ 연소자의 증명에 관한 서류

② 근로계약에 관한 중요한 서류의 보존기간은 다음에 해당하는 날부터 기산한다(영 제22조 제2항).

㉠ 근로자 명부는 근로자가 해고되거나 퇴직 또는 사망한 날
㉡ 근로계약서는 근로관계가 끝난 날
㉢ 임금대장은 마지막으로 써 넣은 날
㉣ 고용, 해고 또는 퇴직에 관한 서류는 근로자가 해고되거나 퇴직한 날
㉤ 서면 합의 서류는 서면 합의한 날
㉥ 연소자의 증명에 관한 서류는 18세가 되는 날(18세가 되기 전에 해고되거나 퇴직 또는 사망한 경우에는 그 해고되거나 퇴직 또는 사망한 날)
㉦ 그 밖의 서류는 완결한 날

4. 벌칙

(1) 5년 이하의 징역 또는 5천만 원 이하의 벌금

강제근로의 금지(제7조), 폭행의 금지(제8조), 중간착취의 배제(제9조), 해고시기 제한(제23조 제2항), 취업방해의 금지(제40조)를 위반한 자는 5년 이하의 징역 또는 5천만 원 이하의 벌금에 처한다(법 제107조).

(2) 3년 이하의 징역 또는 5년 이하의 자격정지

근로감독관이 이 법을 위반한 사실을 고의로 묵과하면 3년 이하의 징역 또는 5년 이하의 자격정지에 처한다(법 제108조).

(3) 3년 이하의 징역 또는 3천만 원 이하의 벌금

① 금품청산(제36조), 임금지급(제43조), 도급사업에 대한 임금지급(제44조), 건설사업에 대한 임금지급 연대책임(제44조의2), 휴업수당(제46조), 근로한 기간이 단위기간보다 짧은 경우의 임금정산(제51조의3), 선택적 근로시간제 통상임금가산(제52조 제2항 제2호), 연장·야간 및 휴일근로(제56조), 사용금지)제65조), 갱내근로의 금지(제72조), 직장 내 괴롭힘의 발생 시 조치(제76조의3 제6항)을 위반한 자는 3년 이하의 징역 또는 3천만 원 이하의 벌금에 처한다.
② 반의사불벌 : 금품청산(제36조), 임금지급(제43조), 도급사업에 대한 임금지급 연대책임(제44조), 건설사업에 대한 임금지급 연대책임(제44조의2), 휴업수당(제46조), 근로한 기간이 단위기간보다 짧은 경우의 임금청산(제51조의3), 선택적 근로시간제 통상임금가산(제52조 제2항 제2호), 연장·야간 및 휴일근로(제56조)를 위반한 자에 대하여는 피해자의 명시적인 의사와 다르게 공소를 제기할 수 없다.

(4) 2년 이하의 징역 또는 2천만원 이하의 벌금(법 제110조)

공민권행사의 보장(제10조), 강제저금의 금지(제22조 제1항), 해고의 예고(제26조), 근로시간(제50조), 3개월을 초과하는 탄력적 근로시간(제51조의2 제2항), 선택적 근로시간(제52조 제2항 제1호), 연장근로의 제한(제53조), 휴계(제54조), 휴일(제55조), 근로시간 및 휴계시간의 특례(제59조 제2항), 유급연차휴가(제60조), 근로시간

SEMI-NOTE

반의사불벌
피해자가 가해자의 처벌을 원하지 않는다는 의사를 표시하면 처벌할 수 없는 범죄

(제69조), 야간근로와 휴일근로의 제한(제70조, 시간 외 근로(제71조), 임산부의 보호(제74조), 육아시간(제75조), 요양보상, 휴업보상, 장해보상(제78조~제80조), 유족보상(제82조), 장례비(제83조), 근로감독기관에 신고(제104조)를 위반한 자

(5) 1년 이하의 징역 또는 1천만원 이하의 벌금

확정되거나 행정소송을 제기하여 확정된 구제명령 또는 구제명령을 내용으로 하는 재심판정을 이행하지 아니한 자는 1년 이하의 징역 또는 1천만원 이하의 벌금에 처한다(법 제111조).

(6) 고발

① 공소불가벌
  확정되거나 행정소송을 제기하여 확정된 구제명령 또는 구제명령을 내용으로 하는 재심판정을 이행하지 아니한 죄는 노동위원회의 고발이 있어야 공소를 제기할 수 있다(법 제112조 제1항).

② 고발의 요청
  검사는 확정되거나 행정소송을 제기하여 확정된 구제명령 또는 구제명령을 내용으로 하는 재심판정을 이행하지 아니한 죄에 해당하는 위반행위가 있음을 노동위원회에 통보하여 고발을 요청할 수 있다(법 제112조 제2항).

(7) 1천만원 이하의 벌금

비상시 지급(제45조)를 위반한 자는 1천만원 이하의 벌금에 처한다(법 제113조).

(8) 500만원 이하의 벌금

균등한 처우(제6조), 계약기간(제16조), 근로조건의 명시(제17조), 위약예정의 금지(제20조), 전차금 상계의 금지(제21조), 강제저금의 금지(제22조 제2항), 도급 근로자(제47조), 연장근로의 제한(제53조 제3항 단서), 근로계약(제67조), 야간근로와 휴일근로의 제한(제70조 제3항), 생리휴가(제73조), 임산부의 보호(제74조 제6항), 기능습득자의 보호(제77조), 규칙의 작성, 변경절차(제94조), 제재규정의 제한(제95조), 단체협약준수명령(제96조 제2항) 부속기숙사의 설치·운영(제100조), 근로감독관의 의무(제103조)를 위반한 자

(9) 양벌규정

사업주의 대리인, 사용인, 그 밖의 종업원이 해당 사업의 근로자에 관한 사항에 대하여 제107조, 제109조부터 제111조까지, 제113조 또는 제114조의 위반행위를 하면 그 행위자를 벌하는 외에 그 사업주에게도 해당 조문의 벌금형을 과(科)한다. 다만, 사업주가 그 위반행위를 방지하기 위하여 해당 업무에 관하여 상당한 주의와 감독을 게을리하지 아니한 경우에는 그러하지 아니하다(법 제115조).

(10) 과태료

① 500만원 이하의 과태료(법 제116조 제1항)
  ㉠ 고용노동부장관, 노동위원회 또는 근로감독관의 요구가 있는 경우에 보고 또는 출석을 하지 아니하거나 거짓된 보고를 한 자
  ㉡ 법을 위반한 근로계약(제14조), 사용증명서(제39조), 근로자의 명부(제41조), 계약서류의 보존(제42조), 임금대장(제48조), 연소자 증명서(제66조), 임산부의 보호(제74조 제7항), 서류의 보존(제91조), 취업규칙의 작성·신고(제93조), 기숙사 생활의 보장(제98조 제2항) 및 규칙의 작성과 변경(제99조)을 위반한 자
  ㉢ 임금보전방안을 신고하지 아니한 자
  ㉣ 근로감독관 또는 그 위촉을 받은 의사의 현장조사나 검진을 거절, 방해 또는 기피하고 그 심문에 대하여 진술을 하지 아니하거나 거짓된 진술을 하며 장부·서류를 제출하지 아니하거나 거짓 장부·서류를 제출한 자

② 부과·징수
과태료는 대통령령으로 정하는 바에 따라 고용노동부장관이 부과·징수한다(법 제116조 제3항).

11절 최저임금법

1. 총칙

(1) 용어의 정의

① 근로자
직업의 종류와 관계없이 임금을 목적으로 사업이나 사업장에 근로를 제공하는 사람을 말한다(근로기준법 제2조 제1항 제1호).

> **관련 판례** 근로자의 적용범위1
>
> 중국인 근로자들이 국내 회사의 중국 현지법인과 출국연수약정 명목의 계약을 체결하고 해외 투자법인 산업연수생의 신분으로 입국하여 국내 회사에서 근로를 제공한 사안에서, 국내 회사가 중국 현지법인에 전액 출자하였고, 출국연수계약의 내용이 단순히 기술 연수에 그치지 않고 국내 회사가 지시하는 바에 따라 1일 최소한 8시간 동안 근로를 제공하고 그 대가로 임금을 받기로 되어 있으며, 이에 따라 중국인 근로자들이 기술 연수는 거의 받지 못한 채 약 1년 6개월 동안 국내 회사의 공장에서 국내 근로자들과 마찬가지로 회사의 지시·감독하에 근로를 제공하였고, 상시로 연장근로와 야간근로까지 하고 그에 대한 수당을 받아온 점 등에 비추어 볼 때 중국인 근로자들이 근로기준법 및 최저임금법상의 근로자에 해당한다고 본 사례(대판 2006다53627)

SEMI-NOTE

최저임금법
근로자에 대하여 임금의 최저수준을 보장하여 근로자의 생활안정과 노동력의 질적 향상을 꾀함으로써 국민경제의 건전한 발전에 이바지하는 것을 목적으로 한다(법 제1조)

SEMI-NOTE

법 제2조
최저임금법에서 "근로자", "사용자" 및 "임금"이란 근로기준법 제2조에 따른 근로자, 사용자 및 임금을 말한다.

② 사용자
사업주 또는 사업 경영 담당자, 그 밖에 근로자에 관한 사항에 대하여 사업주를 위하여 행위하는 자를 말한다(근로기준법 제2조 제1항 제2호).
③ 임금
사용자가 근로의 대가로 근로자에게 임금, 봉급, 그 밖에 어떠한 명칭으로든지 지급하는 모든 금품을 말한다(근로기준법 제2조 제1항 제3호).

(2) 적용범위

① 모든 사업 또는 사업장에 적용
최저임금법은 근로자를 사용하는 모든 사업 또는 사업장에 적용한다. 다만, 동거하는 친족만을 사용하는 사업과 가사(家事) 사용인에게는 적용하지 아니한다(법 제3조 제1항).
② 적용제외
최저임금법은 선원법의 적용을 받는 선원과 선원을 사용하는 선박의 소유자에게는 적용하지 아니한다(법 제3조 제2항).

> **관련 판례** 근로자의 적용범위2
>
> 해외투자기업 산업연수생의 자격으로 입국하여 국내 회사에서 근무하는 외국인들이 국내 회사의 자회사인 외국 회사와 연수계약을 체결하였으나 실질적으로 국내 회사로부터 임금 전부를 지급받은 점, 위 외국인들이 산업연수생 신분으로 입국하였지만 국내 회사의 지시·감독하에 한국인 근로자와 동일한 근로조건에서 인력보충수단으로 사실상의 노무를 제공하는 등 국내 회사에 대하여 종속적인 관계에서 근로를 제공한 점 등에 비추어 보면, 위 외국인들은 근로기준법과 최저임금법의 적용을 받는 근로자라고 한 사례(서부지법 2005나4141)

2. 최저임금 ★ 빈출개념

(1) 최저임금 결정기준

① 최저임금은 근로자의 생계비, 유사 근로자의 임금, 노동생산성 및 소득분배율 등을 고려하여 정한다. 이 경우 사업의 종류별로 구분하여 정할 수 있다(법 제4조 제1항).
② 사업의 종류별 구분
사업의 종류별 구분은 최저임금위원회의 심의를 거쳐 고용노동부장관이 정한다(법 제4조 제2항).

(2) 최저임금액

① 최저임금액의 단위
최저임금액(최저임금으로 정한 금액을 말한다.)은 시간·일(日)·주(週) 또는 월(月)을 단위로 하여 정한다. 이 경우 일·주 또는 월을 단위로 하여 최저임금액을 정할 때에는 시간급(時間給)으로도 표시하여야 한다(법 제5조 제1항).

수습 중에 있는 근로자에 대한 최저임금액
1년 이상의 기간을 정하여 근로계약을 체결하고 수습 중에 있는 근로자로서 수습을 시작한 날부터 3개월 이내인 사람에 대해서는 시간급 최저임금액(최저임금으로 정한 금액을 말한다.)에서 100분의 10을 뺀 금액을 그 근로자의 시간급 최저임금액으로 한다(영 제3조).

② 수습 중에 있는 근로자 최저임금액

1년 이상의 기간을 정하여 근로계약을 체결하고 수습 중에 있는 근로자로서 수습을 시작한 날부터 3개월 이내인 사람에 대하여는 대통령령으로 정하는 바에 따라 최저임금액과 다른 금액으로 최저임금액을 정할 수 있다. 다만, 단순노무 업무로 고용노동부장관이 정하여 고시한 직종에 종사하는 근로자는 제외한다(법 제5조 제2항).

③ 도급제 최저임금액

㉠ 임금이 통상적으로 도급제나 그 밖에 이와 비슷한 형태로 정하여져 있는 경우로서 최저임금액을 정하는 것이 적당하지 아니하다고 인정되면 대통령령으로 정하는 바에 따라 최저임금액을 따로 정할 수 있다(법 제5조 제3항).

㉡ 도급제 등의 경우 최저임금액 결정의 특례 : 임금이 도급제나 그 밖에 이와 비슷한 형태로 정해진 경우에 근로시간을 파악하기 어렵거나 그 밖에 최저임금액을 정하는 것이 적합하지 않다고 인정되면 해당 근로자의 생산고(生産高) 또는 업적의 일정단위에 의하여 최저임금액을 정한다(영 제4조).

(3) 최저임금의 적용을 위한 임금의 환산(영 제5조)

① 근로자의 임금을 정하는 단위가 된 기간이 그 근로자에게 적용되는 최저임금액을 정할 때의 단위가 된 기간과 다른 경우에는 그 근로자에 대한 임금을 다음의 구분에 따라 시간에 대한 임금으로 환산한다.

㉠ 일(日) 단위로 정해진 임금 : 그 금액을 1일의 소정근로시간 수로 나눈 금액

㉡ 주(週) 단위로 정해진 임금 : 그 금액을 1주의 최저임금 적용기준 시간 수(1주 동안의 소정근로시간 수와 유급으로 처리되는 시간 수를 합산한 시간 수를 말한다)로 나눈 금액

㉢ 월(月) 단위로 정해진 임금 : 그 금액을 1개월의 최저임금 적용기준 시간 수(1주의 최저임금 적용기준 시간 수에 1년 동안의 평균의 주의 수를 곱한 시간을 12로 나눈 시간 수를 말한다)로 나눈 금액

㉣ 시간ㆍ일ㆍ주 또는 월 외의 일정 기간을 단위로 정해진 임금 : ㉠부터 ㉢까지의 규정에 준하여 산정(算定)한 금액

② 생산고에 따른 임금지급제나 그 밖의 도급제로 정해진 임금은 그 임금 산정기간(임금 마감일이 있는 경우에는 임금 마감기간을 말한다.)의 임금 총액을 그 임금 산정기간 동안의 총근로시간 수로 나눈 금액을 시간에 대한 임금으로 한다.

③ 근로자가 받는 임금이 둘 이상의 임금으로 되어 있는 경우에는 해당 부분을 대하여 각각 해당 규정에 따라 환산한 금액의 합산액을 그 근로자의 시간에 대한 임금으로 한다.

④ 근로자의 임금을 정한 단위가 된 기간의 소정근로시간 수가 그 근로자에게 적용되는 최저임금액을 정할 때의 단위가 된 기간의 근로시간 수와 다른 경우에는 제1항 각 호의 구분에 따라 그 근로자의 임금을 시간에 대한 임금으로 환산한다.

SEMI-NOTE

근로자의 임금을 정하는 단위기간
최저임금의 적용 대상이 되는 근로자의 임금을 정하는 단위기간이 최저임금의 단위기간과 다른 경우에 해당 근로자의 임금을 최저임금의 단위기간에 맞추어 환산하는 방법은 대통령령으로 정한다(법 제6조의2).

(4) 최저임금의 효력

① 최저임금액 이상의 임금 지급

사용자는 최저임금의 적용을 받는 근로자에게 최저임금액 이상의 임금을 지급하여야 한다(법 제6조 제1항).

② 종전의 임금수준 낮춤금지

사용자는 이 법에 따른 최저임금을 이유로 종전의 임금수준을 낮추어서는 아니된다(법 제6조 제2항).

③ 최저임금액에 미치지 못하는 임금무효

최저임금의 적용을 받는 근로자와 사용자 사이의 근로계약 중 최저임금액에 미치지 못하는 금액을 임금으로 정한 부분은 무효로 하며, 이 경우 무효로 된 부분은 이 법으로 정한 최저임금액과 동일한 임금을 지급하기로 한 것으로 본다(법 제6조 제3항).

④ 정기적으로 지급하는 임금 산입

임금에는 매월 1회 이상 정기적으로 지급하는 임금을 산입(算入)한다. 다만, 다음의 어느 하나에 해당하는 임금은 산입하지 아니한다(법 제6조 제4항).

㉠ 소정(所定)근로시간 또는 소정의 근로일에 대하여 지급하는 임금 외의 임금으로서 다음으로 정하는 임금(규칙 제2조 제1항)
  - 연장근로 또는 휴일근로에 대한 임금 및 연장·야간 또는 휴일 근로에 대한 가산임금
  - 연차 유급휴가의 미사용수당
  - 유급으로 처리되는 휴일에 대한 임금
  - 그 밖에 명칭에 관계없이 규정에 준하는 것으로 인정되는 임금

㉡ 상여금, 그 밖에 이에 준하는 것으로서 다음으로 정하는 임금의 월 지급액 중 해당 연도 시간급 최저임금액을 기준으로 산정된 월 환산액의 100분의 25에 해당하는 부분(규칙 제2조 제2항)
  - 1개월을 초과하는 기간에 걸친 해당 사유에 따라 산정하는 상여금, 장려가급(奬勵加給), 능률수당 또는 근속수당
  - 1개월을 초과하는 기간의 출근성적에 따라 지급하는 정근수당

㉢ 식비, 숙박비, 교통비 등 근로자의 생활 보조 또는 복리후생을 위한 성질의 임금으로서 다음의 어느 하나에 해당하는 것
  - 통화 이외의 것으로 지급하는 임금
  - 통화로 지급하는 임금의 월 지급액 중 해당 연도 시간급 최저임금액을 기준으로 산정된 월 환산액의 100분의 7에 해당하는 부분

⑤ 일반택시운송사업 운전업무에 종사하는 근로자의 최저임금

㉠ 일반택시운송사업에서 운전업무에 종사하는 근로자의 최저임금에 산입되는 임금의 범위는 생산고에 따른 임금을 제외한 대통령령으로 정하는 임금으로 한다(법 제6조 제5항).

SEMI-NOTE

월 환산액의 산정

월 환산액은 해당 연도 시간급 최저임금액에 1개월의 최저임금 적용기준 시간수를 곱하여 산정한다(영 제5조의2).

ⓒ 일반택시운송사업 운전 근로자의 최저임금에 산입되는 임금의 범위 : 단체협약, 취업규칙, 근로계약에 정해진 지급 조건과 지급률에 따라 매월 1회 이상 지급하는 임금을 말한다. 다만, 다음의 어느 하나에 해당하는 임금은 산입(算入)하지 아니한다(영 제5조의3).
- 소정근로시간 또는 소정의 근로일에 대하여 지급하는 임금 외의 임금
- 근로자의 생활 보조와 복리후생을 위하여 지급하는 임금

관련 판례 택시 운송사업의 최저임금

택시 운송사업을 하는 甲 주식회사의 노사가 택시운행을 통해 벌어들인 운송수입금에서 사납금을 회사에 납입하고 남은 초과운송수입금만을 가져가기로 하는 이른바 도급제 방식의 근로계약과 월급제 방식의 근로계약 중 근로자들이 개별적으로 선택하는 근로계약을 체결하기로 하고, 이에 甲 회사의 택시운전근로자인 乙 등이 甲 회사와 도급제 방식의 근로계약을 체결하였는데, 그 후 乙 등이 위 근로계약이 최저임금법에 위배된다고 주장하며 甲 회사를 상대로 미지급 최저임금 등의 지급을 구한 사안에서, 甲 회사와 乙 등이 체결한 도급제 방식의 근로계약을 통해 乙 등이 가져간 초과운송수입금은 최저임금법 제6조 제5항(이하 '특례 조항'이라 한다)에서 정한 '생산고에 따른 임금'으로 보아야 하므로, 甲 회사는 乙 등에게 이를 제외한 최저임금액 이상의 고정급을 임금으로 지급할 의무가 있고, 택시운전근로자의 임금 중 고정급 비율을 높여 안정된 생활을 영위하게 하고자 한 특례 조항의 입법 취지와 甲 회사가 특례 조항 시행 이후에도 도급제 방식의 근로계약을 유지하게 된 동기와 과정, 乙 등이 甲 회사와 도급제 방식의 근로계약을 체결하게 된 경위 등 제반 사정에 비추어, 乙 등이 특례 조항에 따라 산정한 최저임금의 지급을 구하는 것이 정의관념에 비추어 용인될 수 없는 정도에 해당한다거나 신의성실의 원칙을 우선하여 적용하는 것을 수긍할 만한 특별한 사정이 있는 경우에 해당한다고 보기 어려운데도, 乙 등의 주장이 신의성실의 원칙에 위배되어 허용될 수 없다고 본 원심판단에 법리오해의 잘못이 있다고 한 사례(대판 2016다9261, 9278)

⑥ 임금을 지급할 것을 강제하지 않는 것

다음의 어느 하나에 해당하는 사유로 근로하지 아니한 시간 또는 일에 대하여 사용자가 임금을 지급할 것을 강제하는 것은 아니다(법 제6조 제6항).
ⓐ 근로자가 자기의 사정으로 소정근로시간 또는 소정의 근로일의 근로를 하지 아니한 경우
ⓑ 사용자가 정당한 이유로 근로자에게 소정근로시간 또는 소정의 근로일의 근로를 시키지 아니한 경우

⑦ 도급인이 책임져야 할 사유의 범위

도급인이 책임져야 할 사유의 범위는 다음과 같다(법 제6조 제8항).
ⓐ 도급인이 도급계약 체결 당시 인건비 단가를 최저임금액에 미치지 못하는 금액으로 결정하는 행위
ⓑ 도급인이 도급계약 기간 중 인건비 단가를 최저임금액에 미치지 못하는 금액으로 낮춘 행위

⑧ 준용

두 차례 이상의 도급으로 사업을 행하는 경우에는 (7)의 "수급인"은 "하수급인(下受給人)"으로 보고, (7)과 (8)의 "도급인"은 "직상(直上) 수급인(하수급인에게 직접 하도급을 준 수급인)"으로 본다(법 제6조 제9항).

수급인과 연대 책임

도급으로 사업을 행하는 경우 도급인이 책임져야 할 사유로 수급인이 근로자에게 최저임금액에 미치지 못하는 임금을 지급한 경우 도급인은 해당 수급인과 연대(連帶)하여 책임을 진다(법 제6조 제7항).

| SEMI-NOTE |

관련 판례

아파트관리를 영업으로 하는 회사의 취업규칙에서 "노동부고시에 의한 최저임금을 보장한다"고 규정한 경우 포괄임금제에 의하여 근로계약을 체결한 경비원들에 대한 관계에 있어서는 기본급을 노동부고시의 최저임금수준으로 지급한다는 의미가 아니고 제 수당을 포함한 총 급여액을 노동부고시의 최저임금수준으로 지급한다는 의미로 새김이 타당하다(대판 92다33398).

(5) 최저임금 산입을 위한 취업규칙 변경절차의 특례

사용자가 산입되는 임금에 포함시키기 위하여 1개월을 초과하는 주기로 지급하는 임금을 총액의 변동 없이 매월 지급하는 것으로 취업규칙을 변경하려는 경우에는 해당 사업 또는 사업장에 근로자의 과반수로 조직된 노동조합이 있는 경우에는 그 노동조합, 근로자의 과반수로 조직된 노동조합이 없는 경우에는 근로자의 과반수의 의견을 들어야 한다(법 제6조의2).

(6) 최저임금의 적용 제외

① **최저임금의 효력규정 적용 제외**

다음의 어느 하나에 해당하는 사람으로서 사용자가 대통령령으로 정하는 바에 따라 고용노동부장관의 인가를 받은 사람에 대하여는 최저임금의 효력 규정을 적용하지 아니한다(법 제7조).
㉠ 정신장애나 신체장애로 근로능력이 현저히 낮은 사람
㉡ 그 밖에 최저임금을 적용하는 것이 적당하지 아니하다고 인정되는 사람

② **최저임금 적용 제외의 인가 기준**

사용자가 고용노동부장관의 인가를 받아 최저임금의 적용을 제외할 수 있는 자는 정신 또는 신체의 장애가 업무 수행에 직접적으로 현저한 지장을 주는 것이 명백하다고 인정되는 사람으로 한다(영 제6조).

③ **최저임금 적용 제외의 인가**(규칙 제3조)

㉠ 최저임금 적용 제외의 인가 기준은 다음과 같다.

구분	인가 기준
근로자의 정신 또는 신체의 장애가 그 근로자를 종사시키려는 업무를 수행하는 데에 직접적으로 현저한 지장을 주는 것이 명백하다고 인정되는 사람	1. 정신 또는 신체 장애인으로서 담당하는 업무를 수행하는 경우에 그 정신 또는 신체의 장애로 같거나 유사한 직종에서 최저임금을 받는 다른 근로자 중 가장 낮은 근로능력자의 평균작업능력에도 미치지 못하는 사람 (작업능력은 한국장애인고용공단의 의견을 들어 판단하여야 한다)을 말한다. 2. 인가기간은 1년을 초과할 수 없다.

㉡ 최저임금 적용 제외의 인가를 받으려는 사용자는 관할 지방고용노동관서의 장에게 신청서에 다음의 서류를 첨부하여 제출하여야 한다.
- 신청일이 속하는 달의 직전 달의 사업장 전체 근로자 임금대장 사본 1부
- 정신장애인이나 신체장애인임을 증명할 수 있는 서류 사본 1부
- 친권자 의견서 사본 1부(지적장애, 정신장애 또는 자폐성장애 등으로 인한 신청의 경우만 해당한다)

㉢ 지방고용노동관서의 장은 인가 신청에 대하여 인가를 할 때에는 인가서를 발급하여야 한다. 이 경우 최저임금 적용이 제외되는 근로자에 대하여 유사 직종에 근무하는 근로자의 임금수준에 상응하는 임금을 지급할 것을 사용자에게 권고할 수 있다.

3. 최저임금의 결정

(1) 최저임금의 결정

① 최저임금 결정
  ㉠ 고용노동부장관은 매년 8월 5일까지 최저임금을 결정하여야 한다. 이 경우 고용노동부장관은 대통령령으로 정하는 바에 따라 최저임금위원회에 심의를 요청하고, 위원회가 심의하여 의결한 최저임금안에 따라 최저임금을 결정하여야 한다(법 제8조 제1항).
  ㉡ **최저임금위원회에의 심의 요청**: 고용노동부장관은 매년 3월 31일까지 최저임금위원회에 최저임금에 관한 심의를 요청하여야 한다(영 제7조).

② 최저임금안 제출
  ㉠ 위원회는 고용노동부장관으로부터 최저임금에 관한 심의 요청을 받은 경우 이를 심의하여 최저임금안을 의결하고 심의 요청을 받은 날부터 90일 이내에 고용노동부장관에게 제출하여야 한다(법 제8조 제2항).
  ㉡ **최저임금안의 고시**: 고용노동부장관은 위원회로부터 최저임금안을 제출받았을 때에는 법 제9조제1항에 따라 지체 없이 사업 또는 사업장의 종류별 최저임금안 및 적용 사업의 범위를 고시하여야 한다(영 제8조).

③ 재심의 요청
  고용노동부장관은 위원회가 심의하여 제출한 최저임금안에 따라 최저임금을 결정하기가 어렵다고 인정되면 20일 이내에 그 이유를 밝혀 위원회에 10일 이상의 기간을 정하여 재심의를 요청할 수 있다(법 제8조 제3항).

④ 재심의 결과 제출
  위원회는 재심의 요청을 받은 때에는 그 기간 내에 재심의하여 그 결과를 고용노동부장관에게 제출하여야 한다(법 제8조 제4항).

⑤ 최저임금 재의결
  고용노동부장관은 위원회가 재심의에서 재적위원 과반수의 출석과 출석위원 3분의 2 이상의 찬성으로 당초의 최저임금안을 재의결한 경우에는 그에 따라 최저임금을 결정하여야 한다(법 제8조 제5항).

(2) 최저임금안에 대한 이의 제기

① 최저임금안 고시
  고용노동부장관은 위원회로부터 최저임금안을 제출받은 때에는 대통령령으로 정하는 바에 따라 최저임금안을 고시하여야 한다(법 제9조 제1항).

② 이의 제기
  ㉠ 근로자를 대표하는 자나 사용자를 대표하는 자는 고시된 최저임금안에 대하여 이의가 있으면 고시된 날부터 10일 이내에 대통령령으로 정하는 바에 따라 고용노동부장관에게 이의를 제기할 수 있다. 이 경우 근로자를 대표하는 자나 사용자를 대표하는 자의 범위는 대통령령으로 정한다(법 제9조 제2항).

SEMI-NOTE

    ⓛ 최저임금안에 대한 이의 제기 : 최저임금안에 대하여 이의를 제기할 때에는 다음의 사항을 분명하게 적은 이의제기서를 고용노동부장관에게 제출하여야 한다(영 제9조).
     • 이의 제기자의 성명, 주소, 소속 및 직위
     • 이의 제기 대상 업종의 최저임금안의 요지
     • 이의 제기의 사유와 내용
    ⓒ 이의 제기를 할 수 있는 노·사 대표자의 범위 : 근로자를 대표하는 자는 총연합단체인 노동조합의 대표자 및 산업별 연합단체인 노동조합의 대표자로 하고, 사용자를 대표하는 자는 전국적 규모의 사용자단체로서 고용노동부장관이 지정하는 단체의 대표자로 한다(영 제10조).
  ③ 최저임금안의 재심의 요청
    고용노동부장관은 이의가 이유 있다고 인정되면 그 내용을 밝혀 위원회에 최저임금안의 재심의를 요청하여야 한다(법 제9조 제3항).
  ④ 최저임금 결정 유보
    고용노동부장관은 재심의를 요청한 최저임금안에 대하여 <u>위원회가 재심의하여 의결한 최저임금안이 제출될 때까지는 최저임금을 결정하여서는 아니 된다</u>(법 제9조 제4항).
  ⑤ 사용자단체의 지정
    최저임금안에 대하여 이의를 제기할 수 있는 사용자를 대표하는 자는 다음의 단체의 대표자로 한다(규칙 제4조).
    ㉠ 대한상공회의소
    ⓒ 중소기업중앙회
    ⓒ 소상공인연합회
    ㉣ 그 밖에 전국적 규모를 갖는 사용자단체로서 고용노동부장관이 지정하여 고시하는 단체

(3) 최저임금의 고시와 효력발생

 ① 최저임금 고시
   고용노동부장관은 최저임금을 결정한 때에는 지체 없이 그 내용을 고시하여야 한다(법 제10조 제1항).
 ② 효력발생
   고시된 최저임금은 다음 연도 1월 1일부터 효력이 발생한다. 다만, 고용노동부장관은 사업의 종류별로 임금교섭시기 등을 고려하여 필요하다고 인정하면 효력발생 시기를 따로 정할 수 있다(법 제10조 제2항).

(4) 주지 의무

 ① 최저임금 게시 등
   최저임금의 적용을 받는 사용자는 대통령령으로 정하는 바에 따라 해당 최저임금을 그 사업의 근로자가 쉽게 볼 수 있는 장소에 게시하거나 그 외의 적당한 방법으로 근로자에게 널리 알려야 한다(법 제11조).

② 주지 의무(영 제11조)
  ㉠ 사용자가 근로자에게 주지시켜야 할 최저임금의 내용은 다음과 같다.
   • 적용을 받는 근로자의 최저임금액
   • 최저임금에 산입하지 아니하는 임금
   • 해당 사업에서 최저임금의 적용을 제외할 근로자의 범위
   • 최저임금의 효력발생 연월일
  ㉡ 사용자는 최저임금의 내용을 최저임금의 효력발생일 전날까지 근로자에게 주지시켜야 한다.

4. 최저임금 위원회

(1) 최저임금위원회의 설치

최저임금에 관한 심의와 그 밖에 최저임금에 관한 중요 사항을 심의하기 위하여 고용노동부에 최저임금위원회를 둔다(법 제12조).

(2) 위원회의 기능

위원회는 다음의 기능을 수행한다(법 제13조).
① 최저임금에 관한 심의 및 재심의
② 최저임금 적용 사업의 종류별 구분에 관한 심의
③ 최저임금제도의 발전을 위한 연구 및 건의
④ 그 밖에 최저임금에 관한 중요 사항으로서 고용노동부장관이 회의에 부치는 사항의 심의

(3) 위원회의 구성 등

① 위원의 구성
  위원회는 다음의 위원으로 구성한다(법 제14조 제1항).
  ㉠ 근로자를 대표하는 위원 9명
  ㉡ 사용자를 대표하는 위원 9명
  ㉢ 공익을 대표하는 위원 9명
② 상임위원
  위원회에 2명의 상임위원을 두며, 상임위원은 공익위원이 된다(법 제14조 제2항).
③ 위원의 임기
  위원의 임기는 3년으로 하되, 연임할 수 있다(법 제14조 제3항).
④ 궐위 위원의 임기
  위원이 궐위(闕位)되면 그 보궐위원의 임기는 전임자(前任者) 임기의 남은 기간으로 한다(법 제14조 제4항).
⑤ 후임자 임명 때까지 직무수행
  위원은 임기가 끝났더라도 후임자가 임명되거나 위촉될 때까지 계속하여 직무를 수행한다(법 제14조 제5항).

SEMI-NOTE

최저임금위원회 사용자위원의 추천 (규칙 제5조)

최저임금위원회의 사용자위원을 추천할 수 있는 단체는 다음의 단체로 한다.
1. 사용자 단체
2. 그 밖에 전국적 규모를 갖는 사용자 단체로서 고용노동부장관이 지정하여 고시하는 단체

⑥ 위원회 위원의 위촉 또는 임명 등(영 제12조)
  ㉠ 근로자위원·사용자위원 및 공익위원은 고용노동부장관의 제청에 의하여 대통령이 위촉한다.
  ㉡ 상임위원은 고용노동부장관의 제청에 의하여 대통령이 임명한다.
  ㉢ 근로자위원은 총연합단체인 노동조합에서 추천한 사람 중에서 제청하고, 사용자위원은 전국적 규모의 사용자단체 중 고용노동부장관이 지정하는 단체에서 추천한 사람 중에서 제청한다.
  ㉣ 위원이 궐위된 경우에는 궐위된 날부터 30일 이내에 후임자를 위촉하거나 임명하여야 한다. 다만, 전임자의 남은 임기가 1년 미만인 경우에는 위촉하거나 임명하지 아니할 수 있다.

⑦ 위원회 위원의 해촉(영 제12조의2)
  위원이 다음의 어느 하나에 해당하는 경우에는 해당 위원을 해촉(解囑)할 수 있다.
  ㉠ 심신장애로 인하여 직무를 수행할 수 없게 된 경우
  ㉡ 직무와 관련된 비위사실이 있는 경우
  ㉢ 직무태만, 품위손상이나 그 밖의 사유로 인하여 위원으로 적합하지 아니하다고 인정되는 경우
  ㉣ 위원 스스로 직무를 수행하는 것이 곤란하다고 의사를 밝히는 경우

⑧ 공익위원의 위촉기준
  공익위원은 다음의 어느 하나에 해당하는 사람 중에서 위촉한다(영 제13조).
  ㉠ 3급 또는 3급 상당 이상의 공무원이었거나 고위공무원단에 속하는 공무원이었던 사람으로서 노동문제에 관한 학식과 경험이 풍부한 사람
  ㉡ 5년 이상 대학에서 노동경제, 노사관계, 노동법학, 사회학, 사회복지학, 그 밖에 이와 관련된 분야의 부교수 이상으로 재직 중이거나 재직하였던 사람
  ㉢ 10년(박사학위 소지자는 5년) 이상 공인된 연구기관에서 노동문제에 관한 연구에 종사하고 있거나 종사하였던 사람
  ㉣ 그 밖에 규정에 상당하는 학식과 경험이 있다고 고용노동부장관이 인정하는 사람

⑨ 상임위원의 임용 자격 등
  위원회의 상임위원은 다음의 어느 하나에 해당하는 사람 중에서 임명한다(영 제14조).
  ㉠ 3급 또는 3급 상당 이상 공무원이나 고위공무원단에 속하는 공무원으로서 노동행정 경력이 있는 사람
  ㉡ 대학에서 노동경제, 노사관계, 노동법학, 사회학, 사회복지학, 그 밖에 이와 관련된 분야의 부교수 이상으로 5년 이상 재직하였던 사람

(4) 위원장과 부위원장 ★ 빈출개념

① 위원장과 부위원장
  위원회에 위원장과 부위원장 각 1명을 둔다(법 제15조 제1항).

② 위원장과 부위원장 선출
위원장과 부위원장은 공익위원 중에서 위원회가 선출한다(법 제15조 제2항).
③ 위원회 대표
위원장은 위원회의 사무를 총괄하며 위원회를 대표한다(법 제15조 제3항).
④ 직무대행
위원장이 불가피한 사유로 직무를 수행할 수 없을 때에는 부위원장이 직무를 대행한다(법 제15조 제4항).

(5) 특별위원

① 특별위원
위원회에는 관계 행정기관의 공무원 중에서 3명 이내의 특별위원을 둘 수 있다(법 제16조 제1항).
② 출석발언
특별위원은 위원회의 회의에 출석하여 발언할 수 있다(법 제16조 제2항).
③ 특별위원의 위촉 등
특별위원은 관계 행정기관의 3급 또는 3급 상당 이상의 공무원이나 고위공무원단에 속하는 공무원 중에서 고용노동부장관이 위촉한다(영 제15조).
④ 최저임금위원회 특별위원
고용노동부장관은 최저임금위원회의 특별위원으로 기획재정부·고용노동부 및 중소벤처기업부의 관련 업무를 담당하는 고위공무원단에 속하는 공무원을 위촉한다(규칙 제6조).

(6) 회의

① 회의소집
위원회의 회의는 다음의 경우에 위원장이 소집한다(법 제17조 제1항).
㉠ 고용노동부장관이 소집을 요구하는 경우
㉡ 재적위원 3분의 1 이상이 소집을 요구하는 경우
㉢ 위원장이 필요하다고 인정하는 경우
② 의 장
위원장은 위원회 회의의 의장이 된다(법 제17조 제2항).
③ 의결정족수
위원회의 회의는 이 법으로 따로 정하는 경우 외에는 재적위원 과반수의 출석과 출석위원 과반수의 찬성으로 의결한다(법 제17조 제3항).
④ 근로자위원과 사용자위원 출석정족수
위원회가 의결을 할 때에는 근로자위원과 사용자위원 각 3분의 1 이상의 출석이 있어야 한다. 다만, 근로자위원이나 사용자위원이 2회 이상 출석요구를 받고도 정당한 이유 없이 출석하지 아니하는 경우에는 그러하지 아니하다(법 제17조 제4항).

(7) 의견 청취

① 관계인의 의견 청취

위원회는 그 업무를 수행할 때에 필요하다고 인정하면 관계 근로자와 사용자, 그 밖의 관계인의 의견을 들을 수 있다(법 제18조).

② 실비변상

위원회(전문위원회를 포함한다)에 출석한 관계 근로자와 사용자, 그 밖의 관계인에게는 예산의 범위에서 수당과 여비를 지급한다(영 제16조).

(8) 전문위원회

① 전문위원회 설치

위원회는 필요하다고 인정하면 사업의 종류별 또는 특정 사항별로 전문위원회를 둘 수 있다(법 제19조 제1항).

② 전문위원회 기능

전문위원회는 위원회 권한의 일부를 위임받아 최저임금위원회 기능을 수행한다(법 제19조 제2항).

③ 구성

전문위원회는 근로자위원, 사용자위원 및 공익위원 각 5명 이내의 같은 수로 구성한다(법 제19조 제3항).

④ 전문위원회의 구성(영 제17조)

㉠ 전문위원회는 위원회의 위원장이 그 위원 중에서 지명하는 사람으로 구성한다.

㉡ 위원회의 위원장은 위원회의 위원만으로 전문위원회를 구성하기 어렵거나 소관 사항을 전문적으로 심의하기 위하여 필요한 경우에는 전문위원회의 위원을 따로 위촉할 수 있다. 이 경우 따로 위촉하는 전문위원회의 위원 중 근로자위원과 사용자위원의 위촉 및 공익위원의 위촉기준에 관하여는 최저임금위원회의 규정을 준용한다.

⑤ 위원의 수당 등

위원회의 상임위원을 제외한 위원 및 전문위원회의 위원에게는 예산의 범위에서 그 직무 수행에 필요한 수당과 여비를 지급하되, 수당은 출석한 일수에 따라 지급하고 여비는 상임위원의 직위에 상응하는 금액을 지급한다(영 제18조).

⑥ 준용

전문위원회에 관하여는 위원회의 운영 등에 관한 내용은 최저임금위원회에 관한 규정을 준용한다. 이 경우 "위원회"를 "전문위원회"로 본다(법 제19조 제4항).

(9) 사무국

① 사무국의 설치

위원회에 그 사무를 처리하게 하기 위하여 사무국을 둔다(법 제20조 제1항).

② 연구위원

사무국에는 최저임금의 심의 등에 필요한 전문적인 사항을 조사·연구하게 하기 위하여 3명 이내의 연구위원을 둘 수 있다(법 제20조 제2항).

③ 연구위원의 자격·위촉 및 수당 등
연구위원의 자격·위촉 및 수당과 사무국의 조직·운영 등에 필요한 사항은 대통령령으로 정한다(법 제20조 제3항).

(10) 위원의 수당 등
위원회 및 전문위원회의 위원에게는 대통령령으로 정하는 바에 따라 수당과 여비를 지급할 수 있다(법 제21조).

(11) 운영규칙
위원회는 최저임금법에 어긋나지 아니하는 범위에서 위원회 및 전문위원회의 운영에 관한 규칙을 제정할 수 있다(법 제22조).

5. 보칙

(1) 생계비 및 임금실태 등의 조사
① 생계비와 임금실태 조사
고용노동부장관은 근로자의 생계비와 임금실태 등을 매년 조사하여야 한다(법 제23조).
② 실태조사
고용노동부장관은 위원회로 하여금 근로자의 생계비와 임금실태에 관한 조사를 하게 할 수 있다(영 제19조).

(2) 정부의 지원
정부는 근로자와 사용자에게 최저임금제도를 원활하게 실시하는 데에 필요한 자료를 제공하거나 그 밖에 필요한 지원을 하도록 최대한 노력하여야 한다(법 제24조).

(3) 보고
고용노동부장관은 최저임금법의 시행에 필요한 범위에서 근로자나 사용자에게 임금에 관한 사항을 보고하게 할 수 있다(법 제25조).

(4) 근로감독관의 권한
① 최저임금법 사무관장
㉠ 고용노동부장관은 근로감독관에게 대통령령으로 정하는 바에 따라 최저임금법의 시행에 관한 사무를 관장하도록 한다(법 제26조 제1항).
㉡ 근로감독관의 사무 집행 : 근로감독관이 법의 시행에 관한 사무를 할 때에는 소속 지방고용노동관서의 장의 지휘·감독을 받아야 한다(영 제20조).
② 장부와 서류의 제출 요구
근로감독관은 권한을 행사하기 위하여 사업장에 출입하여 장부와 서류의 제출을 요구할 수 있으며 그 밖의 물건을 검사하거나 관계인에게 질문할 수 있다(법 제26조 제2항).

SEMI-NOTE

증표
증표는 근로감독관규정 제7조에 따른 증표로 한다(영 제21조).

③ **증표 제시**
출입·검사를 하는 근로감독관은 그 신분을 표시하는 증표를 지니고 이를 관계인에게 내보여야 한다(법 제26조 제3항).

④ **사법경찰관의 직무수행**
근로감독관은 최저임금법 위반의 죄에 관하여 사법경찰관리의 직무를 행할 자와 그 직무범위에 관한 법률로 정하는 바에 따라 사법경찰관의 직무를 행한다(법 제26조 제4항).

⑤ **권한의 위임**
최저임금법에 따른 고용노동부장관의 권한은 대통령령으로 정하는 바에 따라 그 일부를 지방고용노동관서의 장에게 위임할 수 있다(법 제26조의2, 영 제21조의2).
　㉠ 최저임금 적용 제외의 인가
　㉡ 근로자나 사용자에게 임금에 관한 사항 보고의 요구
　㉢ 과태료의 부과·징수

6. 벌칙

(1) 벌칙

① **3년 이하의 징역 또는 2천만 원 이하의 벌금**
최저임금액보다 적은 임금을 지급하거나 최저임금을 이유로 종전의 임금을 낮춘 자는 3년 이하의 징역 또는 2천만 원 이하의 벌금에 처한다. 이 경우 징역과 벌금은 병과(倂科)할 수 있다(법 제28조 제1항).

② **2년 이하의 징역 또는 1천만 원 이하의 벌금**
도급인에게 연대책임이 발생하여 근로감독관이 그 연대책임을 이행하도록 시정지시하였음에도 불구하고 도급인이 시정기한 내에 이를 이행하지 아니한 경우 2년 이하의 징역 또는 1천만 원 이하의 벌금에 처한다(법 제28조 제2항).

③ **500만 원 이하의 벌금**
최저임금 산입을 위한 취업규칙 변경절차의 특례를 위반하여 의견을 듣지 아니한 자는 500만 원 이하의 벌금에 처한다(법 제28조 제3항).

(2) 양벌규정

① **법인에게 벌금형 부과**
법인의 대표자, 대리인, 사용인, 그 밖의 종업원이 그 법인의 업무에 관하여 벌칙(제28조)의 위반행위를 하면 그 행위자를 벌할 뿐만 아니라 그 법인에도 해당 조문의 벌금형을 과(科)한다(법 제30조 제1항).

② **개인에게 벌금형 부과**
개인의 대리인, 사용인, 그 밖의 종업원이 그 개인의 업무에 관하여 벌칙(제28조)의 위반행위를 하면 그 행위자를 벌할 뿐만 아니라 그 개인에게도 해당 조문의 벌금형을 과한다(법 제30조 제2항).

(3) 과태료

① 100만 원 이하의 과태료
다음의 어느 하나에 해당하는 자에게는 100만 원 이하의 과태료를 부과한다(법 제31조 제1항).
㉠ 근로자에게 해당 최저임금을 널리 알리지 아니한 자
㉡ 임금에 관한 사항의 보고를 하지 아니하거나 거짓 보고를 한 자
㉢ 근로감독관의 요구 또는 검사를 거부·방해 또는 기피하거나 질문에 대하여 거짓 진술을 한 자

② 과태료의 부과·징수
과태료는 대통령령으로 정하는 바에 따라 고용노동부장관이 부과·징수한다(법 제31조 제2항).

③ 이의제기
과태료 처분에 불복하는 자는 그 처분을 고지받은 날부터 30일 이내에 고용노동부장관에게 이의를 제기할 수 있다(법 제31조 제3항).

④ 과태료 재판
과태료 처분을 받은 자가 이의를 제기하면 고용노동부장관은 지체 없이 관할 법원에 그 사실을 통보하여야 하며, 그 통보를 받은 관할 법원은 비송사건절차법에 따른 과태료 재판을 한다(법 제31조 제4항).

⑤ 과태료 징수
기간에 이의를 제기하지 아니하고 과태료를 내지 아니하면 국세 체납처분의 예에 따라 징수한다(법 제31조 제5항).

실력up 과태료의 부과기준

- **일반기준** : 고용노동부장관은 위반행위자가 다음의 어느 하나에 해당하는 경우에는 제2호에 따른 과태료 금액의 2분의 1의 범위에서 그 금액을 감경할 수 있다. 다만, 과태료를 체납하고 있는 위반행위자의 경우에는 그러하지 아니하다.
  ① 위반행위자가 질서위반행위규제법 시행령 제2조의2제1항 각 호의 어느 하나에 해당하는 경우
  ② 위반행위자가 자연재해·화재 등으로 재산에 현저한 손실이 발생하거나 사업여건의 악화로 사업이 중대한 위기에 처하는 등의 사정이 있는 경우
  ③ 위반행위가 사소한 부주의나 오류 등 과실로 인한 것으로 인정되는 경우
  ④ 그 밖에 위반행위의 정도, 위반행위의 동기와 그 결과 등을 고려하여 감경할 필요가 있다고 인정되는 경우
- **개별기준**

위반행위	과태료 금액
법 제11조를 위반하여 근로자에게 해당 최저임금을 같은 조에서 규정한 방법으로 널리 알리지 않은 경우	100만원
법 제25조에 따른 임금에 관한 사항의 보고를 하지 않거나 거짓 보고를 한 경우	100만원
법 제26조제2항에 따른 근로감독관의 요구 또는 검사를 거부·방해 또는 기피하거나 질문에 대하여 거짓 진술을 한 경우	100만원

9급공무원

노동법개론

나두공

02장 노동조합 및 노동관계조정법

01절 총칙

02절 노동조합

03절 단체교섭 및 단체협약

04절 쟁의행위

05절 노동쟁의의 조정

06절 부당노동행위

02장 노동조합 및 노동관계조정법

SEMI-NOTE

노조법과 근기법
노동조합 및 노동관계조정법을 약칭하여 노조법, 즉 법이라 하고 노동조합 및 노동관계조정법 시행령을 영, 노동조합 및 노동관계조정법 시행규칙을 규칙, 근로기준법을 약칭하여 근기법이라 함

01절 총칙

1. 목적

(1) 법의 의의

헌법상 보장되는 노동3권(단결권, 단체교섭권, 단체행동권)의 구체적 보장을 목적으로 노동조합과 사용자의 집단적 노사관계를 규율하는 법률로 노사 자치주의를 실현하기 위한 법

(2) 목적

노동조합 및 노동관계조정법은 헌법에 의한 근로자의 단결권·단체교섭권 및 단체행동권을 보장하여 근로조건의 유지·개선과 근로자의 경제적·사회적 지위의 향상을 도모하고, 노동관계를 공정하게 조정하여 노동쟁의를 예방·해결함으로써 산업평화의 유지와 국민경제의 발전에 이바지함을 목적으로 한다(법 제1조).

2. 근로자

(1) 노조법상 근로자

근로자라 함은 직업의 종류를 불문하고 임금·급료 기타 이에 준하는 수입에 의하여 생활하는 자를 말한다(법 제2조 제1호).

(2) 근로자의 개념

① **직업의 종류 불문**
육체적·정신적 노동을 구별하지 않고, 임시직·일용직·상용직·촉탁직인지를 구별하지 않음

② **임금·급료 기타 이에 준하는 수입**
임금은 사용자가 근로의 대가로 근로자에게 임금, 봉급, 그 밖에 어떠한 명칭으로든지 지급하는 모든 금품을 말하고(근기법 제2조 제1항 제5호), 급료는 임금과 같은 뜻을 가진 용어이며, 이에 준하는 수입은 일시적으로 근로를 제공한 대가로 얻은 수입과 임금이 아니면서 임금과 비슷한 수입에 해당하는 것

> **관련 판례** 근로자로서의 지위
>
> 근로기준법상의 근로자에 해당하는지 여부를 판단함에 있어서는 그 계약의형식이 민법상의 고용계약인지 또는 도급계약인지에 관계없이 그 실질에 있어 근로자가 사업 또는 사업장에 임금을 목적으로 종속적인 관계에서 사용자에게 근로를 제공하였는지 여부에 따라 판단하여야 할 것이고, 위에서 말하는 종속적인 관계가 있는지 여부를 판단함에 있어서는, 업무의 내용이 사용자에 의하여 정하여지고 취업규칙 또는 복무(인사)규정 등의 적용을 받으며 업무수행

과정에 있어서도 사용자로부터 구체적, 개별적인 지휘·감독을 받는지 여부, 사용자에 의하여 근무시간과 근무장소가 지정되고 이에 구속을 받는지 여부, 근로자 스스로가 제3자를 고용하여 업무를 대행케 하는 등 업무의 대체성 유무, 비품, 원자재나 작업도구 등의 소유관계, 보수의 성격이 근로 자체의 대상적 성격이 있는지 여부와 기본급이나 고정급이 정하여져 있는지 여부 및 근로소득세의 원천징수 여부 등 보수에 관한 사항, 근로제공관계의 계속성과 사용자에의 전속성의 유무와 정도, 사회보장제도에 관한 법령 등 다른 법령에 의하여 근로자로서의 지위를 인정받는지 여부, 양 당사자의 경제·사회적 조건 등을 종합적으로 고려하여 판단하여야 할 것이다(대판 94다22859).

③ 그에 의하여 생활하는 자

다른 수입이 없거나 적어서 임금 등의 수입에 의해서 생활하는 자. 현실적으로 임금의 수입으로 생활하는 자뿐만 아니라 임금의 수입을 얻으려는 자인 근로의 의사를 가진 실업자도 노조법의 근로자에 해당

(3) 근기법상 근로자와 구분

근기법의 근로자는 근로조건을 보호받을 사람의 범위를 설정하기 위한 규정이고, 노조법상의 근로자는 노동3권을 행사할 수 있는 사람의 범위를 정하기 위함

관련 판례 근로자의 범위

노동조합법상 근로자란 타인과의 사용종속관계하에서 근로를 제공하고 그 대가로 임금 등을 받아 생활하는 사람을 의미하며, 특정한 사용자에게 고용되어 현실적으로 취업하고 있는 사람뿐만 아니라 일시적으로 실업 상태에 있는 사람이나 구직 중인 사람을 포함하여 노동3권을 보장할 필요성이 있는 사람도 여기에 포함되는 것으로 보아야 한다. 그리고 출입국관리 법령에서 외국인고용제한규정을 두고 있는 것은 취업활동을 할 수 있는 체류자격(이하 '취업자격'이라고 한다) 없는 외국인의 고용이라는 사실적 행위 자체를 금지하고자 하는 것뿐이지, 나아가 취업자격 없는 외국인이 사실상 제공한 근로에 따른 권리나 이미 형성된 근로관계에서 근로자로서의 신분에 따른 노동관계법상의 제반 권리 등의 법률효과까지 금지하려는 것으로 보기는 어렵다. 따라서 타인과의 사용종속관계하에서 근로를 제공하고 그 대가로 임금 등을 받아 생활하는 사람은 노동조합법상 근로자에 해당하고, 노동조합법상의 근로자성이 인정되는 한, 그러한 근로자가 외국인인지 여부나 취업자격의 유무에 따라 노동조합법상 근로자의 범위에 포함되지 아니한다고 볼 수는 없다(대판 2007두4995).

(4) 근로자 아닌 자의 가입을 허용하는 경우 노동조합으로 보지 않는 경우(법 제2조 제4호 라목)

① 노동조합이라 함은 근로자가 주체가 되어 자주적으로 단결하여 근로조건의 유지·개선 기타 근로자의 경제적·사회적 지위의 향상을 도모함을 목적으로 조직하는 단체 또는 그 연합단체를 말한다. 다만, 다음에 해당하는 경우에는 노동조합으로 보지 아니한다(법 제2조 제4호 라목).

② 노조법 제2조 제4호에서 근로자는 노조법상의 근로자를 의미하고, 판례에 의하면 구직중인 근로자도 노동3권을 보장하여야 하는데 단서 조항은 서로 모순

SEMI-NOTE

관련 판례

지역별 노동조합이 그 구성원으로 '구직중인 여성 노동자'를 포함하여 노동조합설립신고를 한 경우, '구직 중인 여성 노동자'는 노동조합 및 노동관계조정법상의 근로자가 아니라는 이유로 노동조합설립신고를 반려하는 것은 위법하다고 판단한 원심판결을 수긍한 사례(대판 2001두8568)

법 제2조 제4호 라목

근로자가 아닌 자의 가입을 허용하는 경우

3. 사용자

(1) 노조법상 사용자
사용자라 함은 사업주, 사업의 경영담당자 또는 그 사업의 근로자에 관한 사항에 대하여 사업주를 위하여 행동하는 자를 말한다(법 제2조 제2호).

(2) 사용자의 개념
① 사업주
　사업의 경영주체로 근로자를 사용하여 사업을 운영하는 자로, 사업이 영리를 목적으로 하는 경우에는 그 손익의 귀속자
② 사업의 경영담당자
　사업주로부터 사업경영의 전부 또는 일부를 포괄적으로 위임받아 대내적으로 그 사업을 운영하고 대외적으로 사업을 대표하거나 대리하는 자
③ 근로자에 관한 사항에 대하여 사업주를 위하여 행동하는 자
　'근로자에 관한 사항에 대하여 사업주를 위하여 행동하는 자'라 함은 근로자의 인사, 급여, 후생, 노무관리 등 근로조건의 결정 또는 업무상의 명령이나 지휘감독을 하는 등의 사항에 대하여 사업주로부터 일정한 권한과 책임을 부여받은 자를 말한다(대판 88누6924).

(3) 사용자단체
① 개념
　사용자단체라 함은 노동관계에 관하여 그 구성원인 사용자에 대하여 조정 또는 규제할 수 있는 권한을 가진 사용자의 단체를 말한다(법 제2조 제3호).
② 요건
　사용자단체가 되기 위해서는 노동관계에 대하여 그 구성원에 대하여 조정 또는 규제할 수 있는 권한을 가져야 하므로 구성원인 사용자에 대하여 통제력을 행사할 수 있어야 함

> **법령** 노동조합 및 노동관계조정법
>
> 제4조(정당행위) 형법 제20조(정당행위)의 규정은 노동조합이 단체교섭·쟁의행위 기타의 행위로서 노법의 목적을 달성하기 위하여 한 정당한 행위에 대하여 적용된다. 다만, 어떠한 경우에도 폭력이나 파괴행위는 정당한 행위로 해석되어서는 아니된다.

SEMI-NOTE

손해배상 청구의 제한
사용자는 이 법에 의한 단체교섭 또는 쟁의행위로 인하여 손해를 입은 경우에 노동조합 또는 근로자에 대하여 그 배상을 청구할 수 없다(법 제3조).

02절 노동조합

1. 노동조합의 의의 및 설립요건

(1) 노동조합의 의의
① 노동조합

근로자가 주체가 되어 자주적으로 단결하여 근로조건의 유지·개선 기타 근로자의 경제적·사회적 지위의 향상을 도모함을 목적으로 조직하는 단체 또는 그 연합단체를 말한다(법 제2조 제4호).

② 헌법상 단결권 행사

헌법 제33조 제1항에서 근로자는 근로조건의 향상을 위하여 자주적인 단결권·단체교섭권 및 단체행동권을 가진다고 하여 단결권을 규정한 것을 실질적인 단결권의 행사로 노조법에 구체적으로 규정하여 근로조건의 향상이라는 목적을 수행할 수 있도록 한 것

(2) 노동조합의 유형
① 직종별 노동조합
  ㉠ 의의 : 동일한 직업군에 속하는 근로자들이 기업과 산업을 구분하지 않고 연대한 노동조합
  ㉡ 장점
   - 단결력이 강하며 어용화의 위험이 적은 점
   - 모든 근로자에게 투쟁의 목표가 일치되므로 노동운동의 방향설정이 손쉬운 점
   - 노동조합이 노동력의 공급을 독점할 수 있으므로 사용자의 횡포를 저지할 수 있는 점 등
  ㉢ 단점
   - 기계의 발달로 숙련 근로자와 미숙련 근로자의 차이가 없게 되는 경우 독점력을 상실하는 점
   - 배타적인 성격으로 근로자 전체의 지위 개선을 기할 수 없는 점 등

② 산업별 노동조합
  ㉠ 의의 : 동종 산업에 종사하는 근로자들이 직종과 기업을 초월하여 결합한 노동조합
  ㉡ 장점
   - 동종 산업에 종사하는 근로자의 지위를 통일적으로 개선할 수 있는 점
   - 조합 규모가 커서 사용자단체와 힘의 균형을 가지며 정책반영이 용이한 점
   - 동일 산업 내 동종 근로자의 근로조건이 동일하여 노동이동이 희박한 점
   - 단체교섭과 노사협의가 명확히 구별되어 개별사업장 내에서는 단체교섭에 따른 분규가 없는 점 등

SEMI-NOTE

  ㉢ 단점
    - 조합의식이 낮은 산업사회에서는 조합결성이 어렵고 조합원의 조합 참여의식이 미약한 점
    - 동일 산업 내 근로자가 속하는 기업이 지역, 규모, 생산시설과 기술, 세부 업종 등에서 큰 차이가 있는 경우 산별 단일교섭안을 마련할 수 없는 점
    - 상부단체와 그 산하 지부와의 마찰
    - 상부단체가 정치활동이나 사회운동에 지나치게 관심을 가질 경우 노동운동의 본질을 망각하고 사회불안의 요인이 될 수 있는 점
    - 개별기업의 특수성을 고려할 수 없는 점 등
③ 기업별 노동조합
  ㉠ 의의 : 하나의 기업 또는 사업장에 속하는 근로자들이 직종에 관계없이 결합한 노동조합
  ㉡ 장점
    - 조합결합이 손쉽고 조합원의 참여의식이 강함
    - 근로자의 연대의식에 따른 전국적인 대규모의 노사분규가 없는 점
    - 개별기업 내부에서 노동조합과 사용자와의 관계가 긴밀하고 기업의 특수성을 반영하여 노사협조가 잘 이루어질 수 있는 점
  ㉢ 단점
    - 사용자에 의한 어용화의 위험이 큰 점
    - 기업내 근로자의 직종에 따라 이해관계가 대립되어 조합원의 분열이 심한 점, 근로조건의 개선이 단위조합에 제한되어 기업마다 근로조건이 다름으로써 노동이동이 심한 점
    - 소규모조합으로 노동운동의 전문가를 양성할 수 없으며, 단체교섭의 전술이나 전략을 개발하기 어려운 점
    - 단체교섭과 노사협의의 기능이 혼돈되어 사업장 내 분규가 끊이지 않는 점 등
④ 일반노동조합
  ㉠ 의의 : 직종별·산업별·기업별로 노동조합을 만들기 어려운 근로자들이 전국 또는 일부 지역을 중심으로 직종·산업·기업을 초월하여 조직한 노동조합
  ㉡ 특징 : 특정의 직종, 산업, 기업 등에 속하지 않는 자도 가입할 수 있어 조직의 폭이 넓으나 근로형태의 차이 때문에 조합원들의 연대의식이 약하고, 행동통일을 이루기도 쉽지 않으며, 단체교섭이나 단체협약에서 직종이나 기업의 특수성을 감안하기 어려움

(3) 노동조합의 설립요건

① 의의
  노조법은 근로자들이 노동조합을 설립할 때 조직의 유형에 대하여 아무런 제한이 없으며, 자유설립주의에 신고제도를 가미

② **노동조합 설립의 실질적 요건**
  ㉠ 노동조합 설립에 있어 실질적으로 갖추어야 할 사항을 규정하면서, 적극적 요건과 소극적 요건으로 나눔
    - 적극적 요건 : 반드시 갖추어야 할 요건
    - 소극적 요건 : 해당하여서는 아니 되는 요건
  ㉡ 적극적 요건
    - 주체성 : 노동조합은 근로자가 주체가 되어야 함
    - 자주성 : 근로자가 자주적으로 단결하여야 함
    - 목적성 : 노동조합의 주된 목적은 근로조건의 유지, 개선 및 근로자의 경제적, 사회적 지위향상을 도모하기 위함
    - 단체성 : 단체 또는 연합단체이어야 함. 단체라 함은 2인 이상의 근로자 개인이 조직한 인적 결합체를 의미하며, 연합단체라 함은 노조법 10조 2항에 따라 노동조합을 구성원으로 하여 조직된 상부단체를 말함
  ㉢ 소극적 요건 : 노동조합의 설립이 인정되지 아니하는 요건을 말한다(법 제2조 제4호 각목).
    - 사용자 또는 항상 그의 이익을 대표하여 행동하는 자의 참가를 허용하는 경우
    - 경비의 주된 부분을 사용자로부터 원조 받는 경우
    - 공제·수양 기타 복리사업만을 목적으로 하는 경우
    - 근로자가 아닌 자의 가입을 허용하는 경우
    - 주로 정치운동을 목적으로 하는 경우

③ **노동조합 설립의 형식적 요건**
  ㉠ 의의 : 노동조합은 규약을 첨부하여 설립신고서를 관할 관청에 제출하여 신고증을 교부받는 것
  ㉡ 설립의 신고
    노동조합을 설립하고자 하는 자는 다음의 사항을 기재한 신고서에 규약을 첨부하여 연합단체인 노동조합과 2 이상의 특별시·광역시·특별자치시·도·특별자치도에 걸치는 단위노동조합은 고용노동부장관에게, 2 이상의 시·군·구에 걸치는 단위노동조합은 특별시장·광역시장·도지사에게, 그 외의 노동조합은 특별자치시장·특별자치도지사·시장·군수·구청장에게 제출하여야 한다(법 제10조 제1항). 또한 근로조건의 결정권이 있는 독립된 사업 또는 사업장에 조직된 노동단체는 지부·분회 등 명칭이 무엇이든 상관없이 노동조합의 설립신고를 할 수 있다(영 제7조).
    - 명칭
    - 주된 사무소의 소재지
    - 조합원수
    - 임원의 성명과 주소
    - 소속된 연합단체가 있는 경우에는 그 명칭
    - 연합단체인 노동조합에 있어서는 그 구성노동단체의 명칭, 조합원수, 주된 사무소의 소재지 및 임원의 성명·주소

SEMI-NOTE

적극적 요건
- 노동조합의 주체는 근로자이어야 할 것
- 근로자가 자주적으로 단결하여야 할 것
- 근로조건의 유지 개선 기타 근로자의 경제적 사회적 지위의 향상을 도모함을 목적으로 할 것
- 근로자가 주체가 되어 단결하여 조직한 단체 또는 연합단체일 것

법 제10조 제2항
연합단체인 노동조합은 동종산업의 단위노동조합을 구성원으로 하는 산업별 연합단체와 산업별 연합단체 또는 전국규모의 산업별 단위노동조합을 구성원으로 하는 총연합단체를 말한다.

④ 신고증의 교부
  ㉠ 고용노동부장관, 특별시장·광역시장·특별자치시장·도지사·특별자치도지사 또는 시장·군수·구청장은 설립신고서를 접수한 때에는 보완을 요하는 경우 및 신고서의 반려를 요하는 경우를 제외하고는 3일 이내에 신고증을 교부하여야 한다(법 제12조 제1항).
  ㉡ 행정관청은 설립신고서 또는 규약이 기재사항의 누락등으로 보완이 필요한 경우에는 대통령령이 정하는 바에 따라 20일 이내의 기간을 정하여 보완을 요구하여야 한다. 이 경우 보완된 설립신고서 또는 규약을 접수한 때에는 3일 이내에 신고증을 교부하여야 한다(법 제12조 제2항).
  ㉢ 설립신고서의 보완요구 등
    • 고용노동부장관, 특별시장·광역시장·도지사·특별자치도지사, 시장·군수 또는 자치구의 구청장은 노동조합의 설립신고가 다음의 어느 하나에 해당하는 경우에는 보완을 요구하여야 한다.
      – 설립신고서에 규약이 첨부되어 있지 아니하거나 설립신고서 또는 규약의 기재사항 중 누락 또는 허위사실이 있는 경우
      – 임원의 선거 또는 규약의 제정절차가 총회 또는 임원의 선거에 위반되는 경우
    • 노동조합이 설립신고증을 교부받은 후 설립신고서의 반려사유가 발생한 경우에는 행정관청은 30일의 기간을 정하여 시정을 요구하고 그 기간 내에 이를 이행하지 아니하는 경우에는 당해 노동조합에 대하여 이 법에 의한 노동조합으로 보지 아니함을 통보하여야 한다.
    • 행정관청은 노동조합에 설립신고증을 교부하거나 통보를 한 때에는 지체없이 그 사실을 관할 노동위원회와 당해 사업 또는 사업장의 사용자나 사용자단체에 통보하여야 한다.
  ㉣ 행정관청은 설립하고자 하는 노동조합이 다음에 해당하는 경우에는 설립신고서를 반려하여야 한다(법 제12조 제3항).
    • 노동조합으로 보지 아니하는 경우에 해당하는 경우(법 제2조 제4호)
      – 사용자 또는 항상 그의 이익을 대표하여 행동하는 자의 참가를 허용하는 경우
      – 경비의 주된 부분을 사용자로부터 원조 받는 경우
      – 공제·수양 기타 복리사업만을 목적으로 하는 경우
      – 근로자가 아닌 자의 가입을 허용하는 경우
      – 주로 정치운동을 목적으로 하는 경우
    • 설립신고서 또는 규약이 기재사항의 누락 등으로 보완을 요구하였음에도 불구하고 그 기간 내에 보완을 하지 아니하는 경우
  ㉤ 노동조합이 신고증을 교부받은 경우에는 설립신고서가 접수된 때에 설립된 것으로 본다(법 제12조 제4항).

관련 판례 노동조합의 설립신고

행정관청에 광범위한 심사권한을 인정할 경우 행정관청의 심사가 자의적으로 이루어져 신고제가 사실상 허가제로 변질될 우려가 있는 점, 노동조합법은 설립신고 당시 제출하여야 할 서류로 설립신고서와 규약만을 정하고 있고(제10조 제1항), 행정관청으로 하여금 보완사유나 반려사유가 있는 경우를 제외하고는 설립신고서를 접수받은 때로부터 3일 이내에 신고증을 교부하도록 정한 점(제12조 제1항) 등을 고려하면, 행정관청은 일단 제출된 설립신고서와 규약의 내용을 기준으로 노동조합법 제2조 제4호 각 목의 해당 여부를 심사하되, 설립신고서를 접수할 당시 그 해당 여부가 문제된다고 볼 만한 객관적인 사정이 있는 경우에 한하여 설립신고서와 규약 내용 외의 사항에 대하여 실질적 심사를 거쳐 반려 여부를 결정할 수 있다(대판 2011두6998).

⑤ 변경사항의 신고
  ㉠ 노동조합은 설립신고된 사항 중 다음에 해당하는 사항에 변경이 있는 때에는 그 날부터 30일 이내에 행정관청에게 변경신고를 하여야 한다(법 제13조 제1항).
    • 명칭
    • 주된 사무소의 소재지
    • 대표자의 성명
    • 소속된 연합단체의 명칭
  ㉡ 노동조합은 매년 1월 31일까지 다음의 사항을 행정관청에게 통보하여야 한다. 다만, 전년도에 변경신고된 사항은 그러하지 아니하다(법 제13조 제2항).
    • 전년도에 규약의 변경이 있는 경우에는 변경된 규약내용
    • 전년도에 임원의 변경이 있는 경우에는 변경된 임원의 성명
    • 전년도 12월 31일 현재의 조합원수(연합단체인 노동조합에 있어서는 구성단체별 조합원수)

⑥ 변경사항의 신고 등
  ㉠ 노동조합은 변경신고를 하는 경우에는 그 변경신고서에 신고증을 첨부해야 한다(영 제10조 제1항).
  ㉡ 노동조합은 주된 사무소의 소재지 변경을 신고하는 경우로서 그 주된 사무소의 소재지를 다른 행정관청의 관할구역으로 이전하는 경우에는 새로운 소재지를 관할하는 행정관청에 변경신고를 해야 한다(영 제10조 제2항).
  ㉢ 행정관청은 변경신고서를 받은 때에는 3일 이내에 변경신고증을 교부하여야 한다(영 제10조 제3항).
  ㉣ 노동조합은 행정관청에 조합원수를 통보할 때 둘 이상의 사업 또는 사업장의 근로자로 구성된 단위노동조합의 경우에는 사업 또는 사업장별로 구분하여 통보해야 한다(영 제10조 제4항).

⑦ 성립결여의 효과
  ㉠ **실질적 및 형식적 요건을 갖춘 경우** : 노조법상의 각종 법적 보호를 받음
  ㉡ **실질적 요건을 갖추지 못한 경우** : 형식적으로 요건을 갖추었다 할지라도 실질적 요건을 갖추지 않은 노조는 비록 설립등록을 받았다고 할지라도 노동조합으로 볼 수 없음

ⓒ 형식적 요건을 결한 경우 : 노동조합법상의 노동조합이 설립되려면 위에서 본 실질적 요건 이외에 위 법 제14조 소정의 규약을 갖추고 위 법 제13조 제1항의 설립신고를 마치는 등의 형식적인 요건을 구비하여야 한다(대판 93도855).
ⓔ 명시적 적용배제
- 법인격 취득의 불가(법 제6조)
- 노동위원회에 노동쟁의의 조정 및 부당노동행위의 구제를 신청배제(법 제7조 제1항)
- 노동조합 명칭 사용 불가(법 제7조 제3항)
- 조세의 면제 배제(법 제8조)
- 단체협약 확장 적용 신청의 불가(법 제36조)
- 근로자의 공급사업자격 부인(직업안정법 제33조)

(4) 법인인 노동조합

① 법인등기
노동조합을 법인으로 하고자 할 때에는 그 주된 사무소의 소재지를 관할하는 등기소에 등기하여야 한다(영 제2조).

② 등기사항(영 제3조)
ⓐ 명칭
ⓑ 주된 사무소의 소재지
ⓒ 목적 및 사업
ⓓ 대표자의 성명 및 주소
ⓔ 해산사유를 정한 때에는 그 사유

③ 등기신청(영 제4조)
ⓐ 등기는 그 노동조합의 대표자가 신청한다.
ⓑ 등기신청을 하려는 때에는 등기신청서에 해당 노동조합의 규약과 신고증의 사본(변경신고증을 교부받은 경우에는 그 사본)을 첨부해야 한다.

④ 이전등기(영 제5조)
ⓐ 법인인 노동조합이 그 주된 사무소를 다른 등기소의 관할 구역으로 이전한 경우 해당 노동조합의 대표자는 그 이전한 날부터 3주 이내에 구소재지에서는 이전등기를 해야 하며, 신소재지 에서는 제3조 각 호의 사항을 등기해야 한다.
ⓑ 동일한 등기소의 관할구역안에서 주된 사무소를 이전한 경우에는 그 이전한 날부터 3주 이내에 이전등기를 해야 한다.

⑤ 변경등기
노동조합의 대표자는 제3조 각 호의 사항 중 변경된 사항이 있는 경우에는 그 변경이 있는 날부터 3주 이내에 변경등기를 해야 한다(법 제6조).

2. 노동조합 규약

(1) 규약의 의의 및 성질

① 의의
  노동조합의 조직과 활동에 관한 지침으로 조합원의 권리의무, 조합기관의 권한 배분 및 조합의 중요한 활동 등을 정함
② 성질
  노동조합의 자주성과 민주성을 확보하기 위해 조합규약에 반드시 기재할 사항을 법에서 정하고, 노동조합 설립신고 시 이를 첨부서류로 행정관청에 제출하도록 하며, 제정 변경 등에 관한 여러 가지 행정감독규정을 두고 있음

(2) 규약의 필요적 기재사항(법 제11조)

① 명칭
② 목적과 사업
③ 주된 사무소의 소재지
④ 조합원에 관한 사항(연합단체인 노동조합에 있어서는 그 구성단체에 관한 사항)
⑤ 소속된 연합단체가 있는 경우에는 그 명칭
⑥ 대의원회를 두는 경우에는 대의원회에 관한 사항
⑦ 회의에 관한 사항
⑧ 대표자와 임원에 관한 사항
⑨ 조합비 기타 회계에 관한 사항
⑩ 규약변경에 관한 사항
⑪ 해산에 관한 사항
⑫ 쟁의행위와 관련된 찬반투표 결과의 공개, 투표자 명부 및 투표용지 등의 보존·열람에 관한 사항
⑬ 대표자와 임원의 규약위반에 대한 탄핵에 관한 사항
⑭ 임원 및 대의원의 선거절차에 관한 사항
⑮ 규율과 통제에 관한 사항

(3) 규약의 임의적 기재사항

① 법인격의 취득
② 대의원회 설치
③ 조합비 미납 조합원의 권리제한
④ 소집공고 기간의 단축

(4) 규약의 제정, 변경 및 비치 ★빈출개념

① 제정, 변경
  ㉠ 총회는 재적조합원 과반수의 출석과 출석조합원 과반수의 찬성으로 의결한다. 다만, 규약의 제정·변경, 임원의 해임, 합병·분할·해산 및 조직형태의

SEMI-NOTE

규약의 기재 금지사항
• 강행법규 위반사항
• 조합원의 기본적인 인권 위배되는 사항
• 노동조합의 목적에 위반되는 사항

변경에 관한 사항은 재적조합원 과반수의 출석과 출석조합원 3분의 2 이상의 찬성이 있어야 한다(법 제16조 제2항).
ⓒ 규약의 제정·변경과 임원의 선거·해임에 관한 사항은 조합원의 직접·비밀·무기명투표에 의하여야 한다(법 제16조 제4항).
② 비치
노동조합은 조합설립일부터 30일 이내에 규약 작성하여 그 주된 사무소에 비치하여야 한다(법 제14조 제1항).
③ 대의원 의결사항으로 정한 규약개편사항을 총회가 의결하는 경우
노동조합이 규약에서 총회와는 별도로 총회에 갈음할 대의원회를 두고 총회의 의결사항과 대의원회의 의결사항을 명확히 구분하여 정하고 있는 경우, 특별한 사정이 없는 이상 총회가 대의원회의 의결사항으로 정해진 사항을 곧바로 의결하는 것은 규약에 반한다(대판 2012두6063).

| 관련 판례 | 규약의 제정 |

규약의 제정은 총회의 의결사항으로서(노동조합법 제16조 제1항 제1호) 규약의 제·개정권한은 조합원 전원으로 구성되는 총회의 근원적·본질적 권한이라는 점, 대의원회는 규약에 의하여 비로소 설립되는 것으로서(노동조합법 제17조 제1항) 대의원회의 존재와 권한은 총회의 규약에 관한 결의로부터 유래된다는 점 등에 비추어 볼 때, 총회가 규약의 제·개정결의를 통하여 총회에 갈음할 대의원회를 두고 '규약의 개정에 관한 사항'을 대의원회의 의결사항으로 정한 경우라도 이로써 총회의 규약개정권한이 소멸된다고 볼 수 없고, 총회는 여전히 노동조합법 제16조 제2항 단서에 정해진 재적조합원 과반수의 출석과 출석조합원 3분의 2 이상의 찬성으로 '규약의 개정에 관한 사항'을 의결할 수 있다(대판 2012두6063).

(5) 조합 규약의 감독

① 원칙
노동조합의 자주적·민주적 운영을 보장하기 위하여 필요 최소한에 거쳐야 함
② 규약심사
노동조합 설립신고서에 첨부한 규약에 대하여 기재사항의 누락 여부에 대하여 심사
③ 노조설립 후의 심사
㉠ 행정관청은 노동조합의 규약이 노동관계법령에 위반한 경우에는 노동위원회의 의결을 얻어 그 시정을 명할 수 있다(법 제21조 제1항).
ⓒ 시정명령을 받은 노동조합은 30일 이내에 이를 이행하여야 한다. 다만, 정당한 사유가 있는 경우에는 그 기간을 연장할 수 있다(법 제21조 제3항).

3. 노동조합의 운영

(1) 기본원칙

노동조합의 조합원은 어떠한 경우에도 인종, 종교, 성별, 연령, 신체적 조건, 고용형태, 정당 또는 신분에 의하여 차별대우를 받지 아니한다(법 제9조).

(2) 조합원의 지위

① 노동조합의 조직·가입·활동(법 제5조)
  ㉠ 근로자는 자유로이 노동조합을 조직하거나 이에 가입할 수 있다. 다만, 공무원과 교원에 대하여는 따로 법률로 정한다.
  ㉡ 사업 또는 사업장에 종사하는 근로자가 아닌 노동조합의 조합원은 사용자의 효율적인 사업 운영에 지장을 주지 아니하는 범위에서 사업 또는 사업장 내에서 노동조합 활동을 할 수 있다.
  ㉢ 종사근로자인 조합원이 해고되어 노동위원회에 부당노동행위의 구제신청을 한 경우에는 중앙노동위원회의 재심판정이 있을 때까지는 종사근로자로 본다.

② 조합원의 취득과 상실
  ㉠ 노조의 결성을 통하여 지위를 취득할 수 있고, 노조에 가입하여 조합원의 지위를 취득할 수 있다.
  ㉡ 취득의 제한 기초
    • 법률이나 노조의 규약에 의하여 일정한 제약을 받는다.
    • 공무원인 근로자는 법률이 정하는 자에 한하여 단결권, 단체교섭권 및 단체행동권을 가진다(헌법 제33조 제2항).
    • 사용자 또는 항상 그의 이익을 대표하여 행동하는 자의 참가를 허용하는 경우(법 제2조 제4호 가목)
    • 규약에 의하여 가입자격을 제한할 수 있다.
    • 공무원과 교원에 대하여는 따로 법률로 정한다(법 제5조).
  ㉢ 상실
    • 승진, 진급, 전직 등으로 자격을 상실하는 경우
    • 법령이나 규약에 반하는 조합원인 경우
    • 노조의 탈퇴

(3) 조합원의 권리와 의무

① 권리
  ㉠ 균등참여권 : 노동조합의 조합원은 균등하게 그 노동조합의 모든 문제에 참여할 권리와 의무를 가진다(법 제22조).
  ㉡ 차별대우의 금지 : 노동조합의 조합원은 어떠한 경우에도 인종, 종교, 성별, 연령, 신체적 조건, 고용형태, 정당 또는 신분에 의하여 차별대우를 받지 아니한다(법 제9조).
  ㉢ 임원서거권 및 피선거권 : 하나의 사업 또는 사업장을 대상으로 조직된 노동조합의 대의원은 그 사업 또는 사업장에 종사하는 조합원 중에서 선출하여야 한다(법 제17조 제3항).
  ㉣ 총회의 출석 및 의결권 : 조합원은 총회에 출석하여 의결권을 행사할 수 있다(법 제16조).

SEMI-NOTE

법 제22조 단서
노동조합은 그 규약으로 조합비를 납부하지 아니하는 조합원의 권리를 제한할 수 있다.

SEMI-NOTE

ⓛ **임시총회소집요구권** : 노동조합의 대표자는 조합원 또는 대의원의 3분의 1 이상(연합단체인 노동조합에 있어서는 그 구성단체의 3分의 1 이상)이 회의에 부의할 사항을 제시하고 회의의 소집을 요구한 때에는 지체없이 임시총회 또는 임시대의원회를 소집하여야 한다(법 제128조 제2항).

ⓗ **운영상황의 공개** : 노동조합의 대표자는 회계연도마다 결산결과와 운영상황을 공표하여야 하며 조합원의 요구가 있을 때에는 이를 열람하게 하여야 한다(법 제26조).

② 의무

조합비 납부의무(법 제22조), 조합비 미납 조합원의 권리제한(법 제22조 단서), 내부통제에 복종할 의무 등

(4) 노동조합의 총회 및 대의원회

① 총회

노동조합의 모든 기본적인 사항을 결정하는 최고의 의사결정기관

② 총회의 종류

ⓘ 정기총회 : 노동조합은 매년 1회 이상 총회를 개최하여야 한다(법 제15조 제1항).

법 제15조 제2항
노동조합의 대표자는 총회의 의장이 된다.

ⓛ 임시총회(법 제18조)

- 노동조합의 대표자는 필요하다고 인정할 때에는 임시총회 또는 임시대의원회를 소집할 수 있다.
- 노동조합의 대표자는 조합원 또는 대의원의 3분의 1 이상(연합단체인 노동조합에 있어서는 그 구성단체의 3分의 1 이상)이 회의에 부의할 사항을 제시하고 회의의 소집을 요구한 때에는 지체 없이 임시총회 또는 임시대의원회를 소집하여야 한다.
- 행정관청은 노동조합의 대표자가 회의의 소집을 고의로 기피하거나 이를 해태하여 조합원 또는 대의원의 3분의 1 이상이 소집권자의 지명을 요구한 때에는 15일 이내에 노동위원회의 의결을 요청하고 노동위원회의 의결이 있는 때에는 지체 없이 회의의 소집권자를 지명하여야 한다.
- 행정관청은 노동조합에 총회 또는 대의원회의 소집권자가 없는 경우에 조합원 또는 대의원의 3분의 1 이상이 회의에 부의할 사항을 제시하고 소집권자의 지명을 요구한 때에는 15일 이내에 회의의 소집권자를 지명하여야 한다.

③ 소집절차

총회 또는 대의원회는 회의개최일 7일전까지 그 회의에 부의할 사항을 공고하고 규약에 정한 방법에 의하여 소집하여야 한다. 다만, 노동조합이 동일한 사업장내의 근로자로 구성된 경우에는 그 규약으로 공고기간을 단축할 수 있다(법 제19조).

관련 판례 **노동조합 총회의 결의**

노동조합 위원장선거를 위한 임시총회에 소집공고 등 절차상 하자가 있다 하더라도 총유권자 791명 중 약 90.77%에 해당하는 728명이 참여하였고, 위 총회의 소집이 위원장 후보자로서의 입후보나 다른 조합원들의 총회 참여에 어떠한 지장도 없었다고 할 것이므로 위 절차상 하자 역시 경미한 것이어서 위 총회에서의 결의인 위원장 선출은 유효하다고 한 사례(대판 91다29071)

④ 의결사항(법 제16조 제1항)
  ㉠ 규약의 제정과 변경에 관한 사항
  ㉡ 임원의 선거와 해임에 관한 사항
  ㉢ 단체협약에 관한 사항
  ㉣ 예산·결산에 관한 사항
  ㉤ 기금의 설치·관리 또는 처분에 관한 사항
  ㉥ 연합단체의 설립·가입 또는 탈퇴에 관한 사항
  ㉦ 합병·분할 또는 해산에 관한 사항
  ㉧ 조직형태의 변경에 관한 사항
  ㉨ 기타 중요한 사항

⑤ 의결방법
  총회는 재적조합원 과반수의 출석과 출석조합원 과반수의 찬성으로 의결한다. 다만, 규약의 제정·변경, 임원의 해임, 합병·분할·해산 및 조직형태의 변경에 관한 사항은 재적조합원 과반수의 출석과 출석조합원 3분의 2 이상의 찬성이 있어야 한다(법 제16조 제2항).

⑥ 규약 및 결의처분의 시정(법 제21조)
  ㉠ 행정관청은 노동조합의 규약이 노동관계법령에 위반한 경우에는 노동위원회의 의견을 얻어 그 시정을 명할 수 있다.
  ㉡ 행정관청은 노동조합의 결의 또는 처분이 노동관계법령 또는 규약에 위반된다고 인정할 경우에는 노동위원회의 의결을 얻어 그 시정을 명할 수 있다. 다만, 규약위반시의 시정명령은 이해관계인의 신청이 있는 경우에 한한다.

⑦ 대의원회(법 제17조)
  ㉠ 노동조합은 규약으로 총회에 갈음할 대의원회를 둘 수 있다.
  ㉡ 대의원은 조합원의 직접·비밀·무기명투표에 의하여 선출되어야 한다.
  ㉢ 하나의 사업 또는 사업장을 대상으로 조직된 노동조합의 대의원은 그 사업 또는 사업장에 종사하는 조합원 중에서 선출하여야 한다.
  ㉣ 대의원의 임기는 규약으로 정하되 3년을 초과할 수 없다.
  ㉤ 대의원회를 둔 때에는 총회에 관한 규정은 대의원회에 이를 준용한다.

(5) 노동조합의 업무집행기관

① 의의
  대내적으로는 조합의 업무를 집행하고, 대외적으로는 노동조합을 대표함

SEMI-NOTE

법 제16조 제4항

규약의 제정·변경과 임원의 선거·해임에 관한 사항은 조합원의 직접·비밀·무기명투표에 의하여야 한다.

시정명령

시정명령을 받은 노동조합은 30일 이내에 이를 이행하여야 한다. 다만, 정당한 사유가 있는 경우에는 그 기간을 연장할 수 있다.

② 선임 및 해임
  ㉠ 노동조합의 임원 자격은 규약으로 정한다. 이 경우 하나의 사업 또는 사업장을 대상으로 조직된 노동조합의 임원은 그 사업 또는 사업장에 종사하는 조합원 중에서 선출하도록 정한다(법 제23조 제1항).
  ㉡ 임원의 선거·해임에 관한 사항은 조합원의 직접·비밀·무기명투표에 의하여야 한다(법 제16조 제4항).
  ㉢ 임원의 해임, 합병·분할·해산 및 조직형태의 변경에 관한 사항은 재적조합원 과반수의 출석과 출석조합원 3분의 2 이상의 찬성이 있어야 한다(법 제16조 제2항).
③ 임기 및 권한
  임원의 임기는 규약으로 정하되 3년을 초과할 수 없다(법 제23조 제2항). 임원은 조합의 목적달성에 필요한 일체의 업무를 행할 수 있다.
④ 근로시간 면제 등(법 제24조)
  ㉠ 근로자는 단체협약으로 정하거나 사용자의 동의가 있는 경우에는 사용자 또는 노동조합으로부터 급여를 지급받으면서 근로계약 소정의 근로를 제공하지 아니하고 노동조합의 업무에 종사할 수 있다.

> **관련 판례** 노동조합 전임자
>
> 노동조합 전임자는 사용자와의 사이에 기본적 노사관계는 유지되고 기업의 근로자로서의 신분도 그대로 가지는 것이지만, 노동조합 전임자의 근로제공의무가 면제되고 원칙적으로 사용자의 임금지급의무도 면제된다는 점에서 휴직 상태에 있는 근로자와 유사하고, 따라서 사용자가 단체협약 등에 따라 노동조합 전임자에게 일정한 금원을 지급한다고 하더라도 이를 근로의 대가인 임금이라고는 할 수 없다(대판 97다54727).

  ㉡ 사용자로부터 급여를 지급받는 근로자는 사업 또는 사업장별로 종사근로자인 조합원 수 등을 고려하여 결정된 근로시간 면제 한도를 초과하지 아니하는 범위에서 임금의 손실 없이 사용자와의 협의·교섭, 고충처리, 산업안전 활동 등 이 법 또는 다른 법률에서 정하는 업무와 건전한 노사관계 발전을 위한 노동조합의 유지·관리업무를 할 수 있다.

> **관련 판례** 산업별 노동조합
>
> 산업별 노동조합은 기업별 노동조합과 마찬가지로 동종 산업에 종사하는 근로자들이 직접 가입하고 원칙적으로 소속 단위사업장인 개별 기업에서 단체교섭 및 단체협약체결권과 조정신청 및 쟁의권 등을 갖는 단일조직의 노동조합이라 할 것이므로, 산업별 노조의 노동조합 업무를 사용자의 사업과 무관한 상부 또는 연합관계에 있는 노동단체와 관련된 활동으로 볼 수는 없다(대판 2005두11418).

  ㉢ 근로시간 면제 한도를 초과하는 내용을 정한 단체협약 또는 사용자의 동의는 그 부분에 한정하여 무효로 한다.
  ㉣ 근로시간 면제 한도 : 근로시간면제심의위원회에 따른 근로시간 면제 한도를 정할 때 사업 또는 사업장에 종사하는 근로자인 전체 조합원 수와 해당 업무

SEMI-NOTE

법 제24조
사용자는 노동조합의 업무에 종사하는 근로자의 정당한 노동조합 활동을 제한해서는 안 된다.

의 범위 등을 고려하여 시간과 이를 사용할 수 있는 인원으로 정할 수 있다(영 제11조의2).

관련 판례 근로시간 면제자

노동조합 업무에만 종사하는 근로자(이하 '노조전임자'라고 한다)는 전임기간 동안 사용자로부터 어떠한 급여도 지급받아서는 아니 되지만, 근로시간 면제 대상으로 지정된 근로자(이하 '근로시간 면제자'라고 한다)는 고시된 근로시간 면제 한도를 초과하지 아니하는 범위에서 임금의 손실 없이 사용자와의 협의·교섭, 고충처리, 산업안전 활동 등의 일정한 업무와 건전한 노사관계의 발전을 위한 노동조합의 유지·관리업무를 할 수 있다. 위 규정은 노동조합이 사용자에게 경제적으로 의존하는 것을 막고 노동조합의 자주성을 확보하기 위하여 노조전임자 급여 지원 행위를 금지하는 대신, 사용자의 노무관리업무를 대행하는 노조전임자 제도의 순기능도 고려하여 일정한 한도 내에서 근로시간 면제 방식으로 노동조합 활동을 계속 보장하기 위한 것이다(대판 2012다8239).

⑤ **근로시간면제심의위원회(법 제24조의2)**
  ㉠ 근로시간면제자에 대한 근로시간 면제 한도를 정하기 위하여 근로시간면제심의위원회를 경제사회노동위원회에 둔다.
  ㉡ 위원회는 근로시간 면제 한도를 심의·의결하고, 3년마다 그 적정성 여부를 재심의하여 의결할 수 있다.
  ㉢ 경제사회노동위원회 위원장은 위원회가 의결한 사항을 고용노동부장관에게 즉시 통보하여야 한다.
  ㉣ 고용노동부장관은 경제사회노동위원회 위원장이 통보한 근로시간 면제 한도를 고시하여야 한다.
  ㉤ 위원회는 다음의 구분에 따라 근로자를 대표하는 위원과 사용자를 대표하는 위원 및 공익을 대표하는 위원 각 5명씩 성별을 고려하여 구성한다.
    • 근로자를 대표하는 위원 : 전국적 규모의 노동단체가 추천하는 사람
    • 사용자를 대표하는 위원 : 전국적 규모의 경영자단체가 추천하는 사람
    • 공익을 대표하는 위원 : 경제사회노동위원회 위원장이 추천한 15명 중에서 제1호에 따른 노동단체와 제2호에 따른 경영자단체가 순차적으로 배제하고 남은 사람
  ㉥ 위원회의 위원장은 공익을 대표하는 위원 중에서 위원회가 선출한다.
  ㉦ 위원회는 재적위원 과반수의 출석과 출석위원 과반수의 찬성으로 의결한다.
⑥ **위원회 위원의 위촉(영 제11조의3)**
  위원회 위원은 경제사회노동위원회법에 따른 경제사회노동위원회 위원장이 위촉한다.
⑦ **위원회 위원의 자격기준(영 제11조의4)**
  • 단체에서 위원회의 위원으로 추천받을 수 있는 사람의 자격기준은 다음과 같다.
    – 해당 단체의 전직·현직 임원
    – 노동문제 관련 전문가

SEMI-NOTE

근로시간 면제 한도
근로시간면제심의위원회는 근로시간 면제 한도를 정할 때 사업 또는 사업장의 전체 조합원 수와 해당 업무의 범위 등을 고려하여 시간과 이를 사용할 수 있는 인원으로 정할 수 있다(영 제11조의2).

> - 위원회의 위원 중 공익을 대표하는 위원으로 추천받을 수 있는 사람의 자격 기준은 다음과 같다.
>   - 노동 관련 학문을 전공한 자로서 학교나 공인된 연구기관에서 교원 또는 연구원으로 5년 이상 근무한 경력이 있는 사람
>   - 3급 또는 3급 상당 이상의 공무원으로 있었던 자로서 노동문제에 관하여 학식과 경험이 풍부한 사람
>   - 그 밖에 학식과 경험이 있다고 인정되는 사람
> ㉣ 위원회 위원의 임기(영 제11조의5)
> - 위원회 위원의 임기는 2년으로 한다.
> - 위원회의 위원이 궐위된 경우에 보궐위원의 임기는 전임자 임기의 남은 기간으로 한다.
> - 위원회의 위원은 임기가 끝났더라도 후임자가 위촉될 때까지 계속하여 그 직무를 수행한다.
> ㉤ 위원회의 운영
> - 위원회는 고용노동부장관으로부터 근로시간 면제 한도를 정하기 위한 심의 요청을 받은 때에는 그 심의 요청을 받은 날부터 60일 이내에 심의·의결하여야 한다.
> - 위원회의 사무를 처리하기 위하여 위원회에 고용노동부의 위원회 관련 업무 소관부서의 4급 이상 공무원 중에서 간사 1명을 둔다.
> - 위원회의 위원에 대해서는 예산의 범위에서 그 직무 수행을 위하여 필요한 수당과 여비를 지급할 수 있다.
> - 위원회의 위원장은 필요한 경우에 고용노동부 및 관계 행정기관 공무원 중 위원회 관련 업무를 수행하는 공무원으로 하여금 위원회의 회의에 출석하여 발언하게 할 수 있다.
> - 위원회에 근로시간 면제 제도에 관한 전문적인 조사·연구업무를 수행하기 위하여 전문위원을 둘 수 있다.
> - 위원회의 운영에 필요한 사항은 위원회의 의견을 들어 고용노동부장관이 정한다.

⑥ 감사기관

㉠ 회계감사(법 제25조)

- 노동조합의 대표자는 그 회계감사원으로 하여금 6월에 1회 이상 당해 노동조합의 모든 재원 및 용도, 주요한 기부자의 성명, 현재의 경리 상황 등에 대한 회계감사를 실시하게 하고 그 내용과 감사결과를 전체 조합원에게 공개하여야 한다.
- 노동조합의 회계감사원은 필요하다고 인정할 경우에는 당해 노동조합의 회계감사를 실시하고 그 결과를 공개할 수 있다.

기타 조합의 수입

기부금, 사업수익금

ⓒ 운영상황의 공개

노동조합의 대표자는 회계연도마다 결산결과와 운영상황을 공표하여야 하며 조합원의 요구가 있을 때에는 이를 열람하게 하여야 한다(법 제26조).

ⓒ 자료의 제출

노동조합은 행정관청이 요구하는 경우에는 결산결과와 운영상황을 보고하여야 한다(법 제27조).

② 자료제출의 요구

행정관청은 노동조합으로부터 결산결과 또는 운영상황의 보고를 받으려는 경우에는 그 사유와 그 밖에 필요한 사항을 적은 서면으로 10일 이전에 요구해야 한다(영 제12조).

4. 노동조합의 재정과 활동

(1) 재정의 의의

노동조합이 조직을 운영·관리하고 조직활동을 전개하기 위하여 필요한 경비

(2) 재정의 자주성

① 조합비 일괄공제

사용자가 임금에서 조합비를 공제하여 이를 노동조합에 조합비를 교부하는 것

② 경비의 주된 부분을 사용자로부터 원조받는 경우

경비의 주된 부분을 사용자로부터 원조받는 경우에는 노동조합으로 보지 않고 (법 제2조 제4호 나목), 근로자가 노동조합을 조직 또는 운영하는 것을 지배하거나 이에 개입하는 행위와 노동조합의 전임자에게 급여를 지원하거나 노동조합의 운영비를 원조하는 행위는 부당노동행위로 본다(법 제81조 제1항 제4호).

(3) 노동조합의 활동

① 의의

조합의 이익을 지키고 공동의 목적을 이룩하기 위하여 벌이는 활동으로 헌법상의 노동3권을 행사하는데 필요한 활동

② 조합활동의 정당성

> **관련 판례** 노동조합의 활동
>
> 조합활동이 정당하려면 취업규칙이나 단체협약에 별도의 허용규정이 있거나, 관행, 사용자의 승낙이 있는 경우 외에는 취업시간외에 행해져야 하며 사업장 내의 조합활동에 있어서는 사용자의 시설관리권에 바탕을 둔 합리적인 규율이나 제약에 따라야 하고, 비록 조합활동이 근무시간 외에 사업장 밖에서 이루어졌을 경우에도 근로자의 근로계약상의 성실의무(사용자의 이익을 배려해야 할는 거기까지도 미친다고 보아야 하므로 그 점도 이행되어야 할 것인 바, 근무시간중에 조합간부들과 공동하여 지하철 공사의 사무실내의 집기 등을 부수고 적색 페인트, 스프레이로 복도계단과 사무실 벽 등 2000여군데에 "노동해방", "공소외인 퇴진", "양키고홈"등의 낙서를 하여 수리비 42,900,000원이 소요되는 재물손괴를 하였다면, 이는 조합활동권의 정당성의 범위 밖에 속한다(대판 90도357).

SEMI-NOTE

③ 조합원의 자발적 활동
노동조합 및 노동관계조정법에 의하면 노동조합은 조합원 투표에 의한 과반수의 찬성 등 일정한 절차상의 요건을 갖추어야만 사용자의 업무의 정상적인 운영을 저해하는 쟁의행위를 실행할 수 있고, 조합원은 노동조합에 의하여 주도되지 아니한 쟁의행위는 하여서는 아니되는 것이므로, 조합원 전체가 아닌 소속 부서 조합원만의 의사로 이루어진 작업거부 결의에 따라 다른 근로자의 작업거부를 선동하여 회사의 업무를 방해한 행위는 노동조합의 결의나 구체적인 지시에 따른 노동조합의 조직적인 활동 그 자체가 될 수 없음은 물론 그 행위의 성질상 노동조합의 활동으로 볼 수 있다거나 노동조합의 묵시적인 수권 혹은 승인을 받았다고 볼 수도 없고, 단지 조합원으로서의 자발적인 행동에 불과할 뿐이어서 정당한 노동조합 활동이라고 볼 수 없다(대판 99두5740).

관련 판례 조합원의 자발적 활동

유인물의 배포가 정당한 노동조합의 활동에 해당되는 경우라면 사용자는 비록 취업규칙 등에서 허가제를 채택하고 있다 하더라도 이를 이유로 유인물의 배포를 금지할 수 없을 것이지만, 배포한 유인물은 사용자의 허가를 받지 아니하였을 뿐 아니라 허위사실을 적시하여 회사를 비방하는 내용을 담고 있는 것이어서 근로자들로 하여금 사용자에 대하여 적개감을 유발시킬 염려가 있는 것이고, 위 유인물을 근로자들에게 직접 건네주지 않고 사용자의 공장에 은밀히 뿌렸다는 것이므로 이는 사용자의 시설관리권을 침해하고 직장질서를 문란시킬 구체적인 위험성이 있는 것으로서, 비록 위 유인물의 배포시기가 노동조합의 대의원선거운동기간이었다 할지라도 위 배포행위는 정당화될 수 없다고 한 사례(대판 92누4253)

5. 노동조합의 내부통제

(1) 의의
조합의 규약이나 결의, 지시 등을 통하여 규제와 통제를 실시하여 통제에 복종하지 않는 조합원에 대하여 제재를 가하는 것

(2) 법적 근거
노동조합은 일반단체로서의 성질을 가지고 있지만 헌법상 보장된 노동3권의 확보를 목적으로 하고 있다는 점에서 일반단체보다 더 강한 통제력이 용인되고 있음

(3) 통제권의 범위와 한계
① 범위
  노동조합의 단결권을 유지하고 목적 달성을 위해 필요한 범위에만 미침
② 한계
  조합원의 행위가 반조합적이거나 노조에 대하여 비판적인 내용이 사실을 왜곡하고 악의적인 목적인 경우에 통제의 대상이 됨

(4) 통제처분의 내용 및 절차

① 내용
견책, 제재금 부과, 권리정지, 제명 등

② 절차
규약에 절차가 있는 경우 이에 따르고 규약에 없는 경우 적정절차의 원리에 따라 행사되어야 함

(5) 위법한 통제에 대한 구제

① 행정적 구제
행정관청은 노동조합의 결의 또는 처분이 노동관계법령 또는 규약에 위반된다고 인정할 경우에는 노동위원회의 의결을 얻어 그 시정을 명할 수 있다. 다만, 규약위반시의 시정명령은 이해관계인의 신청이 있는 경우에 한한다(법 제21조 제2항).

② 사법심사
내부의 통제행위도 법률행위이므로 통제권이 남용되면 사법심사의 대상

6. 노동조합의 해산과 변동

(1) 해산

① 의의
노동조합이 본연의 기능이나 활동을 멈추고, 소멸을 위해 조합사무와 조합재산을 정리하는 청산과정에 들어간 것

② 해산중인 노동조합
해산 중인 노동조합은 청산의 목적 범위 안에서 소멸할 때까지 법인격을 보유하고 권리와 의무를 부담함

③ 해산사유(법 제28조 제1항)
㉠ 규약에서 정한 해산사유가 발생한 경우
㉡ 합병 또는 분할로 소멸한 경우
㉢ 총회 또는 대의원회의 해산결의가 있는 경우
㉣ 노동조합의 임원이 없고 노동조합으로서의 활동을 1년 이상 하지 아니한 것으로 인정되는 경우로서 행정관청이 노동위원회의 의결을 얻은 경우

④ 노동위원회의 해산의결 등(영 제13조)
㉠ 노동조합으로서의 활동을 1년이상 하지 아니한 것으로 인정되는 경우 : 계속하여 1년이상 조합원으로부터 조합비를 징수한 사실이 없거나 총회 또는 대의원회를 개최한 사실이 없는 경우를 말한다.
㉡ 노동조합의 해산사유가 있는 경우에는 행정관청이 관할노동위원회의 의결을 얻은 때에 해산된 것으로 본다.

휴면노조

1년 이상 조합원으로부터 조합비를 징수한 사실이 없거나 총회 또는 대의원회를 개최한 사실이 없는 경우

© 노동위원회는 의결을 함에 있어서 해산사유 발생일 이후의 당해 노동조합의 활동을 고려하여서는 아니된다.
◎ 행정관청은 노동위원회의 의결이 있거나 해산신고를 받은 때에는 지체없이 그 사실을 관할노동위원회와 당해 사업 또는 사업장의 사용자나 사용자단체에 통보하여야 한다.
⑤ 해산신고
노동조합이 해산한 때에는 그 대표자는 해산한 날부터 15일 이내에 행정관청에게 이를 신고하여야 한다(법 제28조 제2항).

(2) 조직변경
① 합병
복수의 노동조합이 존속 중에 합의에 의하여 하나의 노동조합으로 통합되는 것
② 분할
분할은 하나의 노동조합이 존속 중 의사결정에 따라 2개 이상의 노동조합으로 나누어지는 것
③ 절차
합병·분할·해산 및 조직형태의 변경에 관한 사항은 재적조합원 과반수의 출석과 출석조합원 3분의 2 이상의 찬성이 있어야 한다(법 제16조 제2항).

03절. 단체교섭 및 단체협약

1. 단체교섭

(1) 서설
① 단체교섭의 개념
노동조합 그 밖의 근로자단체와 사용자 또는 사용자단체 사이에 근로조건의 유지·개선과 근로자의 경제적·사회적 지위 향상에 관한 집단적 교섭
② 입법취지
근로자가 조직력을 배경으로 사용자와 대등한 지위에서 근로조건과 근로자의 경제적·사회적 지위에 관해 교섭을 하고 그 향상을 결정케 함으로써 근로자의 생존권을 보장하고 다른 한편 노사대화를 통한 노사협조로 산업평화를 기하려는데 목적

(2) 단체교섭의 유형
① 기업별 교섭 : 기업별 노조와 개별기업의 사용자가 교섭하는 형태
② 통일교섭 : 상급 노동단체 또는 산업별 노조와 이에 상응하는 사용자 단체가 교섭하는 형태

SEMI-NOTE

단체교섭권의 구체적 보장
- 단체교섭권의 보장이 노동조합 및 노동관계조정법의 목적
- 정당한 단체교섭의 형사면책
- 사용자의 단체교섭거부를 부당노동행위로 간주
- 노동조합이 사용자와의 대등한 지위에서 교섭
- 조정·중재의 쟁의조정제도
- 노사간의 자주적 교섭에 의한 분쟁해결 원칙
- 국가 및 지방자치단체의 조력할 의무

산하조직의 신고
근로조건의 결정권이 있는 독립된 사업 또는 사업장에 조직된 노동단체는 지부·분회 등 명칭이 무엇이든 상관없이 노동조합의 설립신고를 할 수 있다(영 제7조).

③ 공동교섭 : 기업별 조합과 산업별연합단체가 공동으로 사용자와 교섭하는 형태
④ 집단교섭 : 여러 개의 개별 노조가 공동으로 이에 대응하는 사용자단체와 교섭하는 형태
⑤ 대각선 교섭 : 상급 노동단체 또는 산별노조와 개별 기업의 사용자가 직접 교섭하는 형태

2. 단체교섭의 주체 ★ 빈출개념

(1) 근로자측 당사자

① **노동조합**
노조설립의 실질적 요건을 갖춘 단위노조는 당연히 교섭단체의 당사자가 됨

② **노동조합의 상부단체**
노조의 연합체인 연합단체 차원의 문제와 소속 단위노조의 공통적인 사항에 관해서는 당연히 단체교섭의 당사자가 됨

③ **노동조합의 하부단체**
노동조합의 하부단체인 분회나 지부가 독자적인 규약 및 집행기관을 가지고 독립된 조직체로서 활동을 하는 경우 당해 조직이나 그 조합원에 고유한 사항에 대하여는 독자적으로 단체교섭하고 단체협약을 체결할 수 있고, 이는 그 분회나 지부가 노동조합 및 노동관계조정법시행령 제7조의 규정에 따라 그 설립신고를 하였는지 여부에 영향받지 아니한다(대판 2000도4299).

④ **노사협의회**
단체협약은 노동조합이 사용자 또는 사용자단체와 근로조건 기타 노사관계에서 발생하는 사항에 관한 협정(합의)을 문서로 작성하여 당사자 쌍방이 서명날인함으로써 성립하는 것이고, 그 협정(합의)이 반드시 정식의 단체교섭절차를 거쳐서 이루어져야만 하는 것은 아니라고 할 것이므로 노동조합과 사용자 사이에 근로조건 기타 노사관계에 관한 합의가 노사협의회의 협의를 거쳐서 성립되었더라도, 당사자 쌍방이 이를 단체협약으로 할 의사로 문서로 작성하여 당사자 쌍방의 대표자가 각 노동조합과 사용자를 대표하여 서명날인하는 등으로 단체협약의 실질적·형식적 요건을 갖추었다면 이는 단체협약이라고 보아야 할 것이다(대판 2003다27429).

(2) 사용자측 당사자

① **사용자**
단체협약에서 사용자측 당사자는 사용자 또는 그 단체이며 개인기업인 경우 기업주 개인, 법인과 회사기업은 그 법인 또는 회사

② **사용자단체**
사용자단체는 노동관계에 관하여 그 구성원인 사용자에 대하여 조정 또는 규제할 수 있는 권한을 가진 사용자의 단체를 말한다(법 제2조 제3호).

| SEMI-NOTE |

관련 판례 사용자측 당사자

국가의 행정관청이 사법상 근로계약을 체결한 경우 그 근로계약관계의 권리·의무는 행정주체인 국가에 귀속되므로, 국가는 그러한 근로계약관계에 있어서 노동조합 및 노동관계조정법 제2조 제2호에 정한 사업주로서 단체교섭의 당사자의 지위에 있는 사용자에 해당한다(대판 2006다40935).

(3) 교섭단체의 근로자측 담당자

① 단체교섭의 당사자
노동조합의 대표자는 그 노동조합 또는 조합원을 위하여 사용자나 사용자단체와 교섭하고 단체협약을 체결할 권한을 가진다(법 제29조 제1항).

② 교섭대표노동조합
교섭대표노동조합의 대표자는 교섭을 요구한 모든 노동조합 또는 조합원을 위하여 사용자와 교섭하고 단체협약을 체결할 권한을 가진다(법 제29조 제2항).

③ 교섭 또는 단체협약의 체결에 관한 권한을 위임받은 자
노동조합과 사용자 또는 사용자단체로부터 교섭 또는 단체협약의 체결에 관한 권한을 위임받은 자는 그 노동조합과 사용자 또는 사용자단체를 위하여 위임받은 범위안에서 그 권한을 행사할 수 있다(법 제29조 제3항).

④ 교섭권한 등의 위임통보(영 제14조)
㉠ 노동조합과 사용자 또는 사용자단체는 교섭 또는 단체협약의 체결에 관한 권한을 위임하는 경우에는 교섭사항과 권한범위를 정하여 위임하여야 한다.
㉡ 노동관계당사자는 상대방에게 위임사실을 통보하는 경우에 다음의 사항을 포함하여 통보하여야 한다.
  • 위임을 받은 자의 성명(위임을 받은 자가 단체인 경우에는 그 명칭 및 대표자의 성명)
  • 교섭사항과 권한범위 등 위임의 내용

⑤ 노동조합의 교섭 요구 시기 및 방법(영 제14조의2)
㉠ 노동조합은 해당 사업 또는 사업장에 단체협약이 있는 경우에는 그 유효기간 만료일 이전 3개월이 되는 날부터 사용자에게 교섭을 요구할 수 있다. 다만, 단체협약이 2개 이상 있는 경우에는 먼저 이르는 단체협약의 유효기간 만료일 이전 3개월이 되는 날부터 사용자에게 교섭을 요구할 수 있다.
㉡ 노동조합은 사용자에게 교섭을 요구하는 때에는 노동조합의 명칭, 그 교섭을 요구한 날 현재의 종사근로자인 조합원 수 등 고용노동부령으로 정하는 사항을 적은 서면으로 해야 한다.

⑥ 노동조합 교섭요구 사실의 공고(영 제14조의3)
㉠ 사용자는 노동조합으로부터 교섭 요구를 받은 때에는 그 요구를 받은 날부터 7일간 그 교섭을 요구한 노동조합의 명칭 등 고용노동부령으로 정하는 사항을 해당 사업 또는 사업장의 게시판 등에 공고하여 다른 노동조합과 근로자가 알 수 있도록 하여야 한다.

위임의 통보
노동조합과 사용자 또는 사용자단체는 교섭 또는 단체협약의 체결에 관한 권한을 위임한 때에는 그 사실을 상대방에게 통보하여야 한다(법 제29조 제4항).

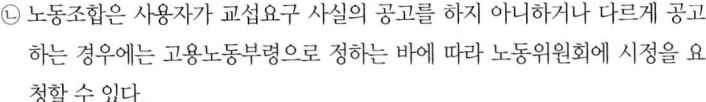

  ⑳ 노동조합은 사용자가 교섭요구 사실의 공고를 하지 아니하거나 다르게 공고하는 경우에는 고용노동부령으로 정하는 바에 따라 노동위원회에 시정을 요청할 수 있다.

  ⑴ 노동위원회는 시정 요청을 받은 때에는 그 요청을 받은 날부터 10일 이내에 그에 대한 결정을 하여야 한다.

 ⑦ **다른 노동조합의 교섭 요구 시기 및 방법**

  사용자에게 교섭을 요구한 노동조합이 있는 경우에 사용자와 교섭하려는 다른 노동조합은 공고기간 내에 사항을 적은 서면으로 사용자에게 교섭을 요구하여야 한다(영 제14조의4).

 ⑧ **교섭 요구 노동조합의 확정(영 제14조의5)**

  ⑲ 사용자는 공고기간이 끝난 다음 날에 교섭을 요구한 노동조합을 확정하여 통지하고, 그 교섭을 요구한 노동조합의 명칭, 그 교섭을 요구한 날 현재의 종사근로자인 조합원 수 등 고용노동부령으로 정하는 사항을 5일간 공고해야 한다.

  ⑳ 교섭을 요구한 노동조합은 노동조합의 공고 내용이 자신이 제출한 내용과 다르게 공고되거나 공고되지 아니한 것으로 판단되는 경우에는 공고기간 중에 사용자에게 이의를 신청할 수 있다.

  ⑴ 사용자는 이의 신청의 내용이 타당하다고 인정되는 경우 신청한 내용대로 공고기간이 끝난 날부터 5일간 공고하고 그 이의를 제기한 노동조합에 통지하여야 한다.

  ⑵ 사용자가 이의 신청에 대하여 다음의 구분에 따른 조치를 한 경우에는 해당 노동조합은 해당 호에서 정한 날부터 5일 이내에 고용노동부령으로 정하는 바에 따라 노동위원회에 시정을 요청할 수 있다.

   • 사용자가 공고를 하지 아니한 경우 : 공고기간이 끝난 다음날

   • 사용자가 해당 노동조합이 신청한 내용과 다르게 공고를 한 경우 : 공고기간이 끝난 날

  ⑶ 노동위원회는 제4항에 따른 시정 요청을 받은 때에는 그 요청을 받은 날부터 10일 이내에 그에 대한 결정을 하여야 한다.

 ⑨ **자율적 교섭대표노동조합의 결정 등(영 제14조의6)**

  ⑲ 교섭을 요구한 노동조합으로 확정 또는 결정된 노동조합은 자율적으로 교섭대표노동조합을 정하려는 경우에는 확정 또는 결정된 날부터 14일이 되는 날을 기한으로 하여 그 교섭대표노동조합의 대표자, 교섭위원 등을 연명으로 서명 또는 날인하여 사용자에게 통지해야 한다.

  ⑳ 사용자에게 교섭대표노동조합의 통지가 있은 이후에는 그 교섭대표노동조합의 결정 절차에 참여한 노동조합 중 일부 노동조합이 그 이후의 절차에 참여하지 않더라도 교섭대표노동조합의 지위는 유지된다.

 ⑩ **과반수 노동조합의 교섭대표노동조합 확정 등(영 제14조의7)**

  ⑲ 교섭대표노동조합이 결정되지 못한 경우에는 교섭창구 단일화 절차에 참여한 모든 노동조합의 전체 종사근로자인 조합원 과반수로 조직된 노동조합(둘 이

SEMI-NOTE

상의 노동조합이 위임 또는 연합 등의 방법으로 교섭창구단일화절차에 참여하는 노동조합 전체 종사근로자인 조합원의 과반수가 되는 경우를 포함한다.)은 기한이 끝난 날부터 5일 이내에 사용자에게 노동조합의 명칭, 대표자 및 과반수노동조합이라는 사실 등을 통지해야 한다.
- ⓒ 사용자가 과반수 노동조합임을 통지받은 때에는 그 통지를 받은 날부터 5일간 그 내용을 공고하여 다른 노동조합과 근로자가 알 수 있도록 해야 한다.
- ⓒ 다음 각 호의 사유로 이의를 제기하려는 노동조합은 공고기간 내에 고용노동부령으로 정하는 바에 따라 노동위원회에 이의 신청을 해야 한다.
- ⓐ 노동조합이 공고기간 내에 이의신청을 하지 않은 경우에는 같은 항에 따라 공고된 과반수노동조합이 교섭대표노동조합으로 확정된다.
- ⓑ 노동위원회는 이의신청을 받은 때에는 교섭창구단일화절차에 참여한 모든 노동조합과 사용자에게 통지하고, 조합원 명부(종사근로자인 조합원의 서명 또는 날인이 있는 것으로 한정한다) 등 고용노동부령으로 정하는 서류를 제출하게 하거나 출석하게 하는 등의 방법으로 종사근로자인 조합원 수에 대하여 조사·확인해야 한다.
- ⓗ 종사근로자인 조합원 수를 확인하는 경우의 기준일은 교섭을 요구한 노동조합의 명칭 등을 공고한 날로 한다.
- ⓢ 노동위원회는 종사근로자인 조합원 수를 확인하는 경우 둘 이상의 노동조합에 가입한 종사근로자인 조합원에 대해서는 그 종사근로자인 조합원 1명별로 다음 각 호의 구분에 따른 방법으로 종사근로자인 조합원 수를 산정한다.
  - 조합비를 납부하는 노동조합이 하나인 경우 : 조합비를 납부하는 노동조합의 종사근로자인 조합원 수에 숫자 1을 더할 것
  - 조합비를 납부하는 노동조합이 둘 이상인 경우 : 숫자 1을 조합비를 납부하는 노동조합의 수로 나눈 후에 그 산출된 숫자를 그 조합비를 납부하는 노동조합의 종사근로자인 조합원 수
  - 조합비를 납부하는 노동조합이 하나도 없는 경우 : 숫자 1을 종사근로자인 조합원이 가입한 노동조합의 수로 나눈 후에 그 산출된 숫자를 그 가입한 노동조합의 종사근로자인 조합원 수에 각각 더할 것
- ⓞ 노동위원회는 노동조합 또는 사용자가 서류 제출 요구 등 필요한 조사에 따르지 않은 경우에 고용노동부령으로 정하는 기준에 따라 <u>종사근로자인 조합원 수를 계산하여 확인</u>한다.
- ⓩ 노동위원회는 규정에 따라 조사·확인한 결과 과반수노동조합이 있다고 인정하는 경우에는 그 이의신청을 받은 날부터 10일 이내에 그 과반수노동조합을 교섭대표노동조합으로 결정하여 교섭창구단일화절차에 참여한 모든 노동조합과 사용자에게 통지해야 한다. 다만, 그 기간 이내에 종사근로자인 조합원 수를 확인하기 어려운 경우에는 <u>한 차례에 한정하여 10일의 범위</u>에서 그 기간을 연장할 수 있다.
⑪ 자율적 공동교섭대표단 구성 및 통지(영 제14조의8)
  - ㉠ 교섭대표노동조합이 결정되지 못한 경우에 공동교섭대표단에 참여할 수 있는

노동조합은 사용자와 교섭하기 위하여 다음의 구분에 따른 기간 이내에 공동교섭대표단의 대표자, 교섭위원 등 공동교섭대표단을 구성하여 연명으로 서명 또는 날인하여 사용자에게 통지해야 한다.
- 과반수노동조합이 없어서 통지 및 공고가 없는 경우 : 기한이 만료된 날부터 10일간
- 과반수노동조합이 없다고 노동위원회가 결정하는 경우 : 노동위원회 결정의 통지가 있은 날부터 5일간

ⓒ 사용자에게 공동교섭대표단의 통지가 있은 이후에는 그 공동교섭대표단 결정 절차에 참여한 노동조합 중 일부 노동조합이 그 이후의 절차에 참여하지 않더라도 교섭대표노동조합의 지위는 유지된다.

⑫ **노동위원회 결정에 의한 공동교섭대표단의 구성(영 제14조의9)**
㉠ 공동교섭대표단의 구성에 합의하지 못한 경우에 공동교섭대표단 구성에 참여할 수 있는 노동조합의 일부 또는 전부는 노동위원회에 공동교섭대표단 구성에 관한 결정 신청을 하여야 한다.
ⓒ 노동위원회는 공동교섭대표단 구성에 관한 결정 신청을 받은 때에는 그 신청을 받은 날부터 10일 이내에 총 10명 이내에서 각 노동조합의 종사근로자인 조합원 수에 따른 비율을 고려하여 노동조합별 공동교섭대표단에 참여하는 인원 수를 결정하여 그 노동조합과 사용자에게 통지해야 한다. 다만, 그 기간 이내에 결정하기 어려운 경우에는 한 차례에 한정하여 10일의 범위에서 그 기간을 연장할 수 있다.
ⓒ 공동교섭대표단 결정은 공동교섭대표단에 참여할 수 있는 모든 노동조합이 제출한 종사근로자인 조합원 수에 따른 비율을 기준으로 한다.
ⓔ 종사근로자인 조합원 수 및 비율에 대하여 그 노동조합 중 일부 또는 전부가 이의를 제기하는 경우 종사근로자인 조합원 수의 조사·확인에 관하여는 규정을 준용한다.
ⓜ 공동교섭대표단 구성에 참여하는 노동조합은 사용자와 교섭하기 위하여 노동위원회가 결정한 인원수에 해당하는 교섭위원을 각각 선정하여 사용자에게 통지하여야 한다.
ⓗ 공동교섭대표단을 구성할 때에 그 공동교섭대표단의 대표자는 공동교섭대표단에 참여하는 노동조합이 합의하여 정한다. 다만, 합의되지 않은 경우에는 종사근로자인 조합원 수가 가장 많은 노동조합의 대표자로 한다.

⑬ **교섭대표노동조합의 지위 유지기간 등(영 제14조의10)**
㉠ 결정된 교섭대표노동조합은 그 결정이 있은 후 사용자와 체결한 첫 번째 단체협약의 효력이 발생한 날을 기준으로 2년이 되는 날까지 그 교섭대표노동조합의 지위를 유지하되, 새로운 교섭대표노동조합이 결정된 경우에는 그 결정된 때까지 교섭대표노동조합의 지위를 유지한다.
- 교섭대표노동조합으로 결정된 후 사용자와 체결한 첫 번째 단체협약의 유효기간이 2년인 경우 : 그 단체협약의 유효기간이 만료되는 날

| SEMI-NOTE |

교섭 요구
결정된 교섭대표노동조합이 그 결정된 날부터 1년 동안 단체협약을 체결하지 못한 경우에는 어느 노동조합이든지 사용자에게 교섭을 요구 가능

- 교섭대표노동조합으로 결정된 후 사용자와 체결한 첫 번째 단체협약의 유효기간이 2년 미만인 경우 : 그 단체협약의 효력이 발생한 날을 기준으로 2년이 되는 날
  ⓒ 교섭대표노동조합의 지위 유지기간이 만료되었음에도 불구하고 새로운 교섭대표노동조합이 결정되지 못할 경우 기존 교섭대표노동조합은 새로운 교섭대표노동조합이 결정될 때까지 기존 단체협약의 이행과 관련해서는 교섭대표노동조합의 지위를 유지한다.
⑭ **교섭단위 분리의 결정(영 제14조의11)**
  ㉠ 노동조합 또는 사용자는 교섭단위를 분리하여 교섭하려는 경우에는 다음에 해당하는 기간에 노동위원회에 교섭단위 분리의 결정을 신청할 수 있다.
    - 사용자가 교섭요구 사실을 공고하기 전
    - 사용자가 교섭요구 사실을 공고한 경우에는 교섭대표노동조합이 결정된 날 이후
  ㉡ 다음의 신청을 받은 노동위원회는 해당 사업 또는 사업장의 모든 노동조합과 사용자에게 그 내용을 통지해야 하며, 그 노동조합과 사용자는 노동위원회가 지정하는 기간까지 의견을 제출할 수 있다.
  ㉢ 노동위원회는 신청을 받은 날부터 30일 이내에 교섭단위를 분리하거나 분리된 교섭단위를 통합하는 결정을 하고 해당 사업 또는 사업장의 모든 노동조합과 사용자에게 통지해야 한다.
  ㉣ 다음에 따른 통지를 받은 노동조합이 사용자와 교섭하려는 경우 자신이 속한 교섭단위에 단체협약이 있는 때에는 그 단체협약의 유효기간 만료일 이전 3개월이 되는 날부터 필요한 사항을 적은 서면으로 교섭을 요구할 수 있다.
  ㉤ 다음에 따른 신청에 대한 노동위원회의 결정이 있기 전에 교섭 요구가 있는 때에는 교섭단위를 분리하거나 분리된 교섭단위를 통합하는 결정이 있을 때까지 제14조의3에 따른 교섭요구 사실의 공고 등 교섭창구단일화절차의 진행은 정지된다.
  ㉥ 교섭단위를 분리하거나 분리된 교섭단위를 통합하는 결정 신청 및 그 신청에 대한 결정 등에 관하여 필요한 사항은 고용노동부령으로 정한다.
⑮ **공정대표의무 위반에 대한 시정(영 제14조의12)**
  ㉠ 노동조합은 결정된 교섭대표노동조합과 사용자가 차별한 경우에는 고용노동부령으로 정하는 바에 따라 노동위원회에 공정대표의무 위반에 대한 시정을 신청할 수 있다.
  ㉡ 노동위원회는 공정대표의무 위반의 시정 신청을 받은 때에는 지체 없이 필요한 조사와 관계 당사자에 대한 심문(審問)을 하여야 한다.
  ㉢ 노동위원회는 심문을 할 때에는 관계 당사자의 신청이나 직권으로 증인을 출석하게 하여 필요한 사항을 질문할 수 있다.
  ㉣ 노동위원회는 심문을 할 때에는 관계 당사자에게 증거의 제출과 증인에 대한 반대심문을 할 수 있는 충분한 기회를 주어야 한다.

ⓜ 노동위원회는 공정대표의무 위반의 시정 신청에 대한 명령이나 결정을 서면으로 하여야 하며, 그 서면을 교섭대표노동조합, 사용자 및 그 시정을 신청한 노동조합에 각각 통지하여야 한다.
ⓗ 노동위원회의 공정대표의무 위반의 시정 신청에 대한 조사와 심문에 관한 세부절차는 중앙노동위원회가 따로 정한다.

(4) 교섭단체의 사용자측 담당자

사용자측 단체교섭 담당자는 사용자 또는 사용자단체의 대표자, 사용자 또는 사용자단체로부터 위임을 받은 자가 됨

(5) 대표자의 협약체결권한의 제한

① 인준투표제

노동조합의 대표자가 단체교섭의 결과에 따라 사용자와 단체협약의 내용을 합의한 후 다시 협약안의 가부에 관하여 조합원총회의 의결을 거쳐야만 한다는 것은 대표자의 단체협약체결권한을 전면적·포괄적으로 제한함으로써 사실상 단체협약체결권한을 형해화하여 명목에 불과한 것으로 만드는 것이어서 노동조합및노동관계조정법 제29조 제1항에 반한다(대판 2003다27429).

형해화
형식만 남고 가치나 의미가 없게 됨

> **관련 판례** 인준투표제의 위법성
>
> 노동조합의 대표자 또는 수임자가 단체교섭의 결과에 따라 사용자와 단체협약의 내용을 합의한 후 다시 협약안의 가부에 관하여 조합원총회의 의결을 거쳐야만 한다는 것은 대표자 또는 수임자의 단체협약체결권한을 전면적, 포괄적으로 제한함으로써 사실상 단체협약체결권한을 형해화하여 명목에 불과한 것으로 만드는 것이어서 위 법 제33조 제1항의 취지에 위반된다(대판 91누12257).

② 단체교섭위원이 연명으로 서명하여야 한다는 규약

갑 노동조합이 노동조합 규약에서 노동조합의 대표자가 사용자와 단체교섭 결과 합의에 이른 경우에도 단체교섭위원들이 연명으로 서명하지 않는 한 단체협약을 체결할 수 없도록 규정한 사안에서, 위 규약은 노동조합 대표자에게 단체협약체결권을 부여한 노동조합 및 노동관계조정법 제29조 제1항을 위반한 것이라고 본 원심판단을 정당하다고 한 사례(대판 2011두15404)

③ 유일단체교섭조항

유일단체교섭조항은 사용자가 어느 특정 노조와 단체교섭을 하고 다른 어떤 노조나 단체와는 단체교섭을 하지 아니할 것을 단체협약으로 약정한 조항이며 노조의 단체교섭권을 침해하는 것으로서 무효에 해당

④ 제3자 위임금지조항

제3자 위임금지조항은 헌법이 보장하고 있는 단체교섭권을 부당하게 제한하고 노조의 자율적 교섭을 침해하는 것으로 무효

법 제29조 제2항
교섭대표노동조합의 대표자는 교섭을 요구한 모든 노동조합 또는 조합원을 위하여 사용자와 교섭하고 단체협약을 체결할 권한을 가진다.

> **SEMI-NOTE**
>
> **교섭창구 단일화 관련 사항**
>
> 교섭대표노동조합이 있는 경우에 "노동조합"은 "교섭대표노동조합"으로 본다(법 제29조의5).

(6) 교섭창구 단일화

① 교섭창구 단일화 절차(법 제29조의2)
  ㉠ 하나의 사업 또는 사업장에서 조직형태에 관계없이 근로자가 설립하거나 가입한 노동조합이 2개 이상인 경우 노동조합은 교섭대표노동조합(2개 이상의 노동조합 조합원을 구성원으로 하는 교섭대표기구를 포함한다.)을 정하여 교섭을 요구하여야 한다. 다만, 교섭대표노동조합을 자율적으로 결정하는 기한 내에 사용자가 이 조에서 정하는 교섭창구 단일화 절차를 거치지 아니하기로 동의한 경우에는 그러하지 아니하다.
  ㉡ 사용자는 교섭을 요구한 모든 노동조합과 성실히 교섭하여야 하고, 차별적으로 대우해서는 아니 된다.
  ㉢ 교섭대표노동조합 결정 절차에 참여한 모든 노동조합은 대통령령으로 정하는 기한 내에 자율적으로 교섭대표노동조합을 정한다.
  ㉣ 교섭대표노동조합을 정하지 못하고 사용자의 동의를 얻지 못한 경우에는 교섭창구 단일화 절차에 참여한 노동조합의 전체 조합원 과반수로 조직된 노동조합(2개 이상의 노동조합이 위임 또는 연합 등의 방법으로 교섭창구 단일화 절차에 참여한 노동조합 전체 조합원의 과반수가 되는 경우를 포함한다)이 교섭대표노동조합이 된다.
  ㉤ 교섭대표노동조합을 결정하지 못한 경우에는 교섭창구 단일화 절차에 참여한 모든 노동조합은 공동으로 교섭대표단을 구성하여 사용자와 교섭하여야 한다. 이 때 공동교섭대표단에 참여할 수 있는 노동조합은 그 조합원 수가 교섭창구 단일화 절차에 참여한 노동조합의 전체 조합원 100분의 10 이상인 노동조합으로 한다.
  ㉥ 공동교섭대표단의 구성에 합의하지 못할 경우에 노동위원회는 해당 노동조합의 신청에 따라 조합원 비율을 고려하여 이를 결정할 수 있다.
  ㉦ 교섭대표노동조합을 결정함에 있어 교섭요구 사실, 조합원 수 등에 대한 이의가 있는 때에는 노동위원회는 대통령령으로 정하는 바에 따라 노동조합의 신청을 받아 그 이의에 대한 결정을 할 수 있다.
  ㉧ 노동위원회의 결정에 대한 불복절차 및 효력은 중재재정의 규정을 준용한다.
  ㉨ 노동조합의 교섭요구 · 참여 방법, 교섭대표노동조합 결정을 위한 조합원 수 산정 기준 등 교섭창구 단일화 절차와 교섭비용 증가 방지 등에 관하여 필요한 사항은 대통령령으로 정한다.
  ㉩ 조합원 수 산정은 종사근로자인 조합원을 기준으로 한다.

② 노동위원회 결정에 의한 공동교섭대표단의 구성(영 제14조의9)
  ㉠ 공동교섭대표단의 구성에 합의하지 못한 경우에 공동교섭대표단 구성에 참여할 수 있는 노동조합의 일부 또는 전부는 노동위원회에 공동교섭대표단 구성에 관한 결정 신청을 하여야 한다.
  ㉡ 노동위원회는 공동교섭대표단 구성에 관한 결정 신청을 받은 때에는 그 신청을 받은 날부터 10일 이내에 총 10명 이내에서 각 노동조합의 종사근로자인

조합원 수에 따른 비율을 고려하여 노동조합별 공동교섭대표단에 참여하는 인원 수를 결정하여 그 노동조합과 사용자에게 통지해야 한다. 다만, 그 기간 이내에 결정하기 어려운 경우에는 한 차례에 한정하여 10일의 범위에서 그 기간을 연장할 수 있다.
ⓒ 공동교섭대표단 결정은 공동교섭대표단에 참여할 수 있는 모든 노동조합이 제출한 종사근로자인 조합원 수에 따른 비율을 기준으로 한다.
ⓔ 종사근로자인 조합원 수 및 비율에 대하여 그 노동조합 중 일부 또는 전부가 이의를 제기하는 경우 종사근로자인 조합원 수의 조사·확인에 관하여는 규정을 준용한다.
ⓜ 공동교섭대표단 구성에 참여하는 노동조합은 사용자와 교섭하기 위하여 법에 따라 노동위원회가 결정한 인원수에 해당하는 교섭위원을 각각 선정하여 사용자에게 통지하여야 한다.
ⓗ 공동교섭대표단을 구성할 때에 그 공동교섭대표단의 대표자는 공동교섭대표단에 참여하는 노동조합이 합의하여 정한다. 다만, 합의되지 않은 경우에는 종사근로자인 조합원 수가 가장 많은 노동조합의 대표자로 한다.

③ 교섭단위 결정(영 제14조의10)
㉠ 교섭대표노동조합을 결정하여야 하는 단위는 하나의 사업 또는 사업장으로 한다.
㉡ 하나의 사업 또는 사업장에서 현격한 근로조건의 차이, 고용형태, 교섭 관행 등을 고려하여 교섭단위를 분리하거나 분리된 교섭단위를 통합할 필요가 있다고 인정되는 경우에 노동위원회는 노동관계 당사자의 양쪽 또는 어느 한쪽의 신청을 받아 교섭단위를 분리하거나 분리된 교섭단위를 통합하는 결정을 할 수 있다.
㉢ 노동위원회의 결정에 대한 불복절차 및 효력은 중재재정의 규정을 준용한다.
㉣ 교섭단위를 분리하거나 분리된 교섭단위를 통합하기 위한 신청 및 노동위원회의 결정 기준·절차 등에 관하여 필요한 사항은 대통령령으로 정한다.

④ 교섭단위 분리의 결정(영 제14조의11)
㉠ 노동조합 또는 사용자는 교섭단위를 분리하거나 분리된 교섭단위를 통합하여 교섭하려는 경우에는 다음에 해당하는 기간에 노동위원회에 교섭단위를 분리하거나 분리된 교섭단위를 통합하는 결정을 신청할 수 있다.
• 사용자가 교섭요구 사실을 공고하기 전
• 사용자가 교섭요구 사실을 공고한 경우에는 교섭대표노동조합이 결정된 날 이후
㉡ 신청을 받은 노동위원회는 해당 사업 또는 사업장의 모든 노동조합과 사용자에게 그 내용을 통지해야 하며, 그 노동조합과 사용자는 노동위원회가 지정하는 기간까지 의견을 제출할 수 있다.
㉢ 노동위원회는 신청을 받은 날부터 30일 이내에 교섭단위를 분리하거나 분리된 교섭단위를 통합하는 결정을 하고 해당 사업 또는 사업장의 모든 노동조합과 사용자에게 통지하여야 한다.

관련 판례

'교섭단위를 분리할 필요가 있다고 인정되는 경우'란 하나의 사업 또는 사업장에서 별도로 분리된 교섭단위에 의하여 단체교섭을 진행하는 것을 정당화할 만한 현격한 근로조건의 차이, 고용형태, 교섭 관행 등의 사정이 있고, 이로 인하여 교섭대표노동조합을 통해서 교섭창구를 단일화하는 것이 오히려 근로조건의 통일적 형성을 통해 안정적인 교섭체계를 구축하고자 하는 교섭창구 단일화 제도의 취지에도 부합하지 않는 결과를 발생시킬 수 있는 예외적인 경우를 의미한다(대판 2015두39361).

ⓔ 통지를 받은 노동조합이 사용자와 교섭하려는 경우 자신이 속한 교섭단위에 단체협약이 있는 때에는 그 단체협약의 유효기간 만료일 이전 3개월이 되는 날부터 필요한 사항을 적은 서면으로 교섭을 요구할 수 있다.
ⓜ 교섭단위 분리의 결정 신청에 대한 노동위원회의 결정이 있기 전에 교섭 요구가 있는 때에는 교섭단위를 분리하거나 분리된 교섭단위를 통합하는 결정이 있을 때까지 제14조의3에 따른 교섭요구 사실의 공고 등 교섭창구단일화절차의 진행은 정지된다.
ⓗ 교섭단위를 분리하거나 분리된 교섭단위를 통합하는 결정 신청 및 그 신청에 대한 결정 등에 관하여 필요한 사항은 고용노동부령으로 정한다.

(7) 공정대표의무 등

① 차별금지
교섭대표노동조합과 사용자는 교섭창구 단일화 절차에 참여한 노동조합 또는 그 조합원 간에 합리적 이유 없이 차별을 하여서는 아니 된다(법 제29조의2 제1항).

> **관련 판례** 공정대표의무
>
> 공정대표의무의 취지와 기능 등에 비추어 보면, 공정대표의무는 단체교섭의 과정이나 그 결과물인 단체협약의 내용뿐만 아니라 단체협약의 이행과정에서도 준수되어야 한다고 봄이 타당하다. 또한 교섭대표노동조합이나 사용자가 교섭창구 단일화 절차에 참여한 다른 노동조합 또는 그 조합원을 차별한 것으로 인정되는 경우, 그와 같은 차별에 합리적인 이유가 있다는 점은 교섭대표노동조합이나 사용자에게 주장 · 증명책임이 있다(대판 2017다218642).

② 시정요청
노동조합은 교섭대표노동조합과 사용자가 차별한 경우에는 그 행위가 있은 날(단체협약의 내용의 일부 또는 전부가 단체협약 체결일을 말한다)부터 3개월 이내에 대통령령으로 정하는 방법과 절차에 따라 노동위원회에 그 시정을 요청할 수 있다(법 제29조의2 제2항).

③ 시정명령
노동위원회는 신청에 대하여 합리적 이유 없이 차별하였다고 인정한 때에는 그 시정에 필요한 명령을 하여야 한다(법 제29조의2 제3항).

④ 구제명령 준용
노동위원회의 명령 또는 결정에 대한 불복절차 등에 관하여는 구제명령의 규정을 준용한다(법 제29조의2 제4항).

> **관련 판례** 안정적 단체교섭 체계 구축
>
> 노동조합 및 노동관계조정법이 복수 노동조합에 대한 교섭창구 단일화 제도를 도입하여 단체교섭 절차를 일원화하도록 한 것은, 복수 노동조합이 독자적인 단체교섭권을 행사할 경우 발생할 수도 있는 노동조합 간 혹은 노동조합과 사용자 간 반목 · 갈등, 단체교섭의 효율성 저하 및 비용 증가 등의 문제점을 효과적으로 해결함으로써, 효율적이고 안정적인 단체교섭 체계를 구축하는 데에 주된 취지 내지 목적이 있다(대판 2017두37772).

SEMI-NOTE

법 제89조 제2호
확정되거나 행정소송을 제기하여 확정된 구제명령에 위반한 자는 3년 이하의 징역 또는 3천만원 이하의 벌금에 처한다.

3. 단체교섭의 대상과 방법

(1) 단체교섭의 대상

① 의의
노동조합과 사용자가 교섭의 대상으로 삼을 수 있는 사항

② 교섭대상의 판단기준
교섭대상은 근로조건에 관한 사항과 단체협약의 체결 기타 관련된 사항으로 근로조건의 개선가능성, 집단성, 사용자의 처분가능성, 단체협약 체결 관련성 등

> **관련 판례** 단체교섭의 대상
>
> 단체교섭의 대상이 되는 단체교섭사항에 해당하는지 여부는 헌법 제33조 제1항과 노동조합및노동관계조정법 제29조에서 근로자에게 단체교섭권을 보장한 취지에 비추어 판단하여야 하므로 일반적으로 구성원인 근로자의 노동조건 기타 근로자의 대우 또는 당해 단체적 노사관계의 운영에 관한 사항으로 사용자가 처분할 수 있는 사항은 단체교섭의 대상인 단체교섭사항에 해당한다(대판 2003두8906).

③ 교섭대상의 범위
㉠ **개별적 근로관계에 관한 사항** : 임금, 근로시간, 휴일, 안전, 위생 등 근로조건과 밀접한 관련
㉡ **집단적 노사관계에 관한 사항** : 단체교섭이나 쟁의행위의 절차, 노동조합에 대한 편의제공 등의 집단적 노사관계에 관한 사항이 포함
㉢ **경영 및 인사사항** : 회사가 그 산하 시설관리사업부를 폐지시키기로 결정한 것은 적자가 누적되고 시설관리계약이 감소할 뿐 아니라 계열사와의 재계약조차 인건비 상승으로 인한 경쟁력 약화로 불가능해짐에 따라 불가피하게 취해진 조치로서 이는 경영주체의 경영의사 결정에 의한 경영조직의 변경에 해당하여 그 폐지 결정 자체는 단체교섭사항이 될 수 없다(대판 93다30242).

> **관련 판례** 단체협약으로서의 효력인정
>
> 정리해고나 사업조직의 통폐합 등 기업의 구조조정의 실시 여부는 경영주체에 의한 고도의 경영상 결단에 속하는 사항으로서 원칙적으로 단체교섭의 대상이 될 수 없으나, 사용자의 경영권에 속하는 사항이라 하더라도 노사는 임의로 단체교섭을 진행하여 단체협약을 체결할 수 있고, 그 내용이 강행법규나 사회질서에 위배되지 않는 이상 단체협약으로서의 효력이 인정된다(대판 2011두20406).

④ **권리분쟁에 관한 사항** : 법령, 단체협약, 취업규칙 등 규범의 해석·적용·이행에 관한 당사자의 분쟁도 교섭대상에 포함

SEMI-NOTE

절차
단체교섭의 기일, 시간, 장소 등은 노사가 자율적으로 결정하여야 할 사항이고 관행이 있으면 관행에 따름

(2) 교섭방법

① 성실교섭의 의무
  ㉠ 의의 : 노동조합과 사용자 또는 사용자단체는 신의에 따라 성실히 교섭하고 단체협약을 체결하여야 하며 그 권한을 남용하여서는 아니된다(법 제30조 제1항).
  ㉡ 내용
    • 노동조합과 사용자 또는 사용자단체는 정당한 이유없이 교섭 또는 단체협약의 체결을 거부하거나 해태하여서는 아니된다(법 제30조 제2항).
    • 국가 및 지방자치단체는 기업·산업·지역별 교섭 등 다양한 교섭방식을 노동관계 당사자가 자율적으로 선택할 수 있도록 지원하고 이에 따른 단체교섭이 활성화될 수 있도록 노력하여야 한다(법 제30조 제3항).

② 성실교섭의 의무위반
  ㉠ 사용자가 위반한 경우 : 쟁의행위는 단체교섭을 촉진하기 위한 수단으로서의 성질을 가지므로 쟁의기간 중이라는 사정이 사용자가 단체교섭을 거부할 만한 정당한 이유가 될 수 없고, 한편 당사자가 성의 있는 교섭을 계속하였음에도 단체교섭이 교착상태에 빠져 교섭의 진전이 더 이상 기대될 수 없는 상황이라면 사용자가 단체교섭을 거부하더라도 그 거부에 정당한 이유가 있다고 할 것이지만, 위와 같은 경우에도 노동조합측으로부터 새로운 타협안이 제시되는 등 교섭재개가 의미 있을 것으로 기대할 만한 사정변경이 생긴 경우에는 사용자로서는 다시 단체교섭에 응하여야 하므로, 위와 같은 사정변경에도 불구하고 사용자가 단체교섭을 거부하는 경우에는 그 거부에 정당한 이유가 있다고 할 수 없다(대판 2005도8606).

  > **관련 판례** 사용자의 의무위반
  >
  > 사용자의 단체교섭 거부행위가 원인과 목적, 과정과 행위태양, 그로 인한 결과 등에 비추어 건전한 사회통념이나 사회상규상 용인될 수 없다고 인정되는 경우에는 부당노동행위로서 단체교섭권을 침해하는 위법한 행위로 평가되어 불법행위의 요건을 충족하는바, 사용자가 노동조합과의 단체교섭을 정당한 이유 없이 거부하다가 법원으로부터 노동조합과의 단체교섭을 거부하여서는 아니 된다는 취지의 집행력 있는 판결이나 가처분결정을 받고도 이를 위반하여 노동조합과의 단체교섭을 거부하였다면, 그 단체교섭 거부행위는 건전한 사회통념이나 사회상규상 용인할 수 없는 행위로서 헌법이 보장하고 있는 노동조합의 단체교섭권을 침해하는 위법한 행위이므로 노동조합에 대하여 불법행위가 된다(대판 2004다11070).

  ㉡ 노동조합이 위반한 경우 : 노조의 성실교섭의무 위반은 사용자가 단체교섭을 거부할 수 있는 사유에 해당하고 부당노동행위에는 해당 안 됨

③ 폭력, 파괴행위 금지
  노동조합이 단체교섭·쟁의행위 기타의 행위로서 목적을 달성하기 위하여 한 정당한 행위에 대하여 적용된다. 다만, 어떠한 경우에도 폭력이나 파괴행위는 정당한 행위로 해석되어서는 아니 된다(법 제4조).

4. 단체협약

(1) 의의와 법적 성질

① 의의
노동조합과 사용자 사이에서 근로조건 그 밖의 근로자의 경제적·사회적 지위에 관하여 합의된 문서를 말함

② 법적 성질
단체협약은 계약적 성질과 규범적 성질을 가지고 있는데 단체협약에 정한 근로조건 기타 근로자의 대우에 관한 기준에 위반하는 취업규칙 또는 근로계약의 부분은 무효로 한다(법 제33조 제1항)고 하여 규범적 효력을 부여하였다고 보는 것이 타당함

(2) 단체협약의 성립요건

① 당사자
단체협약을 체결할 수 있는 능력을 가진 자로 실질적 요건을 갖춘 노동조합, 지부 및 분회(상부단체, 하부단체)와 사용자 또는 사용자단체

② 내용
내용은 의무적 교섭대상 및 임의적 교섭대상 중 당사자가 합의한 내용이 되고, 금지 교섭대상을 단체협약으로 한 경우는 무효

③ 단체협약의 작성(법 제31조)
㉠ 단체협약은 서면으로 작성하여 당사자 쌍방이 서명 또는 날인하여야 한다.
㉡ 단체협약의 당사자는 단체협약의 체결일부터 15일 이내에 이를 행정관청에게 신고하여야 한다.
㉢ 행정관청은 단체협약중 위법한 내용이 있는 경우에는 노동위원회의 의결을 얻어 그 시정을 명할 수 있다.

> **관련 판례** 단체협약의 작성 및 효력 인정
>
> 노동조합 및 노동관계조정법 제31조 제1항이 단체협약은 서면으로 작성하여 당사자 쌍방이 서명날인 하여야 한다고 규정하고 있는 취지는 단체협약의 내용을 명확히 함으로써 장래 그 내용을 둘러싼 분쟁을 방지하고 아울러 체결당사자 및 그의 최종적 의사를 확인함으로써 단체협약의 진정성을 확보하기 위한 것이므로, 그 방식을 갖추지 아니하는 경우 단체협약은 효력을 가질 수 없다고 할 것인바, 강행규정인 위 규정에 위반된 단체협약의 무효를 주장하는 것이 신의칙에 위배되는 권리의 행사라는 이유로 이를 배척한다면 위와 같은 입법 취지를 완전히 몰각시키는 결과가 될 것이므로 특별한 사정이 없는 한 그러한 주장이 신의칙에 위반된다고 볼 수 없다고 보아야 할 것이다(대판 2001다15422).

SEMI-NOTE

영 제15조
단체협약의 신고는 당사자 쌍방이 연명으로 해야 한다.

합의
단체협약이 유효하기 위해서는 당사자의 합의가 필요

(3) 단체협약의 내용과 효력

① 규범적 부분

규범적 부분은 근로조건 기타 근로자의 대우에 관한 기준에 관한 사항으로 단체협약의 핵심적 기능을 실현하는 본질적 부분

② 기준의 효력(법 제33조)

㉠ 단체협약에 정한 근로조건 기타 근로자의 대우에 관한 기준에 위반하는 취업규칙 또는 근로계약의 부분은 무효로 한다.

㉡ 근로계약에 규정되지 아니한 사항 또는 무효로 된 부분은 단체협약에 정한 기준에 의한다.

③ 단체협약의 채무적 효력

단체협약의 당사자, 즉 노동조합과 사용자 사이의 단체협약상의 권리·의무가 발생하여 이를 준수하여야할 의무를 말한다.

> **관련 판례** 쟁의행위의 정당성
>
> 단체협약에서 이미 정한 근로조건이나 기타 사항의 변경·개폐를 요구하는 쟁의행위를 단체협약의 유효기간 중에 하여서는 아니된다는 이른바 평화의무를 위반하여 이루어진 쟁의행위는 노사관계를 평화적·자주적으로 규율하기 위한 단체협약의 본질적 기능을 해치는 것일 뿐 아니라 노사관계에서 요구되는 신의성실의 원칙에도 반하는 것이므로 정당성이 없다(대판 94다4042).

④ 단체협약의 제도적 효력

단체협약의 제도적 부분에 관하여 단체협약의 당사자를 규율하는 효력

(4) 단체협약의 해석

① 단체협약의 해석(법 제34조)

㉠ 단체협약의 해석 또는 이행방법에 관하여 관계 당사자간에 의견의 불일치가 있는 때에는 당사자 쌍방 또는 단체협약에 정하는 바에 의하여 어느 일방이 노동위원회에 그 해석 또는 이행방법에 관한 견해의 제시를 요청할 수 있다.

㉡ 노동위원회는 요청을 받은 때에는 그 날부터 30일 이내에 명확한 견해를 제시하여야 한다.

㉢ 노동위원회가 제시한 해석 또는 이행방법에 관한 견해는 중재재정과 동일한 효력을 가진다.

② 처분문서의 해석원칙

처분문서는 진정성립이 인정되면 특별한 사정이 없는 한 처분문서에 기재되어 있는 문언의 내용에 따라 당사자의 의사표시가 있었던 것으로 객관적으로 해석하여야 하나, 당사자 사이에 계약의 해석을 둘러싸고 이견이 있어 처분문서에 나타난 당사자의 의사해석이 문제되는 경우에는 문언의 내용, 그와 같은 약정이 이루어진 동기와 경위, 약정에 의하여 달성하려는 목적, 당사자의 진정한 의사 등을 종합적으로 고찰하여 논리와 경험칙에 따라 합리적으로 해석하여야 한다. 한편 단체협약과 같은 처분문서를 해석할 때에는, 단체협약이 근로자의 근로조건

SEMI-NOTE

단체협약의 해석요청

단체협약의 해석 또는 이행방법에 관한 견해제시의 요청은 해당 단체협약의 내용과 당사자의 의견 등을 적은 서면으로 하여야 한다(영 제16조).

을 유지·개선하고 복지를 증진하여 경제적·사회적 지위를 향상시킬 목적으로 근로자의 자주적 단체인 노동조합과 사용자 사이에 단체교섭을 통하여 이루어지는 것이므로, 명문의 규정을 근로자에게 불리하게 변형 해석할 수 없다(대판 2009다102452).

③ 불리한 해석금지

갑 주식회사와 노동조합이 체결한 단체협약 가운데 '임금 미지급분에 대해서는 출근 시 당연히 받아야 할 임금은 물론 평균임금의 100%를 가산 지급'하기로 하는 규정의 해석이 문제된 사안에서, 가산보상금 규정의 내용과 형식, 도입 경위와 개정 과정, 위 규정에 의하여 노·사 양측이 달성하려는 목적, 특히 가산보상금 규정이 갑 회사의 부당징계를 억제함과 아울러 징계가 부당하다고 판명되었을 때 근로자를 신속히 원직 복귀시키도록 간접적으로 강제하기 위한 것인 점 등에 비추어 보면, 미지급 임금 지급 시 가산 지급되는 '평균임금의 100%'는 근로자가 위와 같은 부당해고 등 부당징계로 인하여 해고 등 당시부터 원직복직에 이르기까지의 전 기간에 걸쳐 지급받지 못한 임금을 의미하는 것으로 보아야 한다고 한 사례(대판 2009다102452)

(5) 단체협약의 효력확장

① 일반적 구속력

하나의 사업 또는 사업장에 상시 사용되는 동종의 근로자 반수 이상이 하나의 단체협약의 적용을 받게 된 때에는 당해 사업 또는 사업장에 사용되는 다른 동종의 근로자에 대하여도 당해 단체협약이 적용된다(법 제35조).

㉠ 하나의 사업 또는 사업장 : 단체협약이 사업장별로 체결되는 현실을 감안한 규정

㉡ 상시 사용되는 동종의 근로자 : 상시 사용되는 동종의 근로자라 함은 하나의 단체협약의 적용을 받는 근로자가 반수 이상이라는 비율을 계산하기 위한 기준이 되는 근로자의 총수로서 근로자의 지위나 종류, 고용기간의 정함의 유무 또는 근로계약상의 명칭에 구애됨이 없이 사업장에서 사실상 계속적으로 사용되고 있는 동종의 근로자 전부를 의미하므로, 단기의 계약기간을 정하여 고용된 근로자라도 기간만료시마다 반복갱신되어 사실상 계속 고용되어 왔다면 여기에 포함되고, 또한 사업장 단위로 체결되는 단체협약의 적용범위가 특정되지 않았거나 협약 조항이 모든 직종에 걸쳐서 공통적으로 적용되는 경우에는 직종의 구분 없이 사업장 내의 모든 근로자가 동종의 근로자에 해당된다(대판 92누13189).

② 지역적 구속력

㉠ 하나의 지역에 있어서 종업하는 동종의 근로자 3분의 2 이상이 하나의 단체협약의 적용을 받게 된 때에는 행정관청은 당해 단체협약의 당사자의 쌍방 또는 일방의 신청에 의하거나 그 직권으로 노동위원회의 의결을 얻어 당해 지역에서 종업하는 다른 동종의 근로자와 그 사용자에 대하여도 당해 단체협약을 적용한다는 결정을 할 수 있다(법 제36조 제1항).

SEMI-NOTE

반수 이상이 하나의 단체협약의 적용을 받게 된 때
모든 동종 근로자 가운데 하나의 단체협약을 적용받는 근로자의 수가 반수 이상이어야 한다는 것

ⓒ 행정관청이 결정을 한 때에는 지체없이 이를 공고하여야 한다(법 제36조 제2항).

> **관련 판례** 지역적 구속력
>
> 지역적 구속력 제도의 목적을 어떠한 것으로 파악하건 적어도 교섭권을 위임하거나 협약체결에 관여하지 아니한 협약 외의 노동조합이 독자적으로 단체교섭권을 행사하여 이미 별도의 단체협약을 체결한 경우에는 그 협약이 유효하게 존속하고 있는 한 지역적 구속력 결정의 효력은 그 노동조합이나 그 구성원인 근로자에게는 미치지 않는다고 해석하여야 할 것이고, 또 협약 외의 노동조합이 위와 같이 별도로 체결하여 적용받고 있는 단체협약의 갱신체결이나 보다 나은 근로조건을 얻기 위한 단체교섭이나 단체행동을 하는 것 자체를 금지하거나 제한할 수는 없다고 보아야 할 것이다(대판 92도2247).

(6) 단체협약의 종료

① 단체협약 유효기간의 상한(법 제32조)
   ㉠ 단체협약의 유효기간은 3년을 초과하지 않는 범위에서 노사가 합의하여 정할 수 있다.
   ㉡ 단체협약에 그 유효기간을 정하지 아니한 경우 또는 기간을 초과하는 유효기간을 정한 경우에 그 유효기간은 3년으로 한다.
   ㉢ 단체협약의 유효기간이 만료되는 때를 전후하여 당사자 쌍방이 새로운 단체협약을 체결하고자 단체교섭을 계속하였음에도 불구하고 새로운 단체협약이 체결되지 아니한 경우에는 별도의 약정이 있는 경우를 제외하고는 종전의 단체협약은 그 효력만료일부터 3월까지 계속 효력을 갖는다. 다만, 단체협약에 그 유효기간이 경과한 후에도 새로운 단체협약이 체결되지 아니한 때에는 새로운 단체협약이 체결될 때까지 종전 단체협약의 효력을 존속시킨다는 취지의 별도의 약정이 있는 경우에는 그에 따르되, 당사자 일방은 해지하고자 하는 날의 6월전까지 상대방에게 통고함으로써 종전의 단체협약을 해지할 수 있다.
   ㉣ 기간의 만료 : 존속기간의 만료로 효력이 종료된다.

② 당사자의 변경
   ㉠ **사용자의 변경** : 해산, 합병, 양도 등으로 회사가 변경·소멸하더라도 조직의 일체성이 인정되면 단체협약은 승계됨
   ㉡ **노조의 변경** : 노동조합이 합병·분할·변경 등으로 변경·소멸하더라도 조직의 일체성이 인정되면 단체협약은 승계됨

③ 단체협약 종료 후의 근로관계
   단체협약이 실효되었다고 하더라도 임금, 퇴직금이나 노동시간, 그 밖에 개별적인 노동조건에 관한 부분은 그 단체협약의 적용을 받고 있던 근로자의 근로계약의 내용이 되어 그것을 변경하는 새로운 단체협약, 취업규칙이 체결, 작성되거나 또는 개별적인 근로자의 동의를 얻지 아니하는 한 개별적인 근로자의 근로계약의 내용으로서 여전히 남아 있어 사용자와 근로자를 규율한다고 할 것이므로, 새로운 단체협약이 늦게 체결됨에 따라 근로자가 기존 단체협약의 임금에 관한

SEMI-NOTE

단체협약의 취소, 해제, 해지
- **단체협약의 취소** : 단체협약의 중요부분에 착오가 있거나 사기·강박에 의한 경우 단체협약을 취소할 수 있음
- **단체협약의 해제, 해지** : 단체협약의 존재의의가 상실될만한 중대한 위반이나 사정변경이 있는 경우 합의로 단체협약을 해지할 수 있음

민법 제109조 제1항
의사표시는 법률행위의 내용의 중요부분에 착오가 있는 때에는 취소할 수 있다. 그러나 그 착오가 표의자의 중대한 과실로 인한 때에는 취소하지 못한다.

부분을 1년 넘게 적용받는 결과가 된다고 하여 임금에 관한 단체협약의 유효기간을 1년으로 정하고 있는 구 노동조합법 제35조에 위반된 것이라고 할 수 없다(대판 98다13747).

04절 쟁의행위

1. 쟁의행위

(1) 쟁의행위의 의의

① 쟁의행위

파업·태업·직장폐쇄 기타 노동관계 당사자가 그 주장을 관철할 목적으로 행하는 행위와 이에 대항하는 행위로서 업무의 정상적인 운영을 저해하는 행위를 말한다(법 제2조 제6호).

> **관련 판례** 쟁의행위의 정당성
>
> 쟁의행위에서 추구하는 목적이 여러 가지이고 그 중 일부가 정당하지 못한 경우에는 주된 목적 내지 진정한 목적의 당부에 의하여 그 쟁의목적의 당부를 판단하여야 하고, 부당한 요구사항을 제외하였다면 쟁의행위를 하지 않았을 것이라고 인정되는 경우에는 그 쟁의행위 전체가 정당성을 갖지 못한다고 보아야 한다(대판 2007두12859).

② 노동쟁의

노동조합과 사용자 또는 사용자단체간에 임금·근로시간·복지·해고 기타 대우등 근로조건의 결정에 관한 주장의 불일치로 인하여 발생한 분쟁상태를 말한다. 이 경우 주장의 불일치라 함은 당사자간에 합의를 위한 노력을 계속하여도 더이상 자주적 교섭에 의한 합의의 여지가 없는 경우를 말한다(법 제2조 제5호).

(2) 쟁의행위 종류

① 근로자측의 쟁의행위

㉠ **파업** : 근로제공을 전면적으로 거부하는 전형적인 방법으로, 파업은 파업에 참가하는 범위에 따라 총파업, 전면파업, 부분파업, 지명파업으로 구분됨

㉡ **태업** : 노동조합이 형식적으로 노동력을 제공하지만 고의적으로 불성실하게 근무함으로써 업무능률을 저하시키는 행위

㉢ **생산관리** : 사업장 또는 공장을 점거하여 직접 기업경영을 행하는 쟁의행위

㉣ **준법투쟁** : 근로자들이 그들의 주장을 관철하기 위하여 법규를 엄격히 준수하거나 법규에 주어진 권리를 동시에 집단적으로 행사하여 사용자의 업무를 저해하는 행위

Sabotage

통상적인 태업과 달리 적극적으로 생산, 사무활동을 방해하거나 원자재나 생산시설을 파괴하는 행위

SEMI-NOTE

한눈에 쏙~

준법투쟁 행위
- 집단적 월차휴가 사용
- 집단적 휴일근로 거부
- 법규 준수형 준법투쟁
- 연장근로 거부

부수적인 쟁의행위

- **Boycott** : 사용자 또는 그와 거래관계가 있는 제3자의 상품구입 또는 시설이용을 거절하거나 그들과의 근로계약 체결을 거절할 것을 호소하는 행위
- **Picketing** : 쟁의행위의 효과를 높일 목적으로 다른 근로자나 시민들에게 쟁의 중임을 알리고 근로자 측에 유리한 여론을 형성하거나, 쟁의행위에서 근로자의 이탈을 방지하고 비조합원 등의 사업장 출입을 저지하고 파업에 동조하도록 호소하는 행위
- **직장점거** : 파업할 때 사용자의 의사에 반하여 사업장에 체류하는 행위

② **사용자측의 쟁의행위**
  ㉠ **직장폐쇄** : 사용자가 근로자측의 쟁의행위에 대항하는 행위로서 업무의 정상적인 운영을 저해하는 행위
  ㉡ **직장폐쇄의 요건(법 제46조)**
    • 사용자는 노동조합이 쟁의행위를 개시한 이후에만 직장폐쇄를 할 수 있다.
    • 사용자는 직장폐쇄를 할 경우에는 <u>미리 행정관청 및 노동위원회에 각각 신고하여야 한다.</u>

법 제91조
쟁의행위 이전에 직장폐쇄를 한 자는 1년 이하의 징역 또는 1천만원 이하의 벌금에 처한다.

  ㉢ **직장폐쇄의 요건** : 직장폐쇄의 선언만으로 성립한다는 것과 사실행위로 이어져야 한다는 견해가 대립되며 행정관청 및 노동위원회에 각각 신고하여야 성립한다는 것으로 구분됨
  ㉣ **정당성 판단** : 대항성(시기), 방어성

관련 판례 사용자의 직장폐쇄 인정

사용자의 직장폐쇄는 사용자와 근로자의 교섭태도와 교섭과정, 근로자의 쟁의행위의 목적과 방법 및 그로 인하여 사용자가 받는 타격의 정도 등 구체적인 사정에 비추어 근로자의 쟁의행위에 대한 방어수단으로서 상당성이 있어야만 사용자의 정당한 쟁의행위로 인정될 수 있는데, 노동조합의 쟁의행위에 대한 방어적인 목적을 벗어나 적극적으로 노동조합의 조직력을 약화시키기 위한 목적 등을 갖는 선제적, 공격적 직장폐쇄에 해당하는 경우에는 정당성이 인정될 수 없고, 직장폐쇄가 정당한 쟁의행위로 평가받지 못하는 경우에는 사용자는 직장폐쇄 기간 동안의 대상 근로자에 대한 임금지불의무를 면할 수 없다(대판 2012다85335).

  ㉤ **직장폐쇄의 효과** : 임금지급의 면제, 사업장 출입배제 및 점거의 배제

2. 쟁의행위에 대한 법령상 특징 ★ 빈출개념

(1) 쟁의행위 보호규정

① 손해배상 청구의 제한

사용자는 이 법에 의한 단체교섭 또는 쟁의행위로 인하여 손해를 입은 경우에 노동조합 또는 근로자에 대하여 그 배상을 청구할 수 없다(법 제3조).

② 정당행위

노동조합이 단체교섭·쟁의행위 기타의 행위로서 근로자의 목적을 달성하기 위하여 한 정당한 행위에 대하여 적용되나, 어떠한 경우에도 폭력이나 파괴행위는 정당한 행위로 해석 불가

③ 근로자의 구속제한

근로자는 쟁의행위 기간중에는 현행범외에는 이 법 위반을 이유로 구속되지 아니한다(법 제39조).

④ 불이익 금지

근로자가 정당한 단체행위에 참가한 것을 이유로 하거나 또는 노동위원회에 대하여 사용자가 이 조의 규정에 위반한 것을 신고하거나 그에 관한 증언을 하거나 기타 행정관청에 증거를 제출한 것을 이유로 그 근로자를 해고하거나 그 근로자에게 불이익을 주는 행위(법 제81조 제1항 제5호)

⑤ 사용자의 채용제한
   ㉠ 채용 및 대체금지 : 사용자는 쟁의행위 기간중 그 쟁의행위로 중단된 업무의 수행을 위하여 당해 사업과 관계없는 자를 채용 또는 대체할 수 없다(법 제43조 제1항).
   ㉡ 중단된 업무 도급 또는 하도급금지 : 사용자는 쟁의행위 기간중 그 쟁의행위로 중단된 업무를 도급 또는 하도급 줄 수 없다(법 제43조 제2항).

⑥ 근로자 파견의 금지

파견사업주는 쟁의행위 중인 사업장에 그 쟁의행위로 중단된 업무의 수행을 위하여 근로자를 파견하여서는 아니 된다(파견근로자 보호 등에 관한 법률 제16조 제1항).

(2) 쟁의행위 제한 규정

① 쟁의행위의 제한

쟁의행위는 목적, 주체, 수단, 방법, 절차적인 면에서 정당성이 인정되어야 함

② 주체에 의한 제한

공무원, 교원, 주요방위산업체 근로자 중 일부, 선원의 경우 쟁의행위에 제한받음

관련 판례 쟁의행위의 제한

주요방위산업체의 원활한 가동이 국가의 안전보장에 필수불가결한 요소라는 점에서 법률로써 주요방위산업체 종사자의 단체행동권을 제한하거나 금지하는 것이 불가피한 면은 있으나, 헌법 제37조 제2항이 규정하는 기본권 제한입법에 관한 최소침해의 원칙과 비례의 원칙, 죄형

SEMI-NOTE

법 제88조

전기, 용수 및 주로 방산물자를 생산하는 업무에 종사하는 자가 쟁의행위를 한 자는 5년 이하의 징역 또는 5천만원 이하의 벌금에 처한다.

SEMI-NOTE

법정주의의 원칙에서 파생되는 형벌법규 엄격해석의 원칙에 비추어 볼 때 노동조합법 제41조 제2항에 의하여 쟁의행위가 금지됨으로써 기본권이 중대하게 제한되는 근로자의 범위는 엄격하게 제한적으로 해석하여야 한다(대판 2016도3185).

실력UP 쟁의행위와 관련된 법규

- 공무원인 근로자는 법률이 정하는 자에 한하여 단결권·단체교섭권 및 단체행동권을 갖는다(헌법 제33조 제2항).
- 법률이 정하는 주요방위산업체에 종사하는 근로자의 단체행동권은 법률이 정하는 바에 의하여 제한되거나 인정하지 아니할 수 있다(헌법 제33조 제3항).
- 공무원은 노동운동이나 그 밖에 공무 외의 일을 위한 집단 행위를 하여서는 아니 된다. 다만, 사실상 노무에 종사하는 공무원은 예외로 한다(국가공무원법 제66조 제1항).
- 공무원은 노동운동이나 그 밖에 공무 외의 일을 위한 집단행위를 하여서는 아니 된다. 다만, 사실상 노무에 종사하는 공무원은 예외로 한다(지방공무원법 제58조 제1항).
- 노동조합과 그 조합원은 파업, 태업 또는 그 밖에 업무의 정상적인 운영을 방해하는 어떠한 쟁의행위(爭議行爲)도 하여서는 아니 된다(교원의 노동조합 설립 및 운영 등에 관한 법률 제8조).
- 방위사업법에 의하여 지정된 주요방위산업체에 종사하는 근로자중 전력, 용수 및 주로 방산물자를 생산하는 업무에 종사하는 자는 쟁의행위를 할 수 없으며 주로 방산물자를 생산하는 업무에 종사하는 자의 범위는 대통령령으로 정한다(법 제41조 제2항).

(3) 필수유지업무에 대한 쟁의행위제한

① 필수유지업무에 대한 쟁의행위의 제한(법 제42조의2)
  ㉠ 필수유지업무는 필수공익사업의 업무 중 그 업무가 정지되거나 폐지되는 경우 공중의 생명·건강 또는 신체의 안전이나 공중의 일상생활을 현저히 위태롭게 하는 업무로서 대통령령이 정하는 업무를 말한다.
  ㉡ 필수유지업무의 정당한 유지·운영을 정지·폐지 또는 방해하는 행위는 쟁의행위로서 이를 행할 수 없다.

② 필수유지업무협정
노동관계 당사자는 쟁의행위기간 동안 필수유지업무의 정당한 유지·운영을 위하여 필수유지업무의 필요 최소한의 유지·운영 수준, 대상직무 및 필요인원 등을 정한 협정을 서면으로 체결하여야 한다. 이 경우 필수유지업무협정에는 노동관계 당사자 쌍방이 서명 또는 날인하여야 한다(법 제42조의3).

③ 필수유지업무 유지·운영 수준 등의 결정(법 제42조의4)
  ㉠ 노동관계 당사자 쌍방 또는 일방은 필수유지업무협정이 체결되지 아니하는 때에는 노동위원회에 필수유지업무의 필요 최소한의 유지·운영 수준, 대상직무 및 필요인원 등의 결정을 신청하여야 한다.
  ㉡ 신청을 받은 노동위원회는 사업 또는 사업장별 필수유지업무의 특성 및 내용 등을 고려하여 필수유지업무의 필요 최소한의 유지·운영 수준, 대상직무 및 필요인원 등을 결정할 수 있다.
  ㉢ 노동위원회의 결정은 특별조정위원회가 담당한다.

② 노동위원회의 결정에 대한 해석 또는 이행방법에 관하여 관계당사자간에 의견이 일치하지 아니하는 경우에는 특별조정위원회의 해석에 따른다. 이 경우 특별조정위원회의 해석은 제2항의 규정에 따른 노동위원회의 결정과 동일한 효력이 있다.
⑩ 노동위원회의 결정에 대한 불복절차 및 효력에 관하여는 중재에 관한 규정을 준용한다.
④ 필수유지업무 유지·운영 수준 등의 결정 신청 등(영 제22조의3)
㉠ 노동관계 당사자가 필수유지업무 유지·운영 수준, 대상직무 및 필요인원 등의 결정을 신청하면 관할 노동위원회는 지체 없이 그 신청에 대한 결정을 위한 특별조정위원회를 구성하여야 한다.
㉡ 노동위원회는 필수유지업무 수준 등 결정을 하면 지체 없이 이를 서면으로 노동관계 당사자에게 통보하여야 한다.
㉢ 노동관계 당사자의 쌍방 또는 일방은 결정에 대한 해석이나 이행방법에 관하여 노동관계 당사자 간 의견이 일치하지 아니하면 노동관계 당사자의 의견을 첨부하여 서면으로 관할 노동위원회에 해석을 요청할 수 있다.
㉣ 해석 요청에 대하여 해당 특별조정위원회가 해석을 하면 노동위원회는 지체 없이 이를 서면으로 노동관계 당사자에게 통보하여야 한다.
㉤ 필수유지업무 수준 등 결정의 신청 절차는 고용노동부령으로 정한다.
⑤ 노동위원회의 결정에 따른 쟁의행위
노동위원회의 결정이 있는 경우 그 결정에 따라 쟁의행위를 한 때에는 필수유지업무를 정당하게 유지·운영하면서 쟁의행위를 한 것으로 본다(법 제42조의5).
⑥ 필수유지업무 근무 근로자의 지명(법 제42조의6)
㉠ 노동조합은 필수유지업무협정이 체결되거나 노동위원회의 결정이 있는 경우 사용자에게 필수유지업무에 근무하는 조합원 중 쟁의행위기간 동안 근무하여야 할 조합원을 통보하여야 하며, 사용자는 이에 따라 근로자를 지명하고 이를 노동조합과 그 근로자에게 통보하여야 한다. 다만, 노동조합이 쟁의행위 개시 전까지 이를 통보하지 아니한 경우에는 사용자가 필수유지업무에 근무하여야 할 근로자를 지명하고 이를 노동조합과 그 근로자에게 통보하여야 한다.
㉡ 통보·지명시 노동조합과 사용자는 필수유지업무에 종사하는 근로자가 소속된 노동조합이 2개 이상인 경우에는 각 노동조합의 해당 필수유지업무에 종사하는 조합원 비율을 고려하여야 한다.

(4) 살쾡이파업의 금지

① 쟁의의 기본원칙
조합원은 노동조합에 의하여 주도되지 아니한 쟁의행위를 하여서는 아니된다(법 제37조 제2항).
② 교섭창구 단일화 관련 사항
교섭대표노동조합이 있는 경우에 "노동조합"은 "교섭대표노동조합"으로 본다(법 제29조의5).

(5) 목적에 따른 제한

① 쟁의행위 기간중의 임금지급 요구의 금지

노동조합은 쟁의행위 기간에 대한 임금의 지급을 요구하여 이를 관철할 목적으로 쟁의행위를 하여서는 아니된다(법 제44조 제2항).

> **관련 판례** 쟁의행위시의 임금 지급
>
> 쟁의행위시의 임금 지급에 관하여 단체협약이나 취업규칙 등에서 이를 규정하거나 그 지급에 관한 당사자 사이의 약정이나 관행이 있다고 인정되지 아니하는 한, 근로자의 근로 제공 의무 등의 주된 권리·의무가 정지되어 근로자가 근로 제공을 하지 아니한 쟁의행위 기간 동안에는 근로 제공 의무와 대가관계에 있는 근로자의 주된 권리로서의 임금청구권은 발생하지 않는다고 하여야 하고, 그 지급청구권이 발생하지 아니하는 임금의 범위가 임금 중 이른바 교환적 부분에 국한된다고 할 수 없으며, 사용자가 근로자의 노무 제공에 대한 노무지휘권을 행사할 수 있는 평상적인 근로관계를 전제로 하여 단체협약이나 취업규칙 등에서 결자 등에 관하여 어떤 임금을 지급하도록 규정하고 있거나 임금 삭감 등을 규정하고 있지 않고 있거나 혹은 어떤 임금을 지급하여 온 관행이 있다고 하여, 근로자의 근로 제공 의무가 정지됨으로써 사용자가 근로자의 노무 제공과 관련하여 아무런 노무지휘권을 행사할 수 없는 쟁의행위의 경우에 이를 유추하여 당사자 사이에 쟁의행위 기간 중 쟁의행위에 참가하여 근로를 제공하지 아니한 근로자에게 그 임금을 지급할 의사가 있다거나 임금을 지급하기로 하는 내용의 근로계약을 체결한 것이라고는 할 수 없다(대판 94다26721).

② 근로시간면제자

사용자로부터 급여를 지급받는 근로자는 사업 또는 사업장별로 종사근로자인 조합원 수 등을 고려하여 결정된 근로시간 면제 한도를 초과하지 아니하는 범위에서 임금의 손실 없이 사용자와의 협의·교섭, 고충처리, 산업안전 활동 등 이 법 또는 다른 법률에서 정하는 업무와 건전한 노사관계 발전을 위한 노동조합의 유지·관리업무를 할 수 있다(법 제24조 제2항).

(6) 수단, 방법에 따른 제한

① 폭력행위등의 금지

㉠ 쟁의행위는 폭력이나 파괴행위 또는 생산 기타 주요업무에 관련되는 시설과 이에 준하는 시설로서 대통령령이 정하는 시설을 점거하는 형태로 이를 행할 수 없다(법 제42조 제1항).

㉡ 폭력행위 등의 신고(영 제18조)
- 사용자는 쟁의행위가 노동조합의 지도와 책임, 폭력행위등의 금지에 위반되는 경우에는 즉시 그 상황을 행정관청과 관할 노동위원회에 신고하여야 한다.
- 신고는 서면·구두 또는 전화 기타의 적당한 방법으로 하여야 한다.

② 점거가 금지되는 시설(영 제21조)

㉠ 전기·전산 또는 통신시설

㉡ 철도(도시철도를 포함한다)의 차량 또는 선로

법 제89조 제1호
폭력이나 파괴행위 또는 생산 기타 주요업무에 관련되는 시설을 점거하는 행위를 한 자는 3년 이하의 징역 또는 3천만 원 이하의 벌금에 처한다.

법 제91조
사업장의 안전보호시설의 유지·운영을 정지·폐지 또는 방해하는 행위를 한 자는 1년 이하의 징역 또는 1천만 원 이하의 벌금에 처한다.

ⓒ 건조·수리 또는 정박중인 선박. 다만, 선원법에 의한 선원이 당해 선박에 승선하는 경우를 제외한다.
② 항공기·항행안전시설 또는 항공기의 이·착륙이나 여객·화물의 운송을 위한 시설
⑩ 화약·폭약 등 폭발위험이 있는 물질 또는 유독물질을 보관·저장하는 장소
⑪ 기타 점거될 경우 생산 기타 주요업무의 정지 또는 폐지를 가져오거나 공익상 중대한 위해를 초래할 우려가 있는 시설로서 고용노동부장관이 관계중앙행정기관의 장과 협의하여 정하는 시설

③ 사업장의 안전보호시설
  ㉠ 사업장의 안전보호시설에 대하여 정상적인 유지·운영을 정지·폐지 또는 방해하는 행위는 쟁의행위로서 이를 행할 수 없다(법 제42조 제2항).
  ㉡ 행정관청은 쟁의행위가 행위에 해당한다고 인정하는 경우에는 노동위원회의 의결을 얻어 그 행위를 중지할 것을 통보하여야 한다. 다만, 사태가 급박하여 노동위원회의 의결을 얻을 시간적 여유가 없을 때에는 그 의결을 얻지 아니하고 즉시 그 행위를 중지할 것을 통보할 수 있다(법 제42조 제3항).

④ 노동조합의 지도와 책임(법 제38조)
  ㉠ 쟁의행위는 그 쟁의행위와 관계없는 자 또는 근로를 제공하고자 하는 자의 출입·조업 기타 정상적인 업무를 방해하는 방법으로 행하여져서는 아니되며 쟁의행위의 참가를 호소하거나 설득하는 행위로서 폭행·협박을 사용하여서는 아니된다.
  ㉡ 작업시설의 손상이나 원료·제품의 변질 또는 부패를 방지하기 위한 작업은 쟁의행위 기간중에도 정상적으로 수행되어야 한다.
  ㉢ 노동조합은 쟁의행위가 적법하게 수행될 수 있도록 지도·관리·통제할 책임이 있다.

(7) 절차에 따른 제한

① 조정의 전치(법 제45조 제2항)
   쟁의행위는 조정절차(조정종료 결정 후의 조정절차를 제외한다)를 거치지 아니하면 이를 행할 수 없다. 다만, 기간내에 조정이 종료되지 아니하거나 기간내에 중재재정이 이루어지지 아니한 경우에는 그러하지 아니하다.

② 조정기간(법 제54조)
   ㉠ 조정은 조정의 신청이 있은 날부터 일반사업에 있어서는 10일, 공익사업에 있어서는 15일 이내에 종료하여야 한다.
   ㉡ 조정기간은 관계 당사자간의 합의로 일반사업에 있어서는 10일, 공익사업에 있어서는 15일 이내에서 연장할 수 있다.

③ 중재시의 쟁의행위의 금지
   노동쟁의가 중재에 회부된 때에는 그 날부터 15일간은 쟁의행위를 할 수 없다(법 제63조).

SEMI-NOTE

행정관청의 통보
행정관청은 지체없이 노동위원회의 사후승인을 얻어야 하며 그 승인을 얻지 못한 때에는 그 통보는 그때부터 효력을 상실한다(법 제42조 제4항).

④ 긴급조정시의 쟁의행위 중지
  관계 당사자는 긴급조정의 결정이 공표된 때에는 즉시 쟁의행위를 중지하여야 하며, 공표일부터 30일이 경과하지 아니하면 쟁의행위를 재개할 수 없다(법 제77조).
⑤ 조정안의 해석 또는 이행
  조정안의 해석 또는 이행방법에 관한 견해가 제시될 때까지는 관계 당사자는 당해 조정안의 해석 또는 이행에 관하여 쟁의행위를 할 수 없다(법 제60조 제5조).
⑥ 조정안의 해석요청
  노동관계당사자는 조정안의 해석 또는 그 이행방법에 관하여 견해의 제시를 요청하는 경우에는 해당 조정안의 내용과 당사자의 의견 등을 적은 서면으로 해야 한다(영 제27조).

(8) 쟁의행위 투표 및 신고

① 쟁의행위 투표
  노동조합의 쟁의행위는 그 조합원(교섭대표노동조합이 결정된 경우에는 그 절차에 참여한 노동조합의 전체 조합원)의 직접·비밀·무기명투표에 의한 조합원 과반수의 찬성으로 결정하지 아니하면 이를 행할 수 없다. 이 경우 조합원 수 산정은 종사근로자인 조합원을 기준으로 한다(법 제41조 제1항).

> **관련 판례** 절차를 위반한 쟁의행위
>
> 근로자가 쟁의행위를 함에 있어 조합원의 직접·비밀·무기명투표에 의한 찬성결정이라는 절차를 거쳐야 한다는 노동조합 및 노동관계조정법 제41조 제1항의 규정은 노동조합의 자주적이고 민주적인 운영을 도모함과 아울러 쟁의행위에 참가한 근로자들이 사후에 그 쟁의행위의 정당성 유무와 관련하여 어떠한 불이익을 당하지 않도록 그 개시에 관한 조합의사의 결정에 보다 신중을 기하기 위하여 마련된 규정이므로 위의 절차를 위반한 쟁의행위는 그 절차를 따를 수 없는 객관적인 사정이 인정되지 아니하는 한 정당성이 상실된다(대판 2005도8005).

② 쟁의행위의 신고
  노동조합은 쟁의행위를 하고자 할 경우에는 고용노동부령이 정하는 바에 따라 행정관청과 관할노동위원회에 쟁의행위의 일시·장소·참가인원 및 그 방법을 미리 서면으로 신고하여야 한다(영 제17조).

3. 쟁의행위의 정당성

(1) 쟁의행위의 기본원칙

① 법령 기타 사회질서 준수
  쟁의행위는 그 목적·방법 및 절차에 있어서 법령 기타 사회질서에 위반되어서는 아니된다(법 제37조 제1항).

관련 판례

일부 조합원의 집단이 노동조합의 승인 없이 또는 지시에 반하여 쟁의행위를 하는 경우에는 이를 비조직 근로자들의 쟁의단과 같이 볼 수 없다(대판 95도748).

② 노동조합의 주도
조합원은 노동조합에 의하여 주도되지 아니한 쟁의행위를 하여서는 아니된다(법 제37조 제2항).

> **관련 판례** 근로자의 쟁의행위의 정당성
>
> 근로자의 쟁의행위가 정당성을 갖추기 위하여는, 그 주체가 단체교섭이나 단체협약 체결능력이 있는 자, 즉 노동조합이어야 하고, 그 목적이 근로조건의 향상을 위한 노사간의 자치적 교섭을 조성하기 위한 것이어야 하며, 그 시기는 사용자가 근로자의 근로조건 개선에 관한 구체적인 요구에 대하여 단체교섭을 거부하거나 단체교섭의 자리에서 그러한 요구를 거부하는 회답을 했을 때 개시하되, 특별한 사정이 없는 한 법령이 정하는 바에 따라 조합원의 찬성결정 및 노동쟁의 발생신고를 거쳐야 하고, 그 방법은 소극적으로 노무의 제공을 전면적 또는 부분적으로 정지하여 사용자에게 타격을 주는 것이어야 하며, 노사관계의 신의성실의 원칙에 비추어 공정성의 원칙에 따라야 하고, 사용자의 기업시설에 대한 소유권 기타의 재산권과 조화를 이루어야 함은 물론 폭력이나 파괴행위를 수반하여서는 아니되는 것이다(대판 91다43800).

③ 조업방해 금지
노동조합은 사용자의 점유를 배제하여 조업을 방해하는 형태로 쟁의행위를 해서는 아니 된다(법 제37조 제3항).

(2) 주체의 정당성

① 노동조합
근로자의 쟁의행위가 정당성을 갖추기 위해서는 <u>주체가 노동조합이어야 함</u>
② 법외노조
노동조합법이 정한 요건을 갖추지 못해 법적으로 인정받지 못하는 노조이지만 실질적인 자주성을 갖추고 있어 쟁의행위의 주체가 됨
③ 쟁의단
  ㉠ 다수의 근로자가 근로조건의 유지·개선 또는 사회·경제적 지위 개선을 목적으로 일시적으로 결합한 단체를 미조직 근로자집단이라 말함
  ㉡ 판례는 쟁의단의 정당성을 부정
④ 살쾡이파업
<u>노동조합에 주도되지 않은 쟁의행위</u>. 조합원은 노동조합에 의하여 주도되지 아니한 쟁의행위를 하여서는 아니된다(법 제37조 제2항).
⑤ 지부 및 분회 등
독자적인 규약과 집행기관을 갖춘 지부 및 분회는 단위노조와 동일하게 취급하므로 독자적으로 단체교섭권을 행사할 수 있고 쟁의행위의 주체가 됨

(3) 목적의 정당성

① 원칙
쟁의행위는 근로조건의 향상을 위한 목적으로 행사되어야 함
② 쟁위행위의 목적이 될 수 없는 사유
정치파업, 동정파업, 경영사항, 인사사항, 과다한 요구

관련 판례

근로조건에 관한 노동관계 당사자 간 주장의 불일치로 인하여 근로자들이 조정전치절차 및 찬반투표절차를 거쳐 정당한 쟁의행위를 개시한 후 쟁의사항과 밀접하게 관련된 새로운 쟁의사항이 부가된 경우에는, 근로자들이 새로이 부가된 사항에 대하여 쟁의행위를 위한 별도의 조정절차 및 찬반투표절차를 거쳐야 할 의무가 있다고 할 수 없다(대판 2009도8917).

| SEMI-NOTE |

관련 판례 | 목적의 정당성

근로조건의 유지 또는 향상을 주된 목적으로 하지 않는 쟁의행위는 노동쟁의조정법의 규제대상인 쟁의행위에 해당하지 않는다고 보아야 할 것인바, 피고인이 노동조합의 위원장으로서 조합원들과 함께 한 집단조퇴, 월차휴가신청에 의한 결근 및 집회 등 쟁의행위가 주로 구속 근로자에 대한 항소심구형량이 1심보다 무거워진 것에 대한 항의와 석방 촉구를 목적으로 이루어진 것이라면 피고인의 행위는 근로조건의 유지 또는 향상을 주된 목적으로 한 쟁의행위라고 볼 수 없어 노동쟁의조정법의 적용대상인 쟁의행위에 해당하지 않는다고 할 것이다(대판 90도2852).

(4) 쟁의행위의 시기 및 절차의 정당성

① **시기의 정당성**
쟁의행위는 단체교섭을 거부하거나 단체교섭에서 요구를 거부했을 때에 개시하여야 함

② **절차의 정당성**
  ㉠ **조정절차의 전치**: 조정전치에 따른 절차를 거치지 않았다고 하여 무조건 정당성이 결여되는 것은 아니고 부당한 결과를 초래할 우려가 있는지의 여부 등을 구체적으로 살펴야함
  ㉡ **조합원의 찬반투표**: 노동조합의 쟁의행위는 그 조합원(교섭대표노동조합이 결정된 경우에는 그 절차에 참여한 노동조합의 전체 조합원)의 직접·비밀·무기명투표에 의한 조합원 과반수의 찬성으로 결정하지 아니하면 이를 행할 수 없다. 이 경우 조합원 수 산정은 종사근로자인 조합원을 기준으로 한다(법 제41조 제1항).
  ㉢ **노동쟁의의 통보**: 노동관계 당사자는 노동쟁의가 발생한 때에는 어느 일방이 이를 상대방에게 서면으로 통보하여야 한다(법 제45조 제1항).
  ㉣ **쟁의행위의 신고**: 노동조합은 쟁의행위를 하고자 할 경우에는 고용노동부령이 정하는 바에 따라 행정관청과 관할노동위원회에 쟁의행위의 일시·장소·참가인원 및 그 방법을 미리 서면으로 신고하여야 한다(법 제17조).

(5) 쟁의행위의 수단 및 형태의 정당성

① **정당행위**
노동조합이 단체교섭·쟁의행위 기타의 행위로서 근로조건의 목적을 달성하기 위하여 한 정당한 행위에 대하여 적용된다. 다만, 어떠한 경우에도 폭력이나 파괴행위는 정당한 행위로 해석되어서는 아니 된다(법 제4조).

② **폭행·협박금지**
쟁의행위는 그 쟁의행위와 관계없는 자 또는 근로를 제공하고자 하는 자의 출입·조업 기타 정상적인 업무를 방해하는 방법으로 행하여져서는 아니되며 쟁의행위의 참가를 호소하거나 설득하는 행위로서 폭행·협박을 사용하여서는 아니 된다(법 제38조 제1항).

관련 판례

노동조합이 주도한 쟁의행위 자체의 정당성과 이를 구성하거나 여기에 부수되는 개개 행위의 정당성은 구별하여야 하므로, 일부 소수의 근로자가 폭력행위 등의 위법행위를 하였더라도, 전체로서의 쟁의행위마저 당연히 위법하게 되는 것은 아니다(대판 2013도7896).

③ 폭력행위등의 금지(법 제42조)
　㉠ 쟁의행위는 폭력이나 파괴행위 또는 생산 기타 주요업무에 관련되는 시설과 이에 준하는 시설로서 대통령령이 정하는 시설을 점거하는 형태로 이를 행할 수 없다.
　㉡ 사업장의 안전보호시설에 대하여 정상적인 유지·운영을 정지·폐지 또는 방해하는 행위는 쟁의행위로서 이를 행할 수 없다.
　㉢ 행정관청은 쟁의행위가 정상적인 유지·운영을 정지·폐지 또는 방해하는 행위에 해당한다고 인정하는 경우에는 노동위원회의 의결을 얻어 그 행위를 중지할 것을 통보하여야 한다. 다만, 사태가 급박하여 노동위원회의 의결을 얻을 시간적 여유가 없을 때에는 그 의결을 얻지 아니하고 즉시 그 행위를 중지할 것을 통보할 수 있다.
　㉣ 행정관청은 지체없이 노동위원회의 사후승인을 얻어야 하며 그 승인을 얻지 못한 때에는 그 통보는 그때부터 효력을 상실한다.

④ 점거가 금지되는 시설(영 제21조)
　㉠ 전기·전산 또는 통신시설
　㉡ 철도(도시철도를 포함한다)의 차량 또는 선로
　㉢ 건조·수리 또는 정박중인 선박. 다만, 선원이 당해 선박에 승선하는 경우를 제외한다.
　㉣ 항공기·항행안전시설 또는 항공기의 이·착륙이나 여객·화물의 운송을 위한 시설
　㉤ 화약·폭약 등 폭발위험이 있는 물질 또는 유독물질을 보관·저장하는 장소
　㉥ 기타 점거될 경우 생산 기타 주요업무의 정지 또는 폐지를 가져오거나 공익상 중대한 위해를 초래할 우려가 있는 시설로서 고용노동부장관이 관계중앙행정기관의 장과 협의하여 정하는 시설

⑤ 중지통보
　행정관청은 쟁의행위를 중지할 것을 통보하는 경우에는 서면으로 하여야 한다. 다만, 사태가 급박하다고 인정하는 경우에는 구두로 할 수 있다(영 제22조).

4. 위법한 쟁의행위와 책임

(1) 형사책임

① 정당한 쟁의행위
　㉠ 헌재의 판례 : 형법상 업무방해죄는 모든 쟁의행위에 대하여 무조건 적용되는 것이 아니라, 단체행동권의 내재적 한계를 넘어 정당성이 없다고 판단되는 쟁의행위에 대하여만 적용되는 조항임이 명백하다고 할 것이므로, 그 목적이나 방법 및 절차상 한계를 넘어 업무방해의 결과를 야기시키는 쟁의행위에 대하여만 이 사건 법률조항을 적용하여 형사 처벌하는 것은 헌법상 단체행동권을 침해하였다고 볼 수 없다(2009헌바168).

SEMI-NOTE

정당성 상실의 죄
쟁의행위가 정당성을 상실할 경우 면책되지 않고 업무방해죄, 재물손괴죄, 주거침입죄, 건조물침입죄 등의 죄가 성립

책임의 범위
쟁의행위로 인한 손해배상액의 범위는 불법 쟁의행위로 인한 상당 인과관계에 있는 모든 손해를 말함

SEMI-NOTE

노동조합의 책임과 조합원의 책임과의 관계

위법한 쟁의행위로 인한 노동조합의 불법행위책임과 조합원의 책임이 경합하는 경우에 부진정 연대채무의 관계 성립

징계책임

취업규칙이나 단체협약에 면책합의가 없다면 징계 가능

ⓒ **대법원의 판례** : 근로자는 원칙적으로 헌법상 보장된 기본권으로서 근로조건 향상을 위한 자주적인 단결권·단체교섭권 및 단체행동권을 가지므로(헌법 제33조 제1항), 쟁의행위로서 파업이 언제나 업무방해죄에 해당하는 것으로 볼 것은 아니고, 전후 사정과 경위 등에 비추어 사용자가 예측할 수 없는 시기에 전격적으로 이루어져 사용자의 사업운영에 심대한 혼란 내지 막대한 손해를 초래하는 등으로 사용자의 사업계속에 관한 자유의사가 제압·혼란될 수 있다고 평가할 수 있는 경우에 비로소 집단적 노무제공의 거부가 위력에 해당하여 업무방해죄가 성립한다고 보는 것이 타당하다(대판 2007도482).

② 형사책임의 귀속

ⓐ **노동조합의 책임** : 법인 또는 단체의 대표자, 법인·단체 또는 개인의 대리인·사용인 기타의 종업원이 그 법인·단체 또는 개인의 업무에 관하여 위반행위를 한 때에는 행위자를 벌하는 외에 그 법인·단체 또는 개인에 대하여도 각 해당 조의 벌금형을 과한다. 다만, 법인·단체 또는 개인이 그 위반행위를 방지하기 위하여 해당 업무에 관하여 상당한 주의와 감독을 게을리하지 아니한 경우에는 그러하지 아니하다(법 제94조).

ⓑ **조합원의 책임** : 조합원이 노동조합의 승인없이 또는 그 지시에 반하여 쟁의행위를 하는 경우 형사상 책임 발생

ⓒ **조합간부의 책임** : 위법한 쟁의행위를 한 경우에 이를 주도한 간부에 대하여 업무방해죄가 해당 가능

(2) 민사책임

① **노동조합의 책임**

민사상 배상책임이 면제되는 손해는 정당한 쟁의행위로 인한 손해에 국한된다고 풀이하여야 할 것이고, 정당성이 없는 쟁의행위는 불법행위를 구성하고 이로 말미암아 손해를 입은 사용자는 노동조합이나 근로자에 대하여 그 손해배상을 청구할 수 있다(대판 93다32828, 32835).

② **조합간부의 책임**

노동조합의 간부들이 불법쟁의행위를 기획, 지시, 지도하는 등으로 주도한 경우에 이와 같은 간부들의 행위는 조합의 집행기관으로서의 행위라 할 것이므로 이러한 경우 민법 제35조 제1항의 유추적용에 의하여 노동조합은 그 불법쟁의행위로 인하여 사용자가 입은 손해를 배상할 책임이 있고, 한편 조합간부들의 행위는 일면에 있어서는 노동조합 단체로서의 행위라고 할 수 있는 외에 개인의 행위라는 측면도 아울러 지니고 있고, 일반적으로 쟁의행위가 개개 근로자의 노무정지를 조직하고 집단화하여 이루어지는 집단적 투쟁행위라는 그 본질적 특징을 고려하여 볼 때 노동조합의 책임 외에 불법쟁의행위를 기획, 지시, 지도하는 등으로 주도한 조합의 간부들 개인에 대하여도 책임을 지우는 것이 상당하다(대판 93다32828, 32835).

③ 조합원의 책임

일반 조합원이 불법쟁의행위시 노동조합 등의 지시에 따라 단순히 노무를 정지한 것만으로는 노동조합 또는 조합 간부들과 함께 공동불법행위책임을 진다고 할 수 없다. 다만, 근로자의 근로내용 및 공정의 특수성과 관련하여 그 노무를 정지할 때에 발생할 수 있는 위험 또는 손해 등을 예방하기 위하여 그가 노무를 정지할 때에 준수하여야 할 사항 등이 정하여져 있고, 근로자가 이를 준수함이 없이 노무를 정지함으로써 그로 인하여 손해가 발생하였거나 확대되었다면, 그 근로자가 일반 조합원이라고 할지라도 그와 상당인과관계에 있는 손해를 배상할 책임이 있다(대판 2005다30610).

5. 쟁의행위와 근로관계

(1) 쟁의행위 참가자의 임금

① 쟁의행위 기간 중의 임금지급 요구의 금지(법 제44조)
  ㉠ 사용자는 쟁의행위에 참가하여 근로를 제공하지 아니한 근로자에 대하여는 그 기간 중의 임금을 지급할 의무가 없다.
  ㉡ 노동조합은 쟁의행위 기간에 대한 임금의 지급을 요구하여 이를 관철할 목적으로 쟁의행위를 하여서는 아니 된다.

② 파업참가 시 임금삭감의 범위

근로자의 근로제공의무가 정지됨으로써 사용자가 근로자의 노무제공과 관련하여 아무런 노무지휘권을 행사할 수 없는 쟁의행위의 경우에 이를 유추하여 당사자 사이에 쟁의행위기간 중 쟁의행위에 참가하여 근로를 제공하지 아니한 근로자에게 그 임금을 지급할 의사가 있다거나 임금을 지급하기로 하는 내용의 근로계약을 체결한 것이라고는 할 수 없다(대판 96다5346).

> **관련 판례** 쟁의행위와 근로
>
> 근로자의 쟁의행위는 근로조건에 관한 노동관계 당사자간의 주장의 불일치로 인하여 생긴 분쟁상태를 유리하게 전개하기 위하여 사용자에 대하여 집단적·조직적으로 노무를 정지하는 투쟁행위로서, 쟁의행위 기간 동안 근로자는 사용자에 대한 주된 의무인 근로 제공 의무로부터 벗어나는 등 근로계약에 따른 근로자와 사용자의 주된 권리·의무가 정지됨으로 인하여 사용자는 근로자의 노무 제공에 대하여 노무지휘권을 행사할 수 없게 되는 데 반하여 평상시의 개별 근로자의 결근·지각·조퇴 등에 있어서는 이와 달리 위와 같이 근로관계가 일시 정지되는 것이 아니고 경우에 따라 단순히 개별 근로자의 근로 제공 의무의 불이행만이 남게 되는 것으로서 사용자는 여전히 근로자의 노무 제공과 관련하여 노무지휘권을 행사할 수 있는 것이므로 쟁의행위의 경우와는 근본적으로 그 성질이 다르다(대판 94다26721).

쟁의행위
쟁의행위는 헌법상 보장된 권리이므로 근로관계는 그대로 유지되지만 일시적으로 정지된다는 것이 지배적인 학설

③ 쟁의행위와 주휴수당

쟁의행위시의 임금 지급에 관하여 단체협약이나 취업규칙 등에서 이를 규정하거나 그 지급에 관한 당사자 사이의 약정이나 관행이 있다고 인정되지 아니하는 한, 근로자의 근로 제공 의무 등 주된 권리·의무가 정지되어 근로자가 근로 제공을 하지 아니한 쟁의행위 기간 동안에는 근로 제공 의무와 대가관계에 있는 근로자의 주된 권리로서의 임금청구권은 발생하지 않는다고 하여야 한다(대판 2007다73277).

(2) 파업종료 후의 근로관계

부당노동행위로서 금지하고 있는 바와 같이, 사용자는 근로자가 정당한 단체행동에 참여한 것을 이유로 그 근로자에게 해고 기타 불이익을 줄 수 없으므로, 정당한 쟁의행위에 참가한 근로자는 쟁의행위가 종료된 후 직장에 복귀할 권리가 있고 사용자는 이를 거부하지 못함. 다만 조업형태의 특수성 등으로 정상가동에 상당한 시일이 소요되어 즉각 조업을 재개할 수 없는 특별한 사정이 있다면, 이는 그 자체로 휴업이기에 사용자의 귀책 사유 인정 여부에 따른 휴업수당 지급 문제가 발생함

05절 노동쟁의의 조정

1. 통칙

(1) 조정제도의 의의와 목적

① 조정제도의 의의

노사간의 분쟁을 국가가 개입하여 미연에 방지하거나 해결하는 제도

② 목적

노사관계는 단체교섭에 의한 단체협약에 의하여 평화적으로 규율되는 것이 가장 이상적이지만, 노사의 이해대립이 언제나 평화적·자율적으로 해결되기는 현실적으로 어려움. 또한 노사분쟁(勞使紛爭)의 결과는 당사자는 물론 국민경제에 미치는 영향이 심각하기 때문에 부득이 국가기관이 이에 개입함

(2) 노동쟁의 조정의 원칙

① 자주적 조정의 노력

노동쟁의의 조정의 규정은 노동관계 당사자가 직접 노사협의 또는 단체교섭에 의하여 근로조건 기타 노동관계에 관한 사항을 정하거나 노동관계에 관한 주장의 불일치를 조정하고 이에 필요한 노력을 하는 것을 방해하지 아니한다(법 제47조).

② 당사자의 책무

노동관계 당사자는 단체협약에 노동관계의 적정화를 위한 노사협의 기타 단체교

섭의 절차와 방식을 규정하고 노동쟁의가 발생한 때에는 이를 자주적으로 해결하도록 노력하여야 한다(법 제48조).

③ 국가등의 책무
국가 및 지방자치단체는 노동관계 당사자간에 노동관계에 관한 주장이 일치하지 아니할 경우에 노동관계 당사자가 이를 자주적으로 조정할 수 있도록 조력함으로써 쟁의행위를 가능한 한 예방하고 노동쟁의의 신속·공정한 해결에 노력하여야 한다(법 제49조).

④ 신속한 처리
이 법에 의하여 노동관계의 조정을 할 경우에는 노동관계 당사자와 노동위원회 기타 관계기관은 사건을 신속히 처리하도록 노력하여야 한다(법 제50조).

⑤ 공익사업등의 우선적 취급
국가·지방자치단체·국공영기업체·방위산업체 및 공익사업에 있어서의 노동쟁의의 조정은 우선적으로 취급하고 신속히 처리하여야 한다(법 제51조).

(3) 조정의 유형

① 구속력에 따른 유형
㉠ 조정 : 해결안을 당사자 모두 수락하여야 구속력을 가짐
㉡ 중재 : 해결안이 당사자의 의사와 관계없이 구속력을 가짐

② 조정개시에 따른 유형
㉠ 임의조정 : 당사자 쌍방의 신청이 있어야 개시되는 조정
㉡ 강제조정 : 국가기관에 의하여 조정이 강제되는 조정

③ 조정기관에 따른 유형
㉠ 사적 조정 : 분쟁해결에 관하여 당사자 쌍방이 합의하거나 단체협약 등으로 정해진 민간의 제3자에게 조정을 의뢰하는 조정
㉡ 공적 조정 : 국가나 법률에 의하여 분쟁해결의 절차를 규정하고 있는 경우 공적 기관이나 당사자의 발의로 조정 및 중재하는 것

> **실력up 사적 조정·중재**
> - 노동관계 당사자가 쌍방의 합의 또는 단체협약이 정하는 바에 따라 각각 다른 조정 또는 중재방법에 의하여 노동쟁의를 해결하는 것을 방해하지 않음
> - 노동관계 당사자는 제1항의 규정에 의하여 노동쟁의를 해결하기로 한 때에는 이를 노동위원회에 신고해야 함
> - 노동쟁의를 해결하기로 한 때에는 다음의 규정이 적용됨
>   - 조정에 의하여 해결하기로 한 때에는 조정의 전치 및 조정기간의 규정. 이 경우 조정기간은 조정을 개시한 날부터 기산함
>   - 중재에 의하여 해결하기로 한 때에는 중재시의 쟁의행위의 금지의 규정. 이 경우 쟁의행위의 금지기간은 중재를 개시한 날부터 기산함
> - 조정 또는 중재가 이루어진 경우에 그 내용은 단체협약과 동일한 효력을 가짐
> - 사적조정등을 수행하는 자는 저정담당 공익위원의 자격을 가진 자로 정하며, 이 경우 사적조정 등을 수행하는 자는 노동관계 당사자로부터 수수료, 수당 및 여비 등을 받을 수 있음

2. 조정

(1) 조정의 의의
관계당사자의 일방적 신청에 의해 개시되는 것으로 노동쟁의를 평화적으로 해결하기 위한 제도

(2) 조정의 개시
① 당사자 일방의 신청
   노동위원회는 관계 당사자의 일방이 노동쟁의의 조정을 신청한 때에는 지체없이 조정을 개시하여야 하며 관계 당사자 쌍방은 이에 성실히 임하여야 한다(법 제53조 제1항).
② 자주적인 분쟁 해결 지원
   노동위원회는 조정신청 전이라도 원활한 조정을 위하여 교섭을 주선하는 등 관계 당사자의 자주적인 분쟁 해결을 지원할 수 있음

(3) 조정 담당자
① 조정위원회의 구성(법 제55조)
   ㉠ 노동쟁의의 조정을 위하여 노동위원회에 조정위원회를 둔다.
   ㉡ 조정위원회는 조정위원 3인으로 구성한다.
   ㉢ 조정위원은 당해 노동위원회의 위원 중에서 사용자를 대표하는 자, 근로자를 대표하는 자 및 공익을 대표하는 자 각 1인을 그 노동위원회의 위원장이 지명하되, 근로자를 대표하는 조정위원은 사용자가, 사용자를 대표하는 조정위원은 노동조합이 각각 추천하는 노동위원회의 위원 중에서 지명하여야 한다. 다만, 조정위원회의 회의 3일전까지 관계 당사자가 추천하는 위원의 명단제출이 없을 때에는 당해 위원을 위원장이 따로 지명할 수 있다.
   ㉣ 노동위원회의 위원장은 근로자를 대표하는 위원 또는 사용자를 대표하는 위원의 불참 등으로 인하여 조정위원회의 구성이 어려운 경우 노동위원회의 공익을 대표하는 위원 중에서 3인을 조정위원으로 지명할 수 있다. 다만, 관계 당사자 쌍방의 합의로 선정한 노동위원회의 위원이 있는 경우에는 그 위원을 조정위원으로 지명한다.
② 조정위원회의 위원장(법 제56조)
   ㉠ 조정위원회에 위원장을 둔다.
   ㉡ 위원장은 공익을 대표하는 조정위원이 된다. 다만, 조정위원회의 위원장은 조정위원 중에서 호선한다.
③ 단독조정(법 제57조)
   ㉠ 노동위원회는 관계 당사자 쌍방의 신청이 있거나 관계 당사자 쌍방의 동의를 얻은 경우에는 조정위원회에 갈음하여 단독조정인에게 조정을 행하게 할 수 있다.
   ㉡ 단독조정인은 당해 노동위원회의 위원 중에서 관계 당사자의 쌍방의 합의로 선정된 자를 그 노동위원회의 위원장이 지명한다.

SEMI-NOTE

조정기간
- 조정은 조정의 신청이 있은 날부터 일반사업에 있어서는 10일, 공익사업에 있어서는 15일 이내에 종료하여야 한다(법 제54조 제1항).
- 조정기간은 관계 당사자간의 합의로 일반사업에 있어서는 10일, 공익사업에 있어서는 15일 이내에서 연장 가능

특별조정위원회 설치
공익사업의 노동쟁의 조정을 위하여 노동위원회에 특별조정위원회를 둔다(법 제72조 제1항).

(4) 조정방법

① 주장의 확인 등
조정위원회 또는 단독조정인은 기일을 정하여 관계 당사자 쌍방을 출석하게 하여 주장의 요점을 확인하여야 한다(법 제58조).

② 출석금지
조정위원회의 위원장 또는 단독조정인은 관계 당사자와 참고인외의 자의 출석을 금할 수 있다(법 제59조).

③ 조정안의 작성(법 제60조)
  ㉠ 조정위원회 또는 단독조정인은 조정안을 작성하여 이를 관계 당사자에게 제시하고 그 수락을 권고하는 동시에 그 조정안에 이유를 붙여 공표할 수 있으며, 필요한 때에는 신문 또는 방송에 보도등 협조를 요청할 수 있다.
  ㉡ 조정위원회 또는 단독조정인은 관계 당사자가 수락을 거부하여 더 이상 조정이 이루어질 여지가 없다고 판단되는 경우에는 조정의 종료를 결정하고 이를 관계 당사자 쌍방에 통보하여야 한다.
  ㉢ 조정안이 관계 당사자의 쌍방에 의하여 수락된 후 그 해석 또는 이행방법에 관하여 관계 당사자간에 의견의 불일치가 있는 때에는 관계 당사자는 당해 조정위원회 또는 단독조정인에게 그 해석 또는 이행방법에 관한 명확한 견해의 제시를 요청하여야 한다.
  ㉣ 조정위원회 또는 단독조정인은 요청을 받은 때에는 그 요청을 받은 날부터 7일 이내에 명확한 견해를 제시하여야 한다.
  ㉤ 해석 또는 이행방법에 관한 견해가 제시될 때까지는 관계 당사자는 당해 조정안의 해석 또는 이행에 관하여 쟁의행위를 할 수 없다.

(5) 조정의 효력

① 조정안의 서명 또는 날인
조정안이 관계 당사자에 의하여 수락된 때에는 조정위원 전원 또는 단독조정인은 조정서를 작성하고 관계 당사자와 함께 서명 또는 날인하여야 한다(법 제61조 제1항).

② 중재재정과 동일한 효력
조정위원회 또는 단독조정인이 제시한 해석 또는 이행방법에 관한 견해는 중재재정과 동일한 효력을 가진다(법 제61조 제3항).

(6) 조정지원 및 종료 후의 조정

① 조정지원
노동위원회는 조정신청 전이라도 원활한 조정을 위하여 교섭을 주선하는 등 관계 당사자의 자주적인 분쟁 해결을 지원할 수 있다(법 제53조 제2항).

② 조정종료 결정 후의 조정(법 제61조의2)
  ㉠ 노동위원회는 조정의 종료가 결정된 후에도 노동쟁의의 해결을 위하여 조정을 할 수 있다.
  ㉡ 조정에 관하여는 조정위원회의 구성 내지 조정의 효력의 규정을 준용한다.

SEMI-NOTE

조정서의 효력
조정서의 내용은 단체협약과 동일한 효력을 가진다(법 제61조 제2항).

3. 중재

(1) 중재의 의의
중재위원회가 당사자의 의사와 관련 없이 노동쟁의에 관한 해결안을 작성하여 노사 분쟁을 해결하는 방법

(2) 중재의 개시
노동위원회는 다음의 어느 하나에 해당하는 때에는 중재를 행한다(법 제62조).
① 관계 당사자의 쌍방이 함께 중재를 신청한 때
② 관계 당사자의 일방이 단체협약에 의하여 중재를 신청한 때

(3) 개시요건
① 임의중재
  ㉠ 관계 당사자의 쌍방이 함께 중재를 신청한 때
  ㉡ 관계 당사자의 일방이 단체협약에 의하여 중재를 신청한 때
  ㉢ 긴급조정시 관계당사자의 쌍방으로부터 중재신청이 있는 때
② 직권중재
  필수공익사업의 노·사 양측이 단체협약 등을 둘러싸고 합의된 조정안을 도출해 내지 못할 경우 중앙노동위원회가 직권으로 중재안을 제시하는 것

(4) 중재위원회의 구성(법 제64조)
① 노동쟁의의 중재 또는 재심을 위하여 노동위원회에 중재위원회를 둔다.
② 중재위원회는 중재위원 3인으로 구성한다.
③ 중재위원은 당해 노동위원회의 공익을 대표하는 위원중에서 관계 당사자의 합의로 선정한 자에 대하여 그 노동위원회의 위원장이 지명한다. 다만, 관계 당사자 간에 합의가 성립되지 아니한 경우에는 노동위원회의 공익을 대표하는 위원중에서 지명한다.

(5) 중재방법
① 주장의 확인등(법 제66조)
  ㉠ 중재위원회는 기일을 정하여 관계 당사자 쌍방 또는 일방을 중재위원회에 출석하게 하여 주장의 요점을 확인하여야 한다.
  ㉡ 관계 당사자가 지명한 노동위원회의 사용자를 대표하는 위원 또는 근로자를 대표하는 위원은 중재위원회의 동의를 얻어 그 회의에 출석하여 의견을 진술할 수 있다.
② 출석금지
  중재위원회의 위원장은 관계 당사자와 참고인외의 자의 회의출석을 금할 수 있다(법 제67조).

SEMI-NOTE

중재위원회의 구성
노동위원회는 노동쟁의의 중재를 하게 된 경우에는 지체 없이 해당 사건의 중재를 위한 중재위원회를 구성해야 한다(영 제28조).

중재위원회의 위원장(법 제65조)
- 중재위원회에 위원장을 둔다.
- 위원장은 중재위원중에서 호선한다.

중재재정의 해석요청(영 제30조)
- 노동관계당사자는 중재재정의 해석 또는 이행방법에 관하여 당사자 간에 의견의 불일치가 있는 경우에는 해당 중재위원회에 그 해석 또는 이행방법에 관한 명확한 견해의 제시를 요청할 수 있다.
- 견해제시의 요청은 해당 중재재정의 내용과 당사자의 의견 등을 적은 서면으로 해야 한다.

(6) 중재의 종료

① 중재재정(법 제68조)
  ㉠ 중재재정은 서면으로 작성하여 이를 행하며 그 서면에는 효력발생 기일을 명시하여야 한다.
  ㉡ 중재재정의 해석 또는 이행방법에 관하여 관계 당사자간에 의견의 불일치가 있는 때에는 당해 중재위원회의 해석에 따르며 그 해석은 중재재정과 동일한 효력을 가진다.

② 중재재정서의 송달(영 제29조)
  ㉠ 노동위원회는 중재를 한 때에는 지체 없이 그 중재재정서를 관계 당사자에게 각각 송달해야 한다.
  ㉡ 중앙노동위원회는 지방노동위원회 또는 특별노동위원회의 중재재정을 재심한 때에는 지체 없이 그 재심결정서를 관계 당사자와 관계 노동위원회에 각각 송달해야 한다.

③ 중재재정등의 확정(법 제69조)
  ㉠ 관계 당사자는 지방노동위원회 또는 특별노동위원회의 중재재정이 위법이거나 월권에 의한 것이라고 인정하는 경우에는 그 중재재정서의 송달을 받은 날부터 10일 이내에 중앙노동위원회에 그 재심을 신청할 수 있다.
  ㉡ 관계 당사자는 중앙노동위원회의 중재재정이나 재심결정이 위법이거나 월권에 의한 것이라고 인정하는 경우에는 그 중재재정서 또는 재심결정서의 송달을 받은 날부터 15일 이내에 행정소송을 제기할 수 있다.
  ㉢ 기간내에 재심을 신청하지 아니하거나 행정소송을 제기하지 아니한 때에는 그 중재재정 또는 재심결정은 확정된다.
  ㉣ 중재재정이나 재심결정이 확정된 때에는 관계 당사자는 이에 따라야 한다.

④ 중재재정 등의 효력(법 제70조)
  ㉠ 중재재정의 내용은 단체협약과 동일한 효력을 가진다.
  ㉡ 노동위원회의 중재재정 또는 재심결정은 중앙노동위원회에의 재심신청 또는 행정소송의 제기에 의하여 그 효력이 정지되지 아니한다.

4. 공익사업등의 조정에 관한 특칙

(1) 공익사업의 범위 등

① 공익사업
이 법에서 공익사업이라 함은 공중의 일상생활과 밀접한 관련이 있거나 국민경제에 미치는 영향이 큰 사업으로서 다음의 사업을 말한다(법 제71조 제1항).
  ㉠ 정기노선 여객운수사업 및 항공운수사업
  ㉡ 수도사업, 전기사업, 가스사업, 석유정제사업 및 석유공급사업
  ㉢ 공중위생사업, 의료사업 및 혈액공급사업
  ㉣ 은행 및 조폐사업
  ㉤ 방송 및 통신사업

② 필수공익사업
이 법에서 필수공익사업이라 함은 제1항의 공익사업으로서 그 업무의 정지 또는 폐지가 공중의 일상생활을 현저히 위태롭게 하거나 국민경제를 현저히 저해하고 그 업무의 대체가 용이하지 아니한 다음 각 호의 사업을 말한다(법 제71조 제2항).
㉠ 철도사업, 도시철도사업 및 항공운수사업
㉡ 수도사업, 전기사업, 가스사업, 석유정제사업 및 석유공급사업
㉢ 병원사업 및 혈액공급사업
㉣ 한국은행사업
㉤ 통신사업

(2) 조정기간

① 공익사업 조정기간
조정은 조정의 신청이 있은 날부터 일반사업에 있어서는 10일, 공익사업에 있어서는 15일 이내에 종료하여야 한다(법 제54조 제1항).

② 공익사업 조정기간 연장
조정기간은 관계 당사자간의 합의로 일반사업에 있어서는 10일, 공익사업에 있어서는 15일 이내에서 연장할 수 있다(법 제54조 제2항).

(3) 특별조정위원회

① 특별조정위원회의 구성(법 제72조)
㉠ 공익사업의 노동쟁의의 조정을 위하여 노동위원회에 특별조정위원회를 둔다.
㉡ 특별조정위원회는 특별조정위원 3인으로 구성한다.
㉢ 특별조정위원은 그 노동위원회의 공익을 대표하는 위원 중에서 노동조합과 사용자가 순차적으로 배제하고 남은 4인 내지 6인중에서 노동위원회의 위원장이 지명한다. 다만, 관계 당사자가 합의로 당해 노동위원회의 위원이 아닌 자를 추천하는 경우에는 그 추천된 자를 지명한다.

② 특별조정위원회의 위원장(법 제73조)
㉠ 특별조정위원회에 위원장을 둔다.
㉡ 위원장은 공익을 대표하는 노동위원회의 위원인 특별조정위원 중에서 호선하고, 당해 노동위원회의 위원이 아닌 자만으로 구성된 경우에는 그중에서 호선한다. 다만, 공익을 대표하는 위원인 특별조정위원이 1인인 경우에는 당해 위원이 위원장이 된다.

(4) 필수공익사업에 관한 특칙

① 필수유지업무에 대한 쟁의행위의 제한
필수유지업무의 정당한 유지·운영을 정지·폐지 또는 방해하는 행위는 쟁의행위로서 이를 행할 수 없다(법 제42조의2 제2항).

수당 등의 지급
특별조정위원으로 지명된 자에 대하여는 그 직무의 집행을 위하여 예산의 범위 안에서 노동위원회의 위원에 준하는 수당과 여비를 지급할 수 있다(영 제31조).

② 사용자의 채용제한 예외
　㉠ 필수공익사업의 사용자가 쟁의행위 기간 중에 한하여 당해 사업과 관계없는 자를 채용 또는 대체하거나 그 업무를 도급 또는 하도급 주는 경우에는 적용하지 아니한다(법 제43조 제3항).
　㉡ 사용자는 당해 사업 또는 사업장 파업참가자의 100분의 50을 초과하지 않는 범위 안에서 채용 또는 대체하거나 도급 또는 하도급 줄 수 있다. 이 경우 파업참가자 수의 산정 방법 등은 대통령령으로 정한다(법 제43조 제4항).

5. 긴급조정

(1) 긴급조정의 의의
쟁의가 공익사업에 관한 것 또는 대규모 혹은 특별한 성질의 사업에 관한 것이기 때문에 쟁의행위로 인하여 그 업무가 정지되면, 국민경제의 안전이 현저하게 저해되거나 국민의 일상생활이 크게 위태롭게 될 염려가 있는 경우에 대하여 그 위험이 현존하는 경우에 중앙노동위원회가 행하는 조정

(2) 긴급조정의 결정
① 긴급조정의 결정
　고용노동부장관은 쟁의행위가 공익사업에 관한 것이거나 그 규모가 크거나 그 성질이 특별한 것으로서 현저히 국민경제를 해하거나 국민의 일상생활을 위태롭게 할 위험이 현존하는 때에는 긴급조정의 결정을 할 수 있다(법 제76조 제1항).
② 의견청취
　고용노동부장관은 긴급조정의 결정을 하고자 할 때에는 미리 중앙노동위원회 위원장의 의견을 들어야 한다(법 제76조 제2항).
③ 긴급조정의 통고
　고용노동부장관은 긴급조정을 결정한 때에는 지체 없이 그 이유를 붙여 이를 공표함과 동시에 중앙노동위원회와 관계 당사자에게 각각 통고하여야 한다(법 제76조 제3항).
④ 긴급조정의 공표
　긴급조정 결정의 공표는 신문·라디오 기타 공중이 신속히 알 수 있는 방법으로 하여야 한다(영 제32조).

(3) 긴급조정의 절차
① 중앙노동위원회의 조정
　중앙노동위원회는 통고를 받은 때에는 지체없이 조정을 개시하여야 한다(법 제78조).
② 중앙노동위원회의 중재회부 결정권(법 제79조)
　중앙노동위원회의 위원장은 조정이 성립될 가망이 없다고 인정한 경우에는 공익위원의 의견을 들어 그 사건을 중재에 회부할 것인가의 여부를 결정하여야 한다.

SEMI-NOTE

파업참가자 수의 산정방법(영 제22조의4)
- 파업참가자 수는 근로의무가 있는 근로시간 중 파업 참가를 이유로 근로의 일부 또는 전부를 제공하지 아니한 자의 수를 1일 단위로 산정한다.
- 사용자는 파업참가자 수 산정을 위하여 필요한 경우 노동조합에 협조를 요청할 수 있다.

법 제79조
결정은 통고를 받은 날부터 15일 이내에 하여야 한다.

③ 중앙노동위원회의 중재
중앙노동위원회는 당해 관계 당사자의 일방 또는 쌍방으로부터 중재신청이 있거나 중재회부의 결정을 한 때에는 지체없이 중재를 행하여야 한다(법 제80조).

(4) 긴급조정 시의 쟁의행위 중지
관계 당사자는 긴급조정의 결정이 공표된 때에는 즉시 쟁의행위를 중지하여야 하며, 공표일부터 30일이 경과하지 아니하면 쟁의행위를 재개할 수 없다(법 제77조).

6. 사적 조정제도

(1) 의의
노사관계 당사자의 의사에 의하여 개시되고, 단체교섭을 하면서 제3자의 조력을 받으므로, 노사자치주의에 부합

(2) 사적 조정·중재
① 조정, 중재 규정과 사적 조정·중재
이 법의 조정, 중재 규정은 노동관계 당사자가 쌍방의 합의 또는 단체협약이 정하는 바에 따라 각각 다른 조정 또는 중재방법에 의하여 노동쟁의를 해결하는 것을 방해하지 아니한다(법 제52조 제1항).
② 노동위원회에 신고
노동관계 당사자는 노동쟁의를 해결하기로 한 때에는 이를 노동위원회에 신고하여야 한다(법 제52조 제2항).
③ 사적 조정·중재에 적용되는 규정
노동쟁의를 해결하기로 한 때에는 다음의 규정이 적용된다(법 제52조 제3항).
㉠ 조정에 의하여 해결하기로 한 때에는 조정의 전치 및 조정기간의 규정. 이 경우 조정기간은 조정을 개시한 날부터 기산한다.
㉡ 중재에 의하여 해결하기로 한 때에는 중재개시의 규정. 이 경우 쟁의행위의 금지기간은 중재를 개시한 날부터 기산한다.
④ 단체협약과 동일한 효력
조정 또는 중재가 이루어진 경우에 그 내용은 단체협약과 동일한 효력을 가진다(법 제52조 제4항).

(3) 사적 조정·중재의 신고
① 관할노동위원회에 신고
노동관계당사자는 사적 조정·중재에 의하여 노동쟁의를 해결하기로 한 경우에는 고용노동부령이 정하는 바에 따라 관할노동위원회에 신고하여야 한다(영 제23조 제1항).
② 조정 또는 중재가 진행중인 경우
조정 또는 중재가 진행중인 경우에도 할 수 있다(영 제23조 제2항).

SEMI-NOTE

법 제52조 제5항
사적조정등을 수행하는 자는 조정담당 공익위원의 자격을 가진 자로 한다. 이 경우 사적조정 등을 수행하는 자는 노동관계 당사자로부터 수수료, 수당 및 여비 등을 받을 수 있다.

③ 노동쟁의가 해결되지 아니한 경우
  노동관계당사자는 사적 조정·중재에 의하여 노동쟁의가 해결되지 아니한 경우에는 노동쟁의를 조정 또는 중재하여 줄 것을 고용노동부령이 정하는 바에 따라 관할 노동위원회에 신청할 수 있다. 이 경우 관할 노동위원회는 지체 없이 조정 또는 중재를 개시하여야 한다(영 제23조 제3항).
④ 노동쟁의의 조정 등의 신청(영 제24조)
  ㉠ 노동관계당사자는 조정 또는 중재를 신청할 경우에는 고용노동부령으로 정하는 바에 따라 관할 노동위원회에 신청하여야 한다.
  ㉡ 신청을 받은 노동위원회는 그 신청내용이 조정 또는 중재의 대상이 아니라고 인정할 경우에는 그 사유와 다른 해결방법을 알려주어야 한다.
⑤ 조정의 통보
  노동위원회는 조정과 중재를 하게 된 경우에는 지체 없이 이를 서면으로 관계당사자에게 각각 통보하여야 한다(영 제25조).
⑥ 조정위원회의 구성
  노동위원회는 노동쟁의의 조정을 하게 된 경우에는 지체 없이 당해 사건의 조정을 위한 조정위원회 또는 특별조정위원회를 구성하여야 한다(영 제26조).

06절 부당노동행위

1. 총설

(1) 의의
사용자 측이 근로자의 근로3권(단결권·단체교섭권·단체행동권) 행사를 방해하는 침해행위

(2) 부당노동행위 연혁
① 와그너법
  1933년에 제정된 단결권·단체교섭권·최저임금제 등을 규정한 전국산업부흥법이 독점자본의 반대로 연방최고법원에 의하여 위헌이라는 판결을 받아 실효된 뒤에 제정된 법으로, 근로자의 단결권 및 단체교섭권을 보호하기 위하여 부당노동행위제도와 교섭단위제도를 설정함
② 태프트 하틀리법
  1947년에 제정된 미국의 노사관계법으로 주요 내용은 노동조합의 부당노동행위 금지 규정, 클로즈드 숍 제의 금지(유니온 숍만 인정), 국민의 건강과 안전을 위협하는 쟁의에 대한 긴급조정제도의 도입, 각 주에 대한 노동입법권의 부여, 연방공무원과 정부기업 종업원의 파업 금지 등이 있음

> 부당노동행위제도의 목적
> 헌법에서 보장하고 있는 노동3권을 구체적으로 보호하기 위한 것

③ ILO조약
국제적인 협력을 통해 근로자의 지위향상을 꾀하려는 국제기구로 각국의 노동입법, 적정한 노동시간, 임금, 노동자의 보건, 위생 등에 관한 권고나 지도를 하고 국제노동기준을 제정, 가입국이 그것을 준수하도록 감독하며 노동자의 생활에 관한 조사연구를 함

④ 우리나라의 부당노동행위제도
1953년 노동조합법에서는 사용자와 노동조합의 부당노동행위를 규정하였으나 이후 사용자의 부당노동행위만을 규정함

(3) 부당노동행위제도의 주체

① 부당노동행위 금지의 수규자로서의 사용자
부당노동행위의 주체는 사용자이므로 사용자는 사업주, 사업의 경영담당자 또는 그 사업의 근로자에 관한 사항에 대하여 사업주를 위하여 행동하는 자를 말한다(법 제2조 제2호).

② 부당노동행위 구제명령의 수규자로서의 사용자
부당노동행위 구제명령의 수규자로서의 사용자는 고용주인 사용자

2. 부당노동행위 유형

(1) 불이익취급

① 의의
근로자가 노동조합에 가입 또는 가입하려고 하였거나 노동조합을 조직하려고 하였거나 기타 노동조합의 업무를 위한 정당한 행위를 한 것을 이유로 그 근로자를 해고하거나 그 근로자에게 불이익을 주는 행위(법 제81조 제1항 제1호), 근로자가 정당한 단체행위에 참가한 것을 이유로 하거나 또는 노동위원회에 대하여 사용자가 신고하거나 그에 관한 증언을 하거나 기타 행정관청에 증거를 제출한 것을 이유로 그 근로자를 해고하거나 그 근로자에게 불이익을 주는 행위(법 제81조 제1항 제5호)

② 불이익취급의 성립요건
㉠ 근로자가 노동조합에 가입 또는 가입하려고 하였거나 노동조합을 조직하려고 한 행위
㉡ 기타 노동조합의 업무를 위한 정당한 행위

SEMI-NOTE

불이익취급의 유형
징계처분, 인사상의 불이익, 경제상의 불이익, 정신상의 불이익 등

관련 판례 불이익취급의 인정

노동조합원이 조합대의원으로 출마한 행위는 노동조합의 행위에 해당함이 분명하고, 취업규칙과 노사협의에 의하여 지급하도록 정하여진 목욕권과 예비군훈련기간의 수당을 지급하지 않는다고 노동부에 진정한 행위는 노동조합의 목적인 근로조건의 유지개선. 기타 근로자의 경제적 지위향상을 도모하기 위한 행위로서 조합의 묵시적 승인 내지 수권을 얻은 행위라고 보아야 할 것이므로 근로조합의 업무를 위한 정당한 행위로 볼 것이다(대판 89누8217).

ⓒ 근로자가 정당한 단체행위에 참가한 것을 이유로 하거나 또는 노동위원회에 대하여 사용자가 신고하거나 그에 관한 증언을 하거나 기타 행정관청에 증거를 제출

③ 인과관계
부당노동행위가 성립하기 위해서는 근로자들의 정당한 노동3권 행사와 사용자의 해고 및 기타 불이익취급 사이에 인과관계가 존재해야 함. 인과관계에 대한 판단은 불이익처분 당시의 제반사정을 종합적 · 구체적으로 고려해야 함

④ 불이익취급 원인의 경합
사용자가 근로자를 해고함에 있어서 표면적으로 내세우는 해고사유와는 달리 실질적으로는 근로자의 정당한 노동조합 활동을 이유로 해고한 것으로 인정되는 경우에 있어서는 그 해고는 부당노동행위라고 보아야 할 것이고, 근로자의 노동조합 업무를 위한 정당한 행위를 실질적인 해고사유로 한 것인지의 여부는 사용자 측이 내세우는 해고사유와 근로자가 한 노동조합 업무를 위한 정당한 행위의 내용, 해고를 한 시기, 사용자와 노동조합과의 관계, 동종의 사례에 있어서 조합원과 비조합원에 대한 제재의 불균형 여부, 종래의 관행에 부합 여부, 사용자의 조합원에 대한 언동이나 태도, 기타 부당노동행위 의사의 존재를 추정할 수 있는 제반 사정 등을 비교 검토하여 판단하여야 한다(대판 99두4273).

⑤ 입증책임
부당노동행위에 대한 입증책임은 부당행위를 주장하는 자에게 있음

(2) 황견계약

① 의의
황견계약은 근로자가 어느 노동조합에 가입하지 아니할 것 또는 탈퇴할 것을 고용조건으로 하거나, 특정한 노동조합의 조합원이 될 것을 고용조건으로 하는 행위를 말하는데 이를 비열계약, 반조합계약이라고도 함

② 요건
근로자가 어느 노동조합에 가입하지 아니할 것 또는 탈퇴할 것을 고용조건으로 하거나 특정한 노동조합의 조합원이 될 것을 고용조건으로 하는 행위. 다만, 노동조합이 당해 사업장에 종사하는 근로자의 3분의 2 이상을 대표하고 있을 때에는 근로자가 그 노동조합의 조합원이 될 것을 고용조건으로 하는 단체협약의 체결은 예외로 하며, 이 경우 사용자는 근로자가 그 노동조합에서 제명된 것 또는 그 노동조합을 탈퇴하여 새로 노동조합을 조직하거나 다른 노동조합에 가입한 것을 이유로 근로자에게 신분상 불이익한 행위를 할 수 없다(법 제81조 제1항 제2호).

③ 종류
ⓐ 조합불가입을 고용조건으로 하는 경우
ⓑ 조합탈퇴를 고용조건으로 하는 경우
ⓒ 특정한 노동조합의 조합원이 될 것을 고용조건으로 하는 경우
ⓓ 조합활동 금지를 고용조건으로 하는 경우

관련 판례

부당노동행위가 성립하기 위해서는 근로자가 "노동조합의 업무를 위한 정당한 행위"를 하고, 회사가 이를 이유로 근로자를 해고한 경우라야 하고, 같은 사실의 주장 및 입증책임은 부당노동행위임을 주장하는 근로자에게 있다(대판 91누2557).

SEMI-NOTE
해고의무의 예외
제명, 단결선택을 위한 탈퇴

④ 유니온숍 제도
  ㉠ 의의 : 노동조합이 사용자와의 단체협약으로 근로자가 고용되면 일정 기간 내에 노동조합에 가입하여 조합원 자격을 가져야 하고, 노동조합에 가입하지 않거나 탈퇴 또는 제명된 경우에는 해고하도록 정한 방법
  ㉡ 내용 : 단체협약을 통해 종업원인 미가입 근로자에게 조합가입을 강제하며, 또한 노동조합의 탈퇴·제명으로 조합원자격을 상실한 자에 대하여 사용자에게 해고의무를 지움으로써 조직강화를 기하려는 것
  ㉢ 효력
    • 사용자의 해고의무 : 유니언 숍(Union Shop) 협정은 노동조합의 단결력을 강화하기 위한 강제의 한 수단으로서 근로자가 대표성을 갖춘 노동조합의 조합원이 될 것을 '고용조건'으로 하고 있는 것이므로 단체협약에 유니언 숍 협정에 따라 근로자는 노동조합의 조합원이어야만 된다는 규정이 있는 경우에는 다른 명문의 규정이 없더라도 사용자는 노동조합에서 탈퇴한 근로자를 해고할 의무가 있다(대판 96누16070).
    • 사용자의 해고의무 위반시 부당노동행위의 성립 여부 : 단체협약상의 유니언 숍 협정에 의하여 사용자가 노동조합을 탈퇴한 근로자를 해고할 의무는 단체협약상의 채무일 뿐이고, 이러한 채무의 불이행 자체가 노동조합에 대한 지배·개입의 부당노동행위에 해당한다고 단정할 수 없다(대판 96누16070).

관련 판례 부당해고의 인정

신규로 입사한 근로자가 노동조합 선택의 자유를 행사하여 지배적 노동조합이 아닌 노동조합에 이미 가입한 경우에는 유니온 숍 협정의 효력이 해당 근로자에게까지 미친다고 볼 수 없고, 비록 지배적 노동조합에 대한 가입 및 탈퇴 절차를 별도로 경유하지 아니하였더라도 사용자가 유니온 숍 협정을 들어 신규 입사 근로자를 해고하는 것은 정당한 이유가 없는 해고로서 무효로 보아야 한다(대판 2019두47377).

3. 단체교섭 거부

(1) 의의

노동조합의 대표자 또는 노동조합으로부터 위임을 받은 자와의 단체협약체결 기타의 단체교섭을 정당한 이유 없이 거부하거나 해태하는 행위(법 제81조 제1항 제3호)

관련 판례 사용자의 단체교섭 거부

사용자가 노동조합의 대표자 또는 노동조합으로부터 위임을 받은 자와의 단체협약 체결 기타의 단체교섭을 정당한 이유 없이 거부하거나 해태할 수 없다고 규정하고 있는바, 단체교섭에 대한 사용자의 거부나 해태에 정당한 이유가 있는지 여부는 노동조합측의 교섭권자, 노동조합측이 요구하는 교섭시간, 교섭장소, 교섭사항 및 그의 교섭태도 등을 종합하여 사회통념상 사용자에게 단체교섭의무의 이행을 기대하는 것이 어렵다고 인정되는지 여부에 따라 판단하여야 한다(대판 2005도8606).

(2) 교섭 등의 원칙(법 제30조)

① 노동조합과 사용자 또는 사용자단체는 신의에 따라 성실히 교섭하고 단체협약을 체결하여야 하며 그 권한을 남용하여서는 아니 된다.
② 노동조합과 사용자 또는 사용자단체는 정당한 이유 없이 교섭 또는 단체협약의 체결을 거부하거나 해태하여서는 아니 된다.
③ 국가 및 지방자치단체는 기업 · 산업 · 지역별 교섭 등 다양한 교섭방식을 노동관계 당사자가 자율적으로 선택할 수 있도록 지원하고 이에 따른 단체교섭이 활성화될 수 있도록 노력하여야 한다.

(3) 성립요건

① 단체교섭의 거부, 해태의 당사자 : 노동조합과 사용자 또는 사용자단체
② 정당한 이유 없이 거부하거나 해태하는 행위 : 단체교섭 자체를 거부하는 것뿐만 아니라 성실하게 교섭하지 않고 해태하는 경우도 포함

> **관련 판례** 정당한 이유 없이 거부하거나 해태하는 행위
>
> 쟁의행위는 단체교섭을 촉진하기 위한 수단으로서의 성질을 가지므로 쟁의기간 중이라는 사정이 사용자가 단체교섭을 거부할 만한 정당한 이유가 될 수 없고, 한편 당사자가 성의 있는 교섭을 계속하였음에도 단체교섭이 교착상태에 빠져 교섭의 진전이 더 이상 기대될 수 없는 상황이라면 사용자가 단체교섭을 거부하더라도 그 거부에 정당한 이유가 있다고 할 것이지만, 위와 같은 경우에도 노동조합측으로부터 새로운 타협안이 제시되는 등 교섭재개가 의미 있을 것으로 기대할 만한 사정변경이 생긴 경우에는 사용자로서는 다시 단체교섭에 응하여야 하므로, 위와 같은 사정변경에도 불구하고 사용자가 단체교섭을 거부하는 경우에는 그 거부에 정당한 이유가 있다고 할 수 없다(대판 2005도8606).

(4) 단체교섭거부의 정당한 이유

부당노동행위는, 사용자가 아무런 이유 없이 단체교섭을 거부 또는 해태하는 경우는 물론이고, 사용자가 단체교섭을 거부할 정당한 이유가 있다거나 단체교섭에 성실히 응하였다고 믿었더라도 객관적으로 정당한 이유가 없고 불성실한 단체교섭으로 판정되는 경우에도 성립한다고 할 것이고, 한편 정당한 이유인지의 여부는 노동조합측의 교섭권자, 노동조합 측이 요구하는 교섭시간, 교섭장소, 교섭사항 및 그의 교섭태도 등을 종합하여 사회통념상 사용자에게 단체교섭의무의 이행을 기대하는 것이 어렵다고 인정되는지 여부에 따라 판단할 것이다(대판 97누8076).

4. 지배, 개입, 운영비 원조행위

(1) 의의

근로자가 노동조합을 조직 또는 운영하는 것을 지배하거나 이에 개입하는 행위와 노동조합의 전임자에게 급여를 지원하거나 노동조합의 운영비를 원조하는 행위(법 제81조 제1항 제4호)

SEMI-NOTE

해태(懈怠)
어떤 법률 행위를 할 기일을 이유 없이 넘겨 책임을 다하지 아니하는 것

(2) 예외

근로자가 근로시간 중에 노동조합 전임자의 활동을 하는 것을 사용자가 허용함은 무방하며, 또한 근로자의 후생자금 또는 경제상의 불행 그 밖에 재해의 방지와 구제 등을 위한 기금의 기부와 최소한의 규모의 노동조합사무소의 제공 및 그 밖에 이에 준하여 노동조합의 자주적인 운영 또는 활동을 침해할 위험이 없는 범위에서의 운영비 원조행위는 예외로 한다(법 제81조 제1항 제4호 단서).

(3) 지배·개입의 성립

① **주체** : 근로계약상의 제반 이익에 대하여 실질적인 지배력 내지 영향력을 지니고 있는 자

> **관련 판례** 지배·개입의 성립
>
> 원청회사가 개별도급계약을 통하여 사내 하청업체 근로자들의 기본적인 노동조건 등에 관하여 고용사업주인 사내 하청업체의 권한과 책임을 일정 부분 담당하고 있다고 볼 정도로 실질적이면서 구체적으로 지배·결정할 수 있는 지위에 있고 사내 하청업체의 사업폐지를 유도하는 행위와 그로 인하여 사내 하청업체 노동조합의 활동을 위축시키거나 침해하는 지배·개입 행위를 하였다면, 원청회사는 노동조합 및 노동관계조정법 제81조 제4호에서 정한 부당노동행위의 시정을 명하는 구제명령을 이행할 주체로서의 사용자에 해당한다고 한 사례(대판 2007두8881)

② **대상** : 지배·개입으로부터 보호받는 행위로서 근로자가 노동조합을 조직 및 운영하는 것

③ **지배·개입의사** : 지배·개입에 의한 부당노동행위가 되려면 사용자에게 근로자가 노동조합을 조직 또는 운영하려는 것을 지배하거나 개입할 의사가 있어야 하고, 적극적으로 침해하려는 의도가 있어야 하는 것은 아님

④ **운영비의 원조** : 노동조합법 제81조 제4호 단서에서 정한 행위를 벗어나서 주기적이나 고정적으로 이루어지는 사용자의 노동조합 운영비에 대한 원조 행위는 노동조합의 전임자에게 급여를 지원하는 행위와 마찬가지로 노동조합의 자주성을 잃게 할 위험성을 지닌 것으로서 노동조합법 제81조 제4호 본문에서 금지하는 부당노동행위라고 해석되고, 비록 운영비 원조가 노동조합의 적극적인 요구 내지 투쟁으로 얻어진 결과라 하더라도 이러한 사정만으로 달리 볼 것은 아니다(대판 2012두12457).

> **관련 판례** 운영비의 원조
>
> 사용자의 노동조합에 대한 운영비 원조에 관한 사항은 대등한 지위에 있는 노사가 자율적으로 협의하여 정하는 것이 근로3권을 보장하는 취지에 가장 부합한다. 따라서 운영비 원조 행위에 대한 제한은 실질적으로 노동조합의 자주성이 저해되었거나 저해될 위험이 현저한 경우에 한하여 이루어져야 한다(헌재 2012헌바90).

SEMI-NOTE

지배·개입의 결과발생
지배·개입으로서의 부당노동행위의 성립은 조합활동을 보호하기 위한 것으로 반드시 근로자의 단결권 침해라는 결과의 발생까지 요하는 것은 아님

(4) 지배·개입의 유형

① **반조합적인 발언** : 사용자 또한 자신의 의견을 표명할 수 있는 자유를 가지고 있으므로, 사용자가 노동조합의 활동에 대하여 단순히 비판적 견해를 표명하거나 근로자를 상대로 집단적인 설명회 등을 개최하여 회사의 경영상황 및 정책방향 등 입장을 설명하고 이해를 구하는 행위 또는 비록 파업이 예정된 상황이라 하더라도 파업의 정당성과 적법성 여부 및 파업이 회사나 근로자에 미치는 영향 등을 설명하는 행위는 거기에 징계 등 불이익의 위협 또는 이익제공의 약속 등이 포함되어 있거나 다른 지배·개입의 정황 등 노동조합의 자주성을 해칠 수 있는 요소가 연관되어 있지 않는 한, 사용자에게 노동조합의 조직이나 운영 및 활동을 지배하거나 이에 개입하는 의사가 있다고 가볍게 단정할 것은 아니다(대판 2011도15497).

② **위장폐업** : 부당노동행위가 되기 위한 위장폐업은 사용자가 진실한 폐업의 의사가 없고 노동조합을 와해시키기 위한 수단으로 폐업하는 것

③ **타당성 없이 과다한 급여의 지급** : 단체협약 등 노사 간 합의에 의한 경우라도 타당한 근거 없이 과다하게 책정된 급여를 근로시간 면제자에게 지급하는 사용자의 행위는 노동조합 및 노동관계조정법 제81조 제4호 단서에서 허용하는 범위를 벗어나는 것으로서 노조전임자 급여 지원 행위나 노동조합 운영비 원조 행위에 해당하는 부당노동행위가 될 수 있다(대판 2014두11137).

④ 개별 교섭 절차가 진행되던 중에 사용자가 특정 노동조합과 체결한 단체협약의 내용에 따라 해당 노동조합의 조합원에게만 금품을 지급한 경우, 사용자의 이러한 금품 지급 행위가 다른 노동조합의 조직이나 운영을 지배하거나 이에 개입하는 의사에 따른 것이라면 부당노동행위에 해당할 수 있다(대판 2017두33510).

> **SEMI-NOTE**
>
> 노동조합의 자주적 운영 또는 활동을 침해할 위험 여부를 판단할 때에는 고려할 사항(법 제81조 제2항)
> - 운영비 원조의 목적과 경위
> - 원조된 운영비 횟수와 기간
> - 원조된 운영비 금액과 원조방법
> - 원조된 운영비가 노동조합의 총수입에서 차지하는 비율
> - 원조된 운영비의 관리방법 및 사용처 등

5. 부당노동행위 구제

(1) 구제제도의 특징

① 원상회복주의와 처벌주의
  ㉠ **원상회복주의** : 부당노동행위를 범죄로 보지 않고 이에 대한 구제를 중시하는 제도
  ㉡ **처벌주의** : 부당노동행위를 범죄로 보고 처벌하여 이러한 행위를 사전에 예방 및 억제하자는 제도

② 행정적 구제와 사법적 구제
  ㉠ **행정적 구제** : 노동위원회에 의한 부당노동행위를 구제하는 제도
  ㉡ **사법적 구제** : 부당노동행위의 결과발생에 대하여 노사 간의 권리·의무관계를 확정하고 손해의 전보 등을 법원의 판단에 의해 구제하는 제도

(2) 구제신청

① 신청인

이 법에 의하여 설립된 노동조합이 아니면 노동위원회에 노동쟁의의 조정 및 부당노동행위의 구제를 신청할 수 없다(법 제7조 제1항).

② 구제신청

사용자의 부당노동행위로 인하여 그 권리를 침해당한 근로자 또는 노동조합은 노동위원회에 그 구제를 신청할 수 있다(법 제82조 제1항).

③ 신청기간

구제의 신청은 부당노동행위가 있은 날(계속하는 행위는 그 종료일)부터 3월 이내에 이를 행하여야 한다(법 제82조 제2항).

(3) 조사 등

① 조사와 심문

노동위원회는 구제신청을 받은 때에는 지체없이 필요한 조사와 관계 당사자의 심문을 하여야 한다(법 제83조 제1항).

② 증인 출석

노동위원회는 심문을 할 때에는 관계 당사자의 신청에 의하거나 그 직권으로 증인을 출석하게 하여 필요한 사항을 질문할 수 있다(법 제83조 제2항).

③ 관계 당사자에 기회 부여

노동위원회는 심문을 함에 있어서는 관계 당사자에 대하여 증거의 제출과 증인에 대한 반대심문을 할 수 있는 충분한 기회를 주어야 한다(법 제83조 제3항).

(4) 구제명령

① 구제명령(법 제84조)

㉠ 노동위원회는 심문을 종료하고 부당노동행위가 성립한다고 판정한 때에는 사용자에게 구제명령을 발하여야 하며, 부당노동행위가 성립되지 아니한다고 판정한 때에는 그 구제신청을 기각하는 결정을 하여야 한다.

㉡ 판정 · 명령 및 결정은 서면으로 하되, 이를 당해 사용자와 신청인에게 각각 교부하여야 한다.

㉢ 관계 당사자는 명령이 있을 때에는 이에 따라야 한다.

② 화해의 권고 등(노동위원회법 제16조의3)

㉠ 노동위원회는 판정 · 명령 또는 결정이 있기 전까지 관계 당사자의 신청을 받아 또는 직권으로 화해를 권고하거나 화해안을 제시할 수 있다.

㉡ 노동위원회는 화해안을 작성할 때 관계 당사자의 의견을 충분히 들어야 한다.

㉢ 노동위원회는 관계 당사자가 화해안을 수락하였을 때에는 화해조서를 작성하여야 한다.

SEMI-NOTE

조사와 심문 절차
노동위원회의 조사와 심문에 관한 절차는 중앙노동위원회가 따로 정하는 바에 의한다(법 제83조 제5항).

구제명령등의 효력
노동위원회의 구제명령 · 기각결정 또는 재심판정은 중앙노동위원회에의 재심신청이나 행정소송의 제기에 의하여 그 효력이 정지되지 아니한다(법 제86조).

㉣ 화해조서에는 다음의 사람이 모두 서명하거나 날인하여야 한다.
- 관계 당사자
- 화해에 관여한 부문별 위원회(단독심판을 포함한다)의 위원 전원

㉤ 화해조서는 민사소송법에 따른 재판상 화해의 효력을 갖는다.
㉥ 화해의 방법, 화해조서의 작성 등에 필요한 사항은 중앙노동위원회가 제정하는 규칙으로 정한다.

③ 구제명령의 확정(법 제85조) ★빈출개념

㉠ 지방노동위원회 또는 특별노동위원회의 구제명령 또는 기각결정에 불복이 있는 관계 당사자는 그 명령서 또는 결정서의 송달을 받은 날부터 10일 이내에 중앙노동위원회에 그 재심을 신청할 수 있다.
㉡ 중앙노동위원회의 재심판정에 대하여 관계 당사자는 그 재심판정서의 송달을 받은 날부터 15일 이내에 행정소송법이 정하는 바에 의하여 소를 제기할 수 있다.
㉢ 기간내에 재심을 신청하지 아니하거나 행정소송을 제기하지 아니한 때에는 그 구제명령·기각결정 또는 재심판정은 확정된다.
㉣ 기각결정 또는 재심판정이 확정된 때에는 관계 당사자는 이에 따라야 한다.
㉤ 사용자가 행정소송을 제기한 경우에 관할법원은 중앙노동위원회의 신청에 의하여 결정으로써, 판결이 확정될 때까지 중앙노동위원회의 구제명령의 전부 또는 일부를 이행하도록 명할 수 있으며, 당사자의 신청에 의하여 또는 직권으로 그 결정을 취소할 수 있다.

법 제89조 제2호
구제명령이 확정된 사항에 대하여 행정소송을 제기하여 확정된 구제명령에 위반한 자는 3년 이하의 징역 또는 3천만원 이하의 벌금에 처한다.

6. 벌칙

(1) 5년 이하의 징역 또는 5천만원 이하의 벌금(법 제88조)

주요방위산업체에 종사하는 근로자중 전력, 용수 및 주로 방산물자를 생산하는 업무에 종사하는 자가 쟁의행위를 한 경우(법 제41조 제2항)

(2) 3년 이하의 징역 또는 3천만원 이하의 벌금(법 제89조)

① 노동조합에 의하여 주도되지 아니한 조합원의 쟁의행위(제37조 제2항), 쟁의행위의 참가를 호소하거나 설득하는 행위로서 폭행·협박(제38조 제1항), 쟁의행위로 시설물의 점거(제42조 제1항), 필수유지업무에 대한 쟁의행위의 제한(제42조의2제2항)의 규정에 위반한 자
② 확정되거나 행정소송을 제기하여 확정(제85조 제3항)된 구제명령에 위반한 자

(3) 2년 이하의 징역 또는 2천만원 이하의 벌금(법 제90조)

쟁의행위 기간에 대한 임금의 지급을 요구(제44조 제2항), 중재재정이나 재심결정이 확정(제69조 제4항), 긴급조정시의 쟁의행위 중지(제77조) 또는 부당노동행위(제81조 제1항)의 규정에 위반한 자

(4) 1년 이하의 징역 또는 1천만원 이하의 벌금(법 제91조)

쟁의행위 기간중에도 작업시설의 손상이나 원료 · 제품의 변질 또는 부패를 방지(제38조 제2항), 쟁의행위 투표(제41조 제1항), 쟁의행위의 폭력행위등의 금지(제42조 제2항), 쟁의행위 기간 중 채용제한, 도급 또는 하도급 제한, 100분의 50을 초과하지 않는 범위 안에서 채용 또는 대체하거나 도급 또는 하도급(제43조 제1항 · 제2항 · 제4항), 조정의 전치(제45조 제2항 본문), 직장폐쇄의 요건(제46조 제1항) 또는 중재시의 쟁의행위의 금지(제63조)의 규정을 위반한 자

(5) 1천만원 이하의 벌금(법 제92조)

① 체결된 단체협약의 내용중 다음에 해당하는 사항을 위반한 자
  ㉠ 임금 · 복리후생비, 퇴직금에 관한 사항
  ㉡ 근로 및 휴게시간, 휴일, 휴가에 관한 사항
  ㉢ 징계 및 해고의 사유와 중요한 절차에 관한 사항
  ㉣ 안전보건 및 재해부조에 관한 사항
  ㉤ 시설 · 편의제공 및 근무시간중 회의참석에 관한 사항
  ㉥ 쟁의행위에 관한 사항
② 조정서의 내용 또는 중재재정서의 내용을 준수하지 아니한 자

(6) 500만원 이하의 벌금(법 제93조)

① 노동조합이 아니면서 노동조합의 명칭 사용금지에 위반한 자
② 규약 및 결의처분의 시정 또는 위법한 단체협약 시정 명령에 위반한 자

(7) 과태료(법 제96조)

① 500만원 이하의 과태료
  ㉠ 서류를 비치 또는 보존하지 아니한 자
  ㉡ 보고를 하지 아니하거나 허위의 보고를 한 자
  ㉢ 직장폐쇄의 신고를 하지 아니한 자
② 변경사항의 신고, 노동조합 해산신고 또는 단체협약 작성 신고 또는 통보를 하지 아니한 자는 300만원 이하의 과태료에 처한다.
③ 과태료는 대통령령이 정하는 바에 의하여 행정관청이 부과 · 징수한다.

(8) 양벌규정

법인 또는 단체의 대표자, 법인 · 단체 또는 개인의 대리인 · 사용인 기타의 종업원이 그 법인 · 단체 또는 개인의 업무에 관하여 벌칙의 위반행위를 한 때에는 행위자를 벌하는 외에 그 법인 · 단체 또는 개인에 대하여도 각 해당 조의 벌금형을 과한다. 다만, 법인 · 단체 또는 개인이 그 위반행위를 방지하기 위하여 해당 업무에 관하여 상당한 주의와 감독을 게을리하지 아니한 경우에는 그러하지 아니하다(법 제94조).

(9) 과태료

① 500만원 이하의 금액의 과태료

법원의 명령에 위반한 자는 500만원 이하의 금액의 과태료에 처한다(법 제95조).

② 500만원 이하의 과태료(법 제96조 제1항)

㉠ 노동조합이 서류를 비치 또는 보존하지 아니한 자

㉡ 노동조합의 해산을 보고를 하지 아니하거나 허위의 보고를 한 자

㉢ 직장폐쇄 신고를 하지 아니한 자

③ 300만원 이하의 과태료

노동조합의 변경사항 신고, 노동조합 해산신고 또는 단체협약 체결의 신고 또는 통보를 하지 아니한 자는 300만원 이하의 과태료에 처한다(법 제96조 제2항).

④ 과태료 부과 및 징수

과태료는 대통령령이 정하는 바에 의하여 행정관청이 부과·징수한다(법 제96조 제3항).

It is confidence in our bodies, minds and spirits that allows us
to keep looking for new adventures, new directions to grow in,
and new lessons to learn - which is what life is all about.
자신의 몸, 정신, 영혼에 대한 자신감이야말로 새로운 모험, 새로운 성장 방향,
새로운 교훈을 계속 찾아나서게 하는 원동력이며, 바로 이것이 인생이다.

– 오프라 윈프리 –